目 录

考 点	试题	法条
专题一　民事诉讼与民事诉讼法	1	54
考点 1　民事诉讼与民事诉讼法	1	54
专题二　民事诉讼法的基本原则与基本制度	1	54
考点 2　民事诉讼基本原则	1	54
考点 3　民事诉讼基本制度	2	54
专题三　诉	3	55
考点 4　诉讼标的	3	
考点 5　诉的分类	4	
考点 6　反诉	4	55
考点 7　诉的合并与分离	5	
专题四　主管与管辖	6	56
考点 8　管辖概述	6	
考点 9　级别管辖	6	56
考点 10　地域管辖	6	56
考点 11　选择管辖与裁定管辖	8	58
考点 12　管辖权异议	9	59
专题五　当事人	10	59
考点 13　当事人概述（当事人能力、当事人适格、当事人权利义务）	10	
考点 14　原告、被告和第三人	11	59
考点 15　共同诉讼	13	60
考点 16　诉讼代表人	14	61
专题六　诉讼代理人	15	62
考点 17　委托诉讼代理人	15	62
考点 18　法定诉讼代理人	15	62
专题七　民事证据	15	62
考点 19　证据的种类（法定分类）	15	62
考点 20　证据的分类（理论分类）	16	
考点 21　证据保全	17	65
专题八　民事诉讼中的证明	17	66
考点 22　证明对象	17	66
考点 23　证明责任与证明标准	19	67
考点 24　证明程序之一：举证期限	20	67
考点 25　证明程序之二：法院调查收集证据	21	68
考点 26　证明程序之三：质证与证据的认定	21	68

专题九 人民法院调解	22	69
考点 27　法院调解	22	69
考点 28　诉讼和解	23	
专题十　期间、送达	23	70
考点 29　期间	23	70
考点 30　送达	24	71
专题十一　保全和先予执行	24	72
考点 31　保全制度	24	72
考点 32　先予执行	26	73
专题十二　对妨害民事诉讼行为的强制措施	26	73
考点 33　对妨害民事诉讼行为的强制措施	26	73
专题十三　普通程序	26	74
考点 34　起诉与受理	26	74
考点 35　开庭审理	27	76
考点 36　撤诉和缺席判决	28	76
考点 37　诉讼阻碍（延期审理、诉讼中止与终结）	28	76
考点 38　一审判决、裁定与决定	29	77
专题十四　简易程序	30	77
考点 39　简易程序	30	77
考点 40　小额诉讼程序	31	78
专题十五　第二审程序	32	79
考点 41　上诉的提起与受理	32	79
考点 42　二审审理程序	33	80
考点 43　二审的判决与裁定	34	80
专题十六　审判监督程序	35	81
考点 44　再审的启动	35	81
考点 45　再审审理程序	37	83
专题十七　公益诉讼与第三人撤销之诉	38	85
考点 46　公益诉讼	38	85
考点 47　第三人撤销之诉	39	85
专题十八　特别程序	39	86
考点 48　特别程序	39	86
专题十九　督促程序	41	88
考点 49　督促程序	41	88
专题二十　公示催告程序	42	89
考点 50　公示催告程序	42	89
专题二十一　执行程序	43	90
考点 51　执行程序	43	90
专题二十二　涉外民事诉讼程序	46	97
考点 52　涉外民事诉讼程序	46	97

专题二十三　仲裁与仲裁法概述	47	98
考点53　仲裁与仲裁法概述	47	98
专题二十四　仲裁协议	48	98
考点54　仲裁协议	48	98
专题二十五　仲裁程序	50	99
考点55　仲裁的申请、受理与审理程序	50	99
考点56　仲裁调解、和解与裁决	51	99
专题二十六　申请撤销仲裁裁决	52	100
考点57　申请撤销仲裁裁决	52	100
专题二十七　仲裁裁决的执行与不予执行	52	100
考点58　仲裁裁决的执行与不予执行	52	100
答案速查	102	

民事诉讼法与仲裁制度 [试题]

扫一扫,"码"上做题

微信扫码,即可线上做题、看解析。
多种做题模式:章节自测、单科集训、随机演练等。

专题一 民事诉讼与民事诉讼法

考点1 民事诉讼与民事诉讼法

1． 2023 回忆/多

甲公司拖欠黄某劳动报酬 6 万元,双方经人民调解委员会调解达成协议,甲公司在 1 个月之内向黄某支付 6 万元。1 个月后,甲公司并未支付劳动报酬。关于对黄某的救济方式,下列哪些说法是正确的?

A. 向劳动争议仲裁委员会申请仲裁
B. 就调解协议直接向法院起诉
C. 持调解协议向法院申请强制执行
D. 持调解协议向法院申请支付令

2． 2017/3/95/任①

2015 年 4 月,居住在 B 市(直辖市)东城区的林剑与居住在 B 市西城区的钟阳(二人系位于 B 市北城区正和钢铁厂的同事)签订了一份借款合同,约定钟阳向林剑借款 20 万元,月息 1%,2017 年 1 月 20 日前连本带息一并返还。合同还约定,如因合同履行发生争议,可向 B 市东城区仲裁委员会仲裁。至 2017 年 2 月,钟阳未能按时履约。2017 年 3 月,二人到正和钢铁厂人民调解委员会(下称调解委员会)请求调解。调解委员会委派了三位调解员主持该纠纷的调解。如调解委员会调解失败,解决的办法有:

A. 双方自行协商达成和解协议
B. 在双方均同意的情况下,要求林剑居住地的街道居委会的人民调解委员会组织调解
C. 依据借款合同的约定通过仲裁的方式解决
D. 通过诉讼方式解决

专题二 民事诉讼法的基本原则与基本制度

考点2 民事诉讼基本原则

3． 2022 回忆/单

甲购买了乙公司生产的电热水器,后因质量问题发生纠纷诉至法院。法院组织双方当事人采用线上视频方式质证,乙公司同意,甲明确拒绝。法院遂以甲拒绝理由不正当为由,认为甲放弃了质证的权利。法院的行为直接违反了下列哪一民事诉讼法基本原则?

A. 对等原则
B. 同等原则
C. 平等原则
D. 在线诉讼原则

4． 2022 回忆/单

黄某通过网上购物平台购买了微尼公司出售的商品,因商品质量发生纠纷,黄某诉至某互联网法院。法院受理后决定线上开庭,微尼公司同意,黄某以其不具备网上开庭条件为由拒绝。关于本案的审理方式,下列哪一说法是正确的?

A. 法院应依职权适用线上审理
B. 法院应线下开庭审理
C. 可以采取微尼公司线上开庭、黄某线下开庭的方式
D. 本案为互联网购物纠纷,应由互联网法院专属管辖

5． 2014/3/35/单

社会主义法治的价值追求是公平正义,因此必须坚持法律面前人人平等原则。下列哪一民事诉讼基本原则最能体现法律面前人人平等原则的内涵?

A. 检察监督原则
B. 诚实信用原则
C. 当事人诉讼权利平等原则
D. 同等原则和对等原则

6． 2014/3/36/单

依法治国要求树立法律权威,依法办事,因此在民事纠纷解决的过程中,各方主体都须遵守法律的规定。下列哪一行为违背了相关法律?

A. 法院主动对确有错误的生效调解书启动再审
B. 派出所民警对民事纠纷进行调解
C. 法院为下落不明的被告指定代理人参加调解

---

① 指 2017 年/试卷三/第 95 题/不定项——编者注。

D. 人民调解委员会主动调解当事人之间的民间纠纷

7. 2014/3/37/单
根据《民事诉讼法》规定的诚信原则的基本精神，下列哪一选项符合诚信原则？
A. 当事人以欺骗的方法形成不正当诉讼状态
B. 证人故意提供虚假证言
C. 法院根据案件审理情况对当事人提供的证据不予采信
D. 法院对当事人提出的证据任意进行取舍或否定

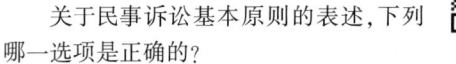

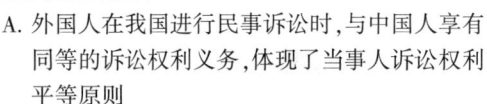

8. 2013/3/45/单
关于民事诉讼基本原则的表述，下列哪一选项是正确的？
A. 外国人在我国进行民事诉讼时，与中国人享有同等的诉讼权利义务，体现了当事人诉讼权利平等原则
B. 法院未根据当事人的自认进行事实认定，违背了处分原则
C. 当事人主张的法律关系与法院根据案件事实作出的认定不一致时，根据处分原则，当事人可以变更诉讼请求
D. 环保组织向法院提起公益诉讼，体现了支持起诉原则

9. 2011/3/38/单
关于民事诉讼法基本原则在民事诉讼中的具体体现，下列哪一说法是正确的？
A. 当事人有权决定是否委托代理人代为进行诉讼，是诉讼权利平等原则的体现
B. 当事人均有权委托代理人代为进行诉讼，是处分原则的体现
C. 原告与被告在诉讼中有一些不同但相对等的权利，是同等原则的体现
D. 当事人达成调解协议不仅要自愿，内容也不得违法，是法院调解自愿和合法原则的体现

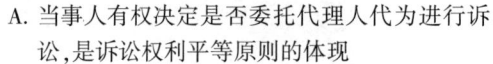

10. 2010/3/88/任
王某与钱某系夫妻，因感情不和王某提起离婚诉讼，一审法院经审理判决不准予离婚。王某不服提出上诉，二审法院经审理认为应当判决离婚，并对财产分割与子女抚养一并作出判决。关于二审法院的判决，下列哪些选项违反了《民事诉讼法》的原则或制度？
A. 处分原则
B. 辩论原则
C. 两审终审制度
D. 回避制度

11. 2010/3/97/任
丙承租了甲、乙共有的房屋，因未付租金被甲、乙起诉。一审法院判决丙支付甲、乙租金及利息共计10000元，分五个月履行，每月给付2000元。甲、乙和丙均不服该判决，提出上诉：乙请求改判丙一次性支付所欠的租金10000元。甲请求法院判决解除与丙之间租赁关系。丙认为租赁合同中没有约定利息，甲、乙也没有要求给付利息，一审法院不应当判决自己给付利息，请求判决变更一审判决的相关内容。丙还提出，为修缮甲、乙的出租房自己花费了3000元，请求抵销部分租金。
关于一审法院判决丙给付甲、乙利息的做法，下列说法正确的是：
A. 违背了民事诉讼的处分原则
B. 违背了民事诉讼的辩论原则
C. 违背了民事诉讼的当事人诉讼权利平等原则
D. 违背了民事诉讼的同等原则

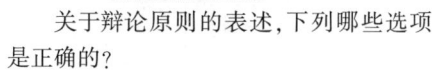

12. 2009/3/82/多
关于辩论原则的表述，下列哪些选项是正确的？
A. 当事人辩论权的行使仅局限于一审程序中开庭审理的法庭调查和法庭辩论阶段
B. 当事人向法院提出起诉状和答辩状是其行使辩论权的一种表现
C. 证人出庭陈述证言是证人行使辩论权的一种表现
D. 督促程序不适用辩论原则

13. 2008/3/38/单
甲向法院起诉，要求判决乙返还借款本金2万元。在案件审理中，借款事实得以认定，同时，法院还查明乙逾期履行还款义务近一年，法院遂根据银行同期定期存款利息，判决乙还甲借款本金2万元，利息520元。关于法院对该案判决的评论，下列哪一选项是正确的？
A. 该判决符合法律规定，实事求是，全面保护了权利人的合法权益
B. 该判决不符合法律规定，违反了民事诉讼的处分原则
C. 该判决不符合法律规定，违反了民事诉讼的辩论原则
D. 该判决不符合法律规定，违反了民事诉讼的平等原则

考点3 民事诉讼基本制度

14. 2023回忆/多
黄某因侵权纠纷起诉柳某，一审法院适用简易程序，由审判员王某独任审理。后柳某不服

一审判决提起上诉,二审法院以基本事实不清为由裁定发回重审。关于重审的程序和审判组织,下列哪些说法是正确的?
   A. 应适用普通程序,王某不得作为合议庭组成人员
   B. 应适用简易程序,王某不得为审判员审理本案
   C. 应适用普通程序,由王某之外的其他法官独任审理
   D. 应适用普通程序,人民陪审员可以参与合议庭

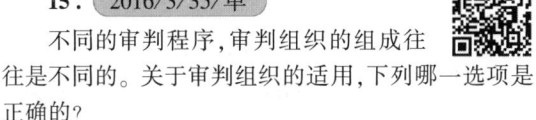

15. 2016/3/35/单
不同的审判程序,审判组织的组成往往是不同的。关于审判组织的适用,下列哪一选项是正确的?
   A. 适用简易程序审理的案件,当事人不服一审判决上诉后发回重审的,可由审判员独任审判
   B. 适用简易程序审理的案件,判决生效后启动再审程序进行再审的,可由审判员独任审判
   C. 适用普通程序审理的案件,当事人双方同意,经上级法院批准,可由审判员独任审判
   D. 适用选民资格案件审理程序的案件,应组成合议庭审理,而且只能由审判员组成合议庭

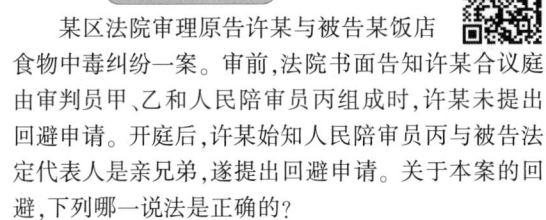

16. 2015/3/36/单
某区法院审理原告许某与被告某饭店食物中毒纠纷一案。审前,法院书面告知许某合议庭由审判员甲、乙和人民陪审员丙组成时,许某未提出回避申请。开庭后,许某始知人民陪审员丙与被告法定代表人是亲兄弟,遂提出回避申请。关于本案的回避,下列哪一说法是正确的?
   A. 许某可在知道丙与被告法定代表人是亲兄弟时提出回避申请
   B. 法院对回避申请作出决定前,丙不停止参与本案审理
   C. 应由审判长决定丙是否应回避
   D. 法院作出回避决定后,许某可对此提出上诉

17. 2012/3/36/单
唐某作为技术人员参与了甲公司一项新产品研发,并与该公司签订了为期2年的服务与保密合同。合同履行1年后,唐某被甲公司的竞争对手乙公司高薪挖走,负责开发类似的产品。甲公司起诉至法院,要求唐某承担违约责任并保守其原知晓的产品。关于该案的审判,下列哪一说法是正确的?
   A. 只有在唐某与甲公司共同提出申请不公开审理此案的情况下,法院才可以不公开审理
   B. 根据法律的规定,该案不应当公开审理,但应

当公开宣判
   C. 法院可以根据当事人的申请不公开审理此案,但应当公开宣判
   D. 法院应当公开审理此案并公开宣判

18. 2010/3/37/单
关于回避,下列哪一说法是正确的?
   A. 当事人申请担任审判长的审判人员回避的,应由审委会决定
   B. 当事人申请陪审员回避的,应由审判长决定
   C. 法院驳回当事人的回避申请,当事人不服而申请复议,复议期间被申请回避人不停止参与本案的审理工作
   D. 如当事人申请法院翻译人员回避,可由合议庭决定

19. 2010/3/38/单
关于合议庭评议案件,下列哪一表述是正确的?
   A. 审判长意见与多数意见不同的,以其意见为准判决
   B. 陪审员意见得到支持、形成多数的,可按该意见判决
   C. 合议庭意见存在分歧的,也可提交院长审查决定
   D. 审判人员的不同意见均须写入笔录

20. 2008/3/83/多
根据我国《民事诉讼法》和相关司法解释的规定,下列关于审判组织的哪些表述是正确的?
   A. 再审程序中只能由审判员组成合议庭
   B. 二审法院裁定发回重审的案件,原审法院应当组成合议庭进行审理
   C. 法院适用特别程序审理案件,陪审员不参加案件的合议庭
   D. 中级法院作为一审法院时,合议庭可以由审判员与陪审员共同组成,作为二审法院时,合议庭则一律由审判员组成

专题三 诉

考点4 诉讼标的

21. 2021 回忆/单
朱某向杨某借款20万元,借期1年,双方约定利息1万元,到期不归还借款支付罚息2万元。后朱某到期未偿还借款,杨某起诉要求朱某归还本金20万元,支付利息2万元,并要求支付逾期还款的罚息1万元。关于本案诉讼标的的数量,下列哪一表述是正确的?

A. 仅有一个诉讼标的
B. 本金和利息一个诉讼标的,罚息一个诉讼标的
C. 本金一个诉讼标的,利息和罚息一个诉讼标的
D. 本金、利息、罚息共三个诉讼标的

22. 2011/3/37/单
甲因乙久拖房租不付,向法院起诉,要求乙支付半年房租6000元。在案件开庭审理前,甲提出书面材料,表示时间已过去1个月,乙应将房租增至7000元。关于法院对甲增加房租的要求的处理,下列哪一选项是正确的?
A. 作为新的诉讼受理,合并审理
B. 作为诉讼标的变更,另案审理
C. 作为诉讼请求增加,继续审理
D. 不予受理,告知甲可以另行起诉

23. 2009/3/37/单
刘某习惯每晚将垃圾袋放在家门口,邻居王某认为会招引苍蝇并影响自己出入家门。王某为此与刘某多次交涉未果,遂向法院提起诉讼,要求刘某不得将垃圾袋放在家门口,以保证自家的正常通行和维护环境卫生。关于本案的诉讼标的,下列哪一选项是正确的?
A. 王某要求刘某不得将垃圾袋放在家门口的请求
B. 王某要求法院保障自家正常通行权的请求
C. 王某要求刘某维护环境卫生的请求
D. 王某和刘某之间的相邻关系

考点5 诉的分类

24. 2023 回忆/任
甲公司与乙公司签订设备租赁合同,后甲公司发现乙公司违规使用设备,遂发函告知乙公司须按章操作,乙公司未予理会。甲公司提起诉讼,请求法院确认乙公司违规使用设备,解除双方之间的设备租赁合同,判令乙公司返还设备并支付违约金。关于本案诉的类型,下列表述正确的是:
A. 请求确认违规使用设备是确认之诉
B. 请求解除设备租赁合同是形成之诉
C. 请求返还设备是给付之诉
D. 请求支付违约金是给付之诉

25. 2015/3/37/单
李某驾车不慎追尾撞坏刘某轿车,刘某向法院起诉要求李某将车修好。在诉讼过程中,刘某变更诉讼请求,要求李某赔偿损失并赔礼道歉。针对本案的诉讼请求变更,下列哪一说法是正确的?
A. 该诉的诉讼标的同时发生变更
B. 法院应依法不允许刘某变更诉讼请求
C. 该诉成为变更之诉

D. 该诉仍属给付之诉

26. 2013/3/37/单
关于诉的分类的表述,下列哪一选项是正确的?
A. 孙某向法院申请确认其妻无民事行为能力,属于确认之诉
B. 周某向法院申请宣告自己与吴某的婚姻无效,属于变更之诉
C. 张某在与王某协议离婚后,又向法院起诉,主张离婚损害赔偿,属于给付之诉
D. 赵某代理女儿向法院诉请前妻将抚养费从每月1000元增加为2000元,属于给付之诉

27. 2008/3/86/任 新法改编
关于诉的种类的表述,下列哪些选项是正确的?
A. 甲公司以乙公司订立合同时存在欺诈为由,诉至法院要求撤销合同,属于变更之诉
B. 甲公司以乙公司的履行不符合约定为由,诉至法院要求乙公司继续履行,属于给付之诉
C. 甲向法院起诉乙,要求返还借款1000元,乙称自己根本没有向甲借过钱,该诉讼属于确认之诉
D. 甲公司起诉乙公司,要求乙公司立即停止施工或采取有效措施降低噪音,属于变更之诉

考点6 反诉

28. 2019 回忆/单
甲起诉乙,审理过程中乙提起反诉。后甲撤回起诉,法院以原告撤回起诉为由裁定驳回了乙的反诉。乙对该裁定不服,提起上诉,二审法院应当如何处理?
A. 组织当事人调解,调解不成,告知另行起诉
B. 裁定驳回上诉,维持原裁定
C. 撤销原裁定,同时发回重审
D. 撤销原裁定,同时指定原审法院审理

29. 2014/3/43/单
刘某与曹某签订房屋租赁合同,后刘某向法院起诉,要求曹某依约支付租金。曹某向法院提出的下列哪一主张可能构成反诉?
A. 刘某的支付租金请求权已经超过诉讼时效
B. 租赁合同无效
C. 自己无支付能力
D. 自己已经支付了租金

30. 2013/3/80/多
关于反诉,下列哪些表述是正确的?
A. 反诉的原告只能是本诉的被告

B. 反诉与本诉必须适用同一种诉讼程序
C. 反诉必须在答辩期届满前提出
D. 反诉与本诉之间须存在牵连关系，因此必须源于同一法律关系

31． 2012/3/80/多
关于反诉，下列哪些表述是正确的？
A. 反诉应当向受理本诉的法院提出，且该法院对反诉所涉及的案件也享有管辖权
B. 反诉中的诉讼请求是独立的，它不会因为本诉的撤销而撤销
C. 反诉如果成立，将产生本诉的诉讼请求被依法驳回的法律后果
D. 本诉与反诉的当事人具有同一性，因此，当事人在本诉与反诉中诉讼地位是相同的

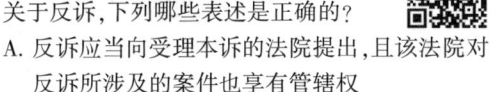

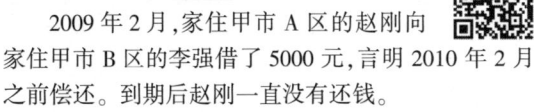

32． 2012/3/100/任
2009年2月，家住甲市A区的赵刚向家住甲市B区的李强借了5000元，言明2010年2月之前偿还。到期后赵刚一直没有还钱。
2010年3月，李强找到赵刚家追讨该债务，发生争吵。赵刚因所牵宠物狗易受惊，遂对李强说："你不要大声喊，狗会咬你。"李强不理，仍然叫骂，并指着狗叫喊。该狗受惊，扑向李强并将其咬伤。李强治伤花费6000元。
李强起诉要求赵刚返还欠款5000元、支付医药费6000元，并向法院提交了赵刚书写的借条、其向赵刚转账5000元的银行转账凭证、本人病历、医院的诊断书（复印件）、医院处方（复印件）、发票等。
赵刚称，其向李强借款是事实，但在2010年1月卖给李强一块玉石，价值5000元，说好用玉石货款清偿借款。当时李强表示同意，并称之后会把借条还给赵刚，但其一直未还该借条。
赵刚还称，李强故意激怒狗，被狗咬伤的责任应由李强自己承担。对此，赵刚提交了邻居孙某出具的书面证词，该证词描述了李强当时骂人和骂狗的情形。
赵刚认为，李强提交的诊断书、医院处方均为复印件，没有证明力。
关于赵刚"用玉石货款清偿借款"的辩称，下列选项正确的是：
A. 将该辩称作为赵刚偿还借款的反驳意见来审查，审查的结果可以作为判决的根据
B. 赵刚应当以反诉的形式提出请求，法院可以与本诉合并进行审理
C. 赵刚必须另行起诉，否则法院不予处理
D. 赵刚既可以反诉的形式提出，也可另行起诉

33． 2010/3/100/任
丙承租了甲、乙共有的房屋，因未付租金被甲、乙起诉。一审法院判决丙支付甲、乙租金及利息共计10000元，分五个月履行，每月给付2000元。甲、乙和丙均不服该判决，提出上诉：乙请求改判丙一次性支付所欠的租金10000元。甲请求法院判决解除与丙之间租赁关系。丙认为租赁合同中没有约定利息，甲、乙也没有要求给付利息，一审法院不应当判决自己给付利息，请求判决变更一审判决的相关内容。丙还提出，为修缮甲、乙的出租房自己花费了3000元，请求抵销部分租金。
关于丙提出用房屋修缮款抵销租金的请求，二审法院正确的处理办法是：
A. 查明事实后直接判决
B. 不予审理
C. 经当事人同意进行调解解决，调解不成的，发回重审
D. 经当事人同意进行调解解决，调解不成的，告知丙另行起诉

34． 2009/3/36/单
甲公司起诉要求乙公司交付货物。被告乙公司向法院主张合同无效，应由原告甲公司承担合同无效的法律责任。关于本案被告乙公司主张的性质，下列哪一说法是正确的？
A. 该主张构成了反诉
B. 该主张是一种反驳
C. 该主张仅仅是一种事实主张
D. 该主张是一种证据

考点7 诉的合并与分离

35． 2022回忆/多
乙向甲借款100万元逾期未还。甲认为乙与丙恶意串通，通过虚假交易方式将乙的财产转移至丙名下，遂向法院起诉，请求判决撤销乙和丙之间的买卖合同，并判令丙将买卖合同所涉款项交付给自己，用于偿还乙拖欠的债务。关于甲向法院提出的请求之间的关系，下列哪些说法是正确的？
A. 诉的主体合并 B. 诉的客体合并
C. 诉的重叠合并 D. 诉的预备合并

36． 2012/3/97/任
2009年2月，家住甲市A区的赵刚向家住甲市B区的李强借了5000元，言明2010年2月之前偿还。到期后赵刚一直没有还钱。
2010年3月，李强找到赵刚家追讨该债务，发生争吵。赵刚因所牵宠物狗易受惊，遂对李强说："你不要大声喊，狗会咬你。"李强不理，仍然叫骂，并指着狗叫喊。该狗受惊，扑向李强并将其咬伤。李强治伤花费6000元。
李强起诉要求赵刚返还欠款5000元、支付医药

费6000元,并向法院提交了赵刚书写的借条、其向赵刚转账5000元的银行转账凭证、本人病历、医院的诊断书(复印件)、医院处方(复印件)、发票等。

赵刚称,其向李强借款是事实,但在2010年1月卖给李强一块玉石,价值5000元,说好用玉石货款清偿借款。当时李强表示同意,并称之后会把借条还给赵刚,但其一直未还该借条。

赵刚还称,李强故意激怒狗,被狗咬伤的责任应由李强自己承担。对此,赵刚提交了邻居孙某出具的书面证词,该证词描述了李强当时骂人和骂狗的情形。

赵刚认为,李强提交的诊断书、医院处方均为复印件,没有证明力。

关于法院对李强提出的返还欠款5000元和支付医药费6000元的诉讼审理,下列选项正确的是:
A. 可以分别审理,分别作出判决
B. 可以合并审理,一起作出判决
C. 可以合并审理,分别作出判决
D. 必须分别审理,分别作出判决

专题四　主管与管辖

考点8　管辖概述

37． 2014/3/39/单

关于管辖,下列哪一表述是正确的?
A. 军人与非军人之间的民事诉讼,都应由军事法院管辖,体现了专门管辖的原则
B. 中外合资企业与外国公司之间的合同纠纷,应由中国法院管辖,体现了维护司法主权的原则
C. 最高法院通过司法解释授予部分基层法院专利纠纷案件初审管辖权,体现了平衡法院案件负担的原则
D. 不动产纠纷由不动产所在地法院管辖,体现了管辖恒定的原则

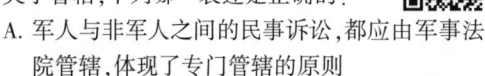

考点9　级别管辖

38． 2015/3/77/多

根据《民事诉讼法》相关司法解释,下列哪些法院对专利纠纷案件享有管辖权?
A. 知识产权法院
B. 所有的中级法院
C. 最高法院确定的中级法院
D. 最高法院确定的基层法院

39． 2012/3/78/多

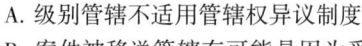

根据《民事诉讼法》和司法解释的相关规定,关于级别管辖,下列哪些表述是正确的?

A. 级别管辖不适用管辖权异议制度
B. 案件被移送管辖有可能是因为受诉法院违反了级别管辖的规定而发生的
C. 管辖权转移制度是对级别管辖制度的变通和个别的调整
D. 当事人可以通过协议变更案件的级别管辖

40． 2011/3/39/单

根据《民事诉讼法》和相关司法解释,关于中级法院,下列哪一表述是正确的?
A. 既可受理一审涉外案件,也可受理一审非涉外案件
B. 审理案件组成合议庭时,均不可邀请陪审员参加
C. 审理案件均须以开庭审理的方式进行
D. 对案件所作出的判决均为生效判决

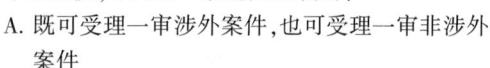

41． 2009/3/35/单

关于民事案件的级别管辖,下列哪一选项是正确的?
A. 第一审民事案件原则上由基层法院管辖
B. 涉外案件的管辖权全部属于中级法院
C. 高级法院管辖的一审民事案件包括在本辖区内有重大影响的民事案件和它认为应当由自己审理的案件
D. 最高法院仅管辖在全国有重大影响的民事案件

考点10　地域管辖

42． 2022回忆/任

A区的甲公司与B区的乙公司签订买卖合同,约定合同履行地为C区,若合同履行发生纠纷向守约方所在地法院起诉。后双方因商品质量发生纠纷,甲公司声称自己是守约方,向A区法院起诉乙公司。乙公司在答辩期内提出管辖权异议,主张自己才是守约方,应当由B区法院管辖。关于本案的管辖法院,下列说法正确的是:
A. 可由A区法院管辖
B. 可由B区法院管辖
C. 可由C区法院管辖
D. 因双方都可能是守约方,A、B区法院均有管辖权

43． 2021回忆/单

A区的甲公司与B区的乙公司签订合同,约定合同履行地在C区。两公司随后又达成补充协议,约定发生纠纷由C区法院管辖。后经乙公司同意,甲公司将合同转让给D区的丙公司,丙公司对补充协议并不知情。后丙公司起诉乙公司要求履行合同,乙公司主张转让合同无效。关于本案,下列哪一法院有管辖权?

A. A区法院　　B. B区法院
C. C区法院　　D. D区法院

44． 2021回忆/多

曹某向詹某借款10万元，双方约定合同履行发生纠纷由曹某所在地的甲法院管辖，后詹某又与宁某就该笔借款签订保证合同，约定合同履行发生纠纷由宁某所在地的乙法院管辖。后因曹某拖欠借款发生纠纷，詹某提起诉讼。下列哪些选项是正确的？

A. 起诉曹某和宁某，应由甲法院管辖
B. 起诉曹某和宁某，应由乙法院管辖
C. 单独起诉曹某，应由甲法院管辖
D. 单独起诉宁某，应由乙法院管辖

45． 2016/3/77/多

A市东区居民朱某（男）与A市西县刘某结婚，婚后双方住A市东区。一年后，公司安排刘某赴A市南县分公司工作。三年之后，因感情不和朱某向A市东区法院起诉离婚。东区法院受理后，发现刘某经常居住地在南县，其对该案无管辖权，遂裁定将案件移送南县法院。南县法院收到案件后，认为无管辖权，将案件移送刘某户籍所在地西县法院。西县法院收到案件后也认为无管辖权。关于本案的管辖问题，下列哪些说法是正确的？

A. 东区法院有管辖权
B. 南县法院有管辖权
C. 西县法院有管辖权
D. 西县法院认为自己没有管辖权，应当裁定移送有管辖权的法院

46． 住所地在H省K市L区的甲公司与住所地在F省E市D区的乙公司签订了一份钢材买卖合同，价款数额为90万元。合同在B市C区签订，双方约定合同履行地为W省Z市Y区，同时约定如因合同履行发生争议，由B市仲裁委员会仲裁。合同履行过程中，因钢材质量问题，甲公司与乙公司发生争议，甲公司欲申请仲裁解决。因B市有两个仲裁机构，分别为丙仲裁委员会和丁仲裁委员会（两个仲裁委员会所在地都在B市C区），乙公司认为合同中的仲裁条款无效，欲向有关机构申请确认仲裁条款无效。

请回答第(1)、(2)题。

（1） 2016/3/96/任

如相关机构确认仲裁条款无效，甲公司欲与乙公司达成协议，确定案件的管辖法院。关于双方可以协议选择的管辖法院，下列选项正确的是：

A. H省K市L区法院
B. F省E市D区法院
C. B市C区法院
D. W省Z市Y区法院

（2） 2016/3/97/任

如仲裁条款被确认无效，甲公司与乙公司又无法达成新的协议，甲公司欲向法院起诉乙公司。关于对本案享有管辖权的法院，下列选项正确的是：

A. H省K市L区法院
B. F省E市D区法院
C. W省Z市Y区法院
D. B市C区法院

47． 2015/3/95/任

主要办事机构在A县的五环公司与主要办事机构在B县的四海公司于C县签订购货合同，约定：货物交付地在D县；若合同的履行发生争议，由原告所在地或者合同签订地的基层法院管辖。现五环公司起诉要求四海公司支付货款。四海公司辩称已将货款交给五环公司业务员付某。五环公司承认付某是本公司业务员，但认为其无权代理本公司收取货款，且付某也没有将四海公司声称的货款交给本公司。四海公司向法庭出示了盖有五环公司印章的授权委托书，证明付某有权代理五环公司收取货款，但五环公司对该授权书的真实性不予认可。根据案情，法院依当事人的申请通知付某参加（参与）了诉讼。

对本案享有管辖权的法院包括：

A. A县法院　　B. B县法院
C. C县法院　　D. D县法院

48． 2014/3/96/任

甲县的葛某和乙县的许某分别拥有位于丙县的云峰公司50%的股份。后由于二人经营理念不合，已连续四年未召开股东会，无法形成股东会决议。许某遂向法院请求解散公司，并在法院受理后申请保全公司的主要资产（位于丁县的一块土地的使用权）。

依据法律，对本案享有管辖权的法院是：

A. 甲县法院　　B. 乙县法院
C. 丙县法院　　D. 丁县法院

49． 2009年2月，家住甲市A区的赵刚向家住甲市B区的李强借了5000元，言明2010年2月之前偿还。到期后赵刚一直没有还钱。

2010年3月，李强找到赵刚家追讨该债务，发生争吵。赵刚因所牵宠物狗易受惊，遂对李强说："你不要大声喊，狗会咬你。"李强不理，仍然叫骂，并指着狗叫喊。该狗受惊，扑向李强并将其咬伤。李强治伤花费6000元。

李强起诉要求赵刚返还欠款5000元、支付医药费6000元，并向法院提交了赵刚书写的借条、其向赵

刚转账5000元的银行转账凭证、本人病历、医院的诊断书(复印件)、医院处方(复印件)、发票等。

赵刚称,其向李强借款是事实,但在2010年1月卖给李强一块玉石,价值5000元,说好用玉石货款清偿借款。当时李强表示同意,并称之后会把借条还给赵刚,但其一直未还该借条。

赵刚还称,李强故意激怒狗,被狗咬伤的责任应由李强自己承担。对此,赵刚提交了邻居孙某出具的书面证词,该证词描述了李强当时骂人和骂狗的情形。

赵刚认为,李强提交的诊断书、医院处方均为复印件,没有证明力。

请回答第(1)、(2)题。

(1) 2012/3/95/任

关于李强与赵刚之间欠款的诉讼管辖,下列选项正确的是:

A. 甲市A区法院
B. 甲市B区法院
C. 甲市中级法院
D. 应当专属甲市A区法院

(2) 2012/3/96/任

关于李强要求赵刚支付医药费的诉讼管辖,下列选项正确的是:

A. 甲市A区法院
B. 甲市B区法院
C. 甲市中级法院
D. 应当专属甲市A区法院

50．2009/3/98/任

常年居住在Y省A县的王某早年丧妻,独自一人将两个儿子和一个女儿养大成人。大儿子王甲居住在Y省B县,二儿子王乙居住在Y省C县,女儿王丙居住在W省D县。2000年以来,王某的日常生活费用主要来自大儿子王甲每月给的800元生活费。2003年12月,由于物价上涨,王某要求二儿子王乙每月也给一些生活费,但王乙以自己没有固定的工作、收入不稳定为由拒绝。于是,王某将王乙告到法院,要求王乙每月支付给自己赡养费500元。

关于对本案享有管辖权的法院,下列选项正确的是:

A. Y省A县法院　　B. Y省B县法院
C. Y省C县法院　　D. W省D县法院

考点11　选择管辖与裁定管辖

51．2014/3/78/多

根据《民事诉讼法》和相关司法解释的规定,法院的下列哪些做法是违法的?

A. 在一起借款纠纷中,原告张海起诉被告李河时,李河居住在甲市A区。A区法院受理案件后,李河搬到甲市D区居住,该法院知悉后将案件移送D区法院

B. 王丹在乙市B区被黄玫打伤,以为黄玫居住乙市B区,而向该区法院提起侵权诉讼。乙市B区法院受理后,查明黄玫的居住地是乙市C区,遂将案件移送乙市C区法院

C. 丙省高院规定,本省中院受理诉讼标的额1000万元至5000万元的财产案件。丙省E市中院受理一起标的额为5005万元的案件后,向丙省高院报请审理该案

D. 居住地为丁市H区的孙溪要求居住地为丁市G区的赵山依约在丁市K区履行合同。后因赵山下落不明,孙溪以赵山为被告向丁市H区法院提起违约诉讼,该法院以本院无管辖权为由裁定不予受理

52．2013/3/79/多

关于管辖制度的表述,下列哪些选项是不正确的?

A. 对下落不明或者宣告失踪的人提起的民事诉讼,均应由原告住所地法院管辖

B. 因共同海损或者其他海损事故请求损害赔偿提起的诉讼,被告住所地法院享有管辖权

C. 甲区法院受理某技术转让合同纠纷案后,发现自己没有级别管辖权,将案件移送至甲市中院审理,这属于管辖权的转移

D. 当事人可以书面约定纠纷的管辖法院,这属于选择管辖

53．2010/3/39/单

某省甲市A区法院受理一起保管合同纠纷案件,根据被告管辖权异议,A区法院将案件移送该省乙市B区法院审理。乙市B区法院经审查认为,A区法院移送错误,本案应归甲市A区法院管辖,发生争议。关于乙市B区法院的做法,下列哪一选项是正确的?

A. 将案件退回甲市A区法院
B. 将案件移送同级第三方法院管辖
C. 报请乙市中级法院指定管辖
D. 与甲市A区法院协商不成,报请该省高级法院指定管辖

54．2009/3/80/多

2008年7月,家住A省的陈大因赡养费纠纷,将家住B省甲县的儿子陈小诉至甲县法院,该法院受理了此案。2008年8月,经政府正式批准,陈小居住的甲县所属区域划归乙县管辖。甲县法院以管辖区域变化对该案不再具有管辖权为由,将该案

· 8 ·

移送至乙县法院。乙县法院则根据管辖恒定原则,将案件送还至甲县法院。下列哪些说法是正确的?

A. 乙县法院对该案没有管辖权
B. 甲县法院的移送管辖是错误的
C. 乙县法院不得将案件送还甲县法院
D. 甲县法院对该案没有管辖权

55. 2008/3/82/多

李某在甲市 A 区新购一套住房,并请甲市 B 区的装修公司对其新房进行装修。在装修过程中,装修工人不慎将水管弄破,导致楼下住户的家具被淹毁。李某与该装修公司就赔偿问题交涉未果,遂向甲市 B 区法院起诉。B 区法院认为该案应由 A 区法院审理,于是裁定将该案移送至 A 区法院,A 区法院认为该案应由 B 区法院审理,不接受移送,又将案件退回 B 区法院。关于本案的管辖,下列哪些选项是正确的?

A. 甲市 A、B 区法院对该案都有管辖权
B. 李某有权向甲市 B 区法院起诉
C. 甲市 B 区法院的移送管辖是错误的
D. A 区法院不接受移送,将案件退回 B 区法院是错误的

考点12 管辖权异议

56. 2018 回忆/单

张某想在乙区买一个店铺,和甲县的赵某签订了中介合同,经赵某联系,张某和乙区的孙某签订了店铺买卖合同。后孙某不肯交房并办理过户,张某将赵某、孙某起诉到甲县法院,要求交付店铺、办理过户。甲县法院判决孙某交付店铺、办理过户,以赵某不是适格被告为由判决驳回张某对赵某的诉讼请求。孙某不服上诉,认为既然赵某不是适格被告,那么赵某的住所地甲县法院就没有管辖权,故而在二审中提出管辖权异议。二审法院应当如何处理?

A. 移送管辖
B. 指定管辖
C. 对管辖权异议不予审查
D. 撤销原判,发回重审

57. 2017/3/36/单

住所在 A 市 B 区的甲公司与住所在 A 市 C 区的乙公司签订了一份买卖合同,约定履行地为 D 县。合同签订后尚未履行,因货款支付方式发生争议,乙公司诉至 D 县法院。甲公司就争议的付款方式提交了答辩状。经审理,法院判决甲公司败诉。甲公司不服,以一审法院无管辖权为由提起上诉,要求二审法院撤销一审判决,驳回起诉。关于本案,下列哪一表述是正确的?

A. D 县法院有管辖权,因 D 县是双方约定的合同履行地
B. 二审法院对上诉人提出的管辖权异议不予审查,裁定驳回异议
C. 二审法院应裁定撤销一审判决,发回一审法院重审
D. 二审法院应裁定撤销一审判决,裁定将案件移送有管辖权的法院审理

58. 2016/3/78/多

法院受理案件后,被告提出管辖异议,依据法律和司法解释规定,其可以采取下列哪些救济措施?

A. 向受诉法院提出管辖权异议,要求受诉法院对管辖权的归属进行审查
B. 向受诉法院的上级法院提出异议,要求上级法院对案件的管辖权进行审查
C. 在法院对管辖异议驳回的情况下,可以对该裁定提起上诉
D. 在法院对案件审理终结后,可以以管辖错误作为法定理由申请再审

59. 2011/3/95/任

2011 年 7 月 11 日,A 市升湖区法院受理了黎明丽(女)诉张成功(男)离婚案。7 月 13 日,升湖区法院向张成功送达了起诉状副本。7 月 18 日,张成功向升湖区法院提交了答辩状,未对案件的管辖权提出异议。8 月 2 日,张成功向升湖区法院提出管辖权异议申请,称其与黎明丽已分居 2 年,分别居住于 A 市安平区各自父母家中。A 市升湖区法院以申请管辖权异议超过申请期限为由,裁定驳回张成功管辖权异议申请。后,升湖区法院查明情况,遂裁定将案件移送安平区法院。安平区法院接受移送,确定适用简易程序审理此案。

安平区法院在案件开庭审理时组织调解。

黎明丽声称:2005 年 12 月,其与张成功结婚,后因张成功有第三者陈佳,感情已破裂,现要求离婚。黎明丽提出,离婚后儿子张好帅由其行使监护权,张成功每月支付抚养费 1500 元。现双方存款 36 万元(存折在张成功手中),由 2 人平分,生活用品归各自所有,不存在其他共有财产分割争议。

张成功承认:2005 年 12 月,其与黎明丽结婚,自己现在有了第三者,36 万元存款在自己手中,同意离婚,同意生活用品归各自所有,同意不存在其他共有财产分割争议。不同意支付张好帅抚养费,因其是黎明丽与前男友所生。

黎明丽承认:张好帅是其与前男友所生,但在户籍登记上,张成功与张好帅为父子关系,多年来父子相称,形成事实上的父子关系,故要求张成功支付抚养费。

调解未能达成协议。在随后的庭审中,黎明丽坚持提出的请求;张成功对调解中承认的多数事实和同意的请求予以认可,但否认了有第三者一事,仍不同意支付张好帅抚养费。黎明丽要求法院通知第三者陈佳以无独立请求权的第三人身份参加诉讼。

安平区法院作出判决:解除黎明丽、张成功婚姻关系;张好帅由黎明丽行使监护权,张成功每月支付抚养费700元;存款双方平分,生活用品归个人所有,不存在其他共有财产分割争议。法院根据调解中被告承认自己有第三者的事实,认定双方感情破裂,张成功存在过失。

关于本案管辖,下列选项正确的是:
A. 张成功行使管辖异议权符合法律的规定
B. 张成功主张管辖异议的理由符合法律规定
C. 升湖区法院驳回张成功的管辖异议符合法律规定
D. 升湖区法院对案件进行移送符合法律规定

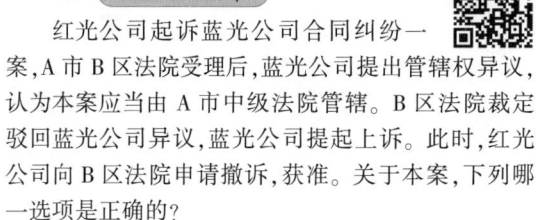

60. 2010/3/50/单
红光公司起诉蓝光公司合同纠纷一案,A市B区法院受理后,蓝光公司提出管辖权异议,认为本案应当由A市中级法院管辖。B区法院裁定驳回蓝光公司异议,蓝光公司提起上诉。此时,红光公司向B区法院申请撤诉,获准。关于本案,下列哪一选项是正确的?
A. B区法院裁定准予撤诉是错误的,因为蓝光公司已经提起上诉
B. 红光公司应当向A市中级法院申请撤诉,并由其裁定是否准予撤诉
C. B区法院应当待A市中级法院就蓝光公司的上诉作出裁定后,再裁定是否准予撤诉
D. B区法院裁定准予撤诉后,二审法院不再对管辖权异议的上诉进行审查

专题五 当事人

考点13 当事人概述(当事人能力、当事人适格、当事人权利义务)

61. 2022 回忆/多
张某驾车将行人秦某撞倒,经查,张某所驶车辆系刘某所有,某日被金某盗窃后金某将车出借给张某。现秦某拟提起诉讼,关于起诉,下列哪些选项是正确的?
A. 以张某为被告向法院提起诉讼
B. 以金某为被告向法院提起诉讼
C. 以刘某为被告向法院提起诉讼
D. 张某、金某为被告向法院提起诉讼

62. 2014/3/81/多
根据民事诉讼理论和相关法律法规,关于当事人的表述,下列哪些选项是正确的?
A. 依法解散、依法被撤销的法人可以自己的名义作为当事人进行诉讼
B. 被宣告为无行为能力的成年人可以自己的名义作为当事人进行诉讼
C. 不是民事主体的非法人组织依法可以自己的名义作为当事人进行诉讼
D. 中国消费者协会可以自己的名义作为当事人,对侵害众多消费者权益的企业提起公益诉讼

63. 2013/3/38/单 新法改编
关于当事人能力和正当当事人的表述,下列哪一选项是正确的?
A. 一般而言,应以当事人是否对诉讼标的有确认利益,作为判断当事人适格与否的标准
B. 一般而言,诉讼标的的主体即是本案的正当当事人
C. 未成年人均不具有诉讼行为能力
D. 破产企业清算组对破产企业财产享有管理权,可以清算组名义起诉或应诉

64. 2012/3/81/多
关于当事人能力与当事人适格的概念,下列哪些表述是正确的?
A. 当事人能力又称当事人诉讼权利能力,当事人适格又称正当当事人
B. 有当事人能力的人一定是适格当事人
C. 适格当事人一定具有当事人能力
D. 当事人能力与当事人适格均由法律明确加以规定

65. 2008/3/44/单
关于当事人适格的表述,下列哪一选项是错误的?
A. 当事人诉讼权利能力是作为抽象的诉讼当事人的资格,它与具体的诉讼没有直接的联系;当事人适格是作为具体的诉讼当事人资格,是针对具体的诉讼而言的
B. 一般来讲,应以当事人是否是所争议的民事法律关系的主体,作为判断当事人适格标准,但在某些例外情况下,非民事法律关系或民事权利主体,也可以作为适格当事人
C. 清算组织、遗产管理人、遗嘱执行人是适格的当事人,原因在于根据权利主体意思或法律规定对他人的民事法律关系享有管理权
D. 检察院就生效民事判决提起抗诉,抗诉的检

察院是适格的当事人

考点14 原告、被告和第三人

66. 2019回忆/单

张某有一套房屋,张某死后,其子张甲和张乙因遗产继承产生纠纷,张甲将张乙诉至法院。诉讼中,邻县张某的女儿张丙向法院主张继承遗产,下列表述哪一项是正确的?

A. 张甲是原告,张乙是被告
B. 张甲、张丙是原告,张乙是被告
C. 张丙是原告,张甲、张乙是被告
D. 张甲是原告,张乙是被告,张丙是有独立请求权的第三人

67. 2017/3/78/多

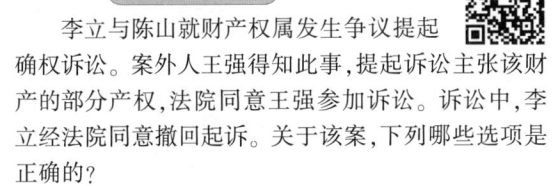

李立与陈山就财产权属发生争议提起确权诉讼。案外人王强得知此事,提起诉讼主张该财产的部分产权,法院同意王强参加诉讼。诉讼中,李立经法院同意撤回起诉。关于该案,下列哪些选项是正确的?

A. 王强是有独立请求权的第三人
B. 王强是必要的共同诉讼人
C. 李立撤回起诉后,法院应裁定终结诉讼
D. 李立撤回起诉后,法院应以王强为原告、李立和陈山为被告另案处理,诉讼继续进行

68. 2016/3/37/单

小桐是由菲特公司派遣到苏拉公司工作的人员,在一次完成苏拉公司分配的工作任务时,失误造成路人周某受伤,因赔偿问题周某起诉至法院。关于本案被告的确定,下列哪一选项是正确的?

A. 起诉苏拉公司时,应追加菲特公司为共同被告
B. 起诉苏拉公司时,应追加菲特公司为无独立请求权第三人
C. 起诉菲特公司时,应追加苏拉公司为共同被告
D. 起诉菲特公司时,应追加苏拉公司为无独立请求权第三人

69. 2016/3/38/单

丁一诉弟弟丁二继承纠纷一案,在一审中,妹妹丁爽向法院递交诉状,主张应由自己继承系争的遗产,并向法院提供了父亲生前所立的其过世后遗产全部由丁爽继承的遗嘱。法院予以合并审理,开庭审理前,丁一表示撤回起诉,丁二认为该遗嘱是伪造的,要求继续进行诉讼。法院裁定准予丁一撤诉后,在程序上,下列哪一选项是正确的?

A. 丁爽为另案原告,丁二为另案被告,诉讼继续进行
B. 丁爽为另案原告,丁一、丁二为另案被告,诉讼继续进行

C. 丁一、丁爽为另案原告,丁二为另案被告,诉讼继续进行
D. 丁爽、丁二为另案原告,丁一为另案被告,诉讼继续进行

70. 2016/3/79/多

程某诉刘某借款诉讼过程中,程某将对刘某因该借款而形成的债权转让给了谢某。依据相关规定,下列哪些选项是正确的?

A. 如程某撤诉,法院可以准许其撤诉
B. 如谢某申请以无独立请求权第三人身份参加诉讼,法院可予以准许
C. 如谢某申请替代程某诉讼地位的,法院可以根据案件的具体情况决定是否准许
D. 如法院不予准许谢某申请替代程某诉讼地位的,可以追加谢某为无独立请求权的第三人

71. 2015/3/38/单

赵某与刘某将共有商铺出租给陈某。刘某瞒着赵某,与陈某签订房屋买卖合同,将商铺转让给陈某,后因该合同履行发生纠纷,刘某将陈某诉至法院。赵某得知后,坚决不同意刘某将商铺让与陈某。关于本案相关人的诉讼地位,下列哪一说法是正确的?

A. 法院应依职权追加赵某为共同原告
B. 赵某应以刘某侵权起诉,陈某为无独立请求权第三人
C. 赵某应作为无独立请求权第三人
D. 赵某应作为有独立请求权第三人

72. 2015/3/39/单

徐某开设打印设计中心并以自己名义登记领取了个体工商户营业执照,该中心未起字号。不久,徐某应征入伍,将该中心转让给同学李某经营,未办理工商变更登记。后该中心承接广告公司业务,款项已收却未能按期交货,遭广告公司起诉。下列哪一选项是本案的适格被告?

A. 李某
B. 李某和徐某
C. 李某和该中心
D. 李某、徐某和该中心

73. 2015/3/97/任

主要办事机构在A县的五环公司与主要办事机构在B县的四海公司于C县签订购货合同,约定:货物交付地在D县;若合同的履行发生争议,由原告所在地或者合同签订地的基层法院管辖。现五环公司起诉要求四海公司支付货款。四海公司辩称已将货款交给五环公司业务员付某。五环公司承认付某是本公司业务员,但认为其无权代理本公司收取

民事诉讼法与仲裁制度〔试题〕

货款,且付某也没有将四海公司声称的货款交给本公司。四海公司向法庭出示了盖有五环公司印章的授权委托书,证明付某有权代理五环公司收取货款,但五环公司对该授权书的真实性不予认可。根据案情,法院依当事人的申请通知付某参加(参与)了诉讼。

根据案情和法律规定,付某参加(参与)诉讼,在诉讼中所居地位是:

A. 共同原告
B. 共同被告
C. 无独立请求权第三人
D. 证人

74． 2014/3/95/任

甲县的葛某和乙县的许某分别拥有位于丙县的云峰公司50%的股份。后由于二人经营理念不合,已连续四年未召开股东会,无法形成股东会决议。许某遂向法院请求解散公司,并在法院受理后申请保全公司的主要资产(位于丁县的一块土地的使用权)。

关于本案当事人的表述,下列说法正确的是:

A. 许某是原告
B. 葛某是被告
C. 云峰公司可以是无独立请求权第三人
D. 云峰公司可以是有独立请求权第三人

75． 2012/3/45/单

2010年7月,甲公司不服A市B区法院对其与乙公司买卖合同纠纷的判决,上诉至A市中级法院,A市中级法院经审理维持原判决。2011年3月,甲公司与丙公司合并为丁公司。之后,丁公司法律顾问在复查原甲公司的相关材料时,发现上述案件具备申请再审的法定事由。关于该案的再审,下列哪一说法是正确的?

A. 应由甲公司向法院申请再审
B. 应由甲公司与丙公司共同向法院申请再审
C. 应由丁公司向法院申请再审
D. 应由丁公司以案外人身份向法院申请再审

76． 2011/3/45/单

三合公司诉两江公司合同纠纷一案,经法院审理后判决两江公司败诉。此后,两江公司与海大公司合并成立了大江公司。在对两江公司财务进行审核时,发现了一份对前述案件事实认定极为重要的证据。关于该案的再审,下列哪一说法是正确的?

A. 应当由两江公司申请再审并参加诉讼
B. 应当由海大公司申请再审并参加诉讼
C. 应当由大江公司申请再审并参加诉讼
D. 应当由两江公司申请再审,但必须由大江公司参加诉讼

77． 2011/3/80/多

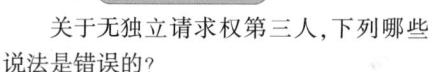

关于无独立请求权第三人,下列哪些说法是错误的?

A. 无独立请求权第三人在诉讼中有自己独立的诉讼地位
B. 无独立请求权第三人有权提出管辖异议
C. 一审判决没有判决无独立请求权第三人承担民事责任的,无独立请求权的第三人不可以作为上诉人或被上诉人
D. 无独立请求权第三人有权申请参加诉讼和参加案件的调解活动,与案件原、被告达成调解协议

78． 2011/3/97/任

2011年7月11日,A市升湖区法院受理了黎明丽(女)诉张成功(男)离婚案。7月13日,升湖区法院向张成功送达了起诉状副本。7月18日,张成功向升湖区法院提交了答辩状,未对案件的管辖权提出异议。8月2日,张成功向升湖区法院提出管辖权异议申请,称其与黎明丽已分居2年,分别居住于A市安平区各自父母家中。A市升湖区法院以申请管辖权异议超过申请期限为由,裁定驳回张成功管辖权异议申请。后,升湖区法院查明情况,遂裁定将案件移送安平区法院。安平区法院接受移送,确定适用简易程序审理此案。

安平区法院在案件开庭审理时组织调解。

黎明丽声称:2005年12月,其与张成功结婚,后因张成功有第三者陈佳,感情已破裂,现要求离婚。黎明丽提出,离婚后儿子张好帅由其行使监护权,张成功每月支付抚养费1500元。现双方存款36万元(存折在张成功手中),由2人平分,生活用品归各自所有,不存在其他共有财产分割争议。

张成功承认:2005年12月,其与黎明丽结婚,自己现在有了第三者,36万元存款在自己手中,同意离婚,同意生活用品归各自所有,同意不存在其他共有财产分割争议。不同意支付张好帅抚养费,因其是黎明丽与前男友所生。

黎明丽承认:张好帅是其与前男友所生,但在户籍登记上,张成功与张好帅为父子关系,多年来父子相称,形成事实上的父子关系,故要求张成功支付抚养费。

调解未能达成协议。在随后的庭审中,黎明丽坚持提出的请求;张成功对调解中承认的多数事实和同意的请求予以认可,但否认了有第三者一事,仍不同意支付张好帅抚养费。黎明丽要求法院通知第三者陈佳以无独立请求权的第三人身份参加诉讼。

安平区法院作出判决:解除黎明丽、张成功婚姻关系;张好帅由黎明丽行使监护权,张成功每月支付

抚养费700元;存款双方平分,生活用品归个人所有,不存在其他共有财产分割争议。法院根据调解中被告承认自己有第三者的事实,认定双方感情破裂,张成功存在过失。

对黎明丽要求陈佳以无独立请求权第三人参加诉讼的请求,下列选项正确的是:

A. 法院可以根据黎明丽的请求,裁定追加陈佳为无独立请求权第三人

B. 如张成功同意,法院可通知陈佳以无独立请求权第三人名义参加诉讼

C. 无论张成功是否同意,法院通知陈佳以无独立请求权第三人名义参加诉讼都是错误的

D. 如陈佳同意,法院可通知陈佳以无独立请求权第三人名义参加诉讼

79． 2010/3/40/单

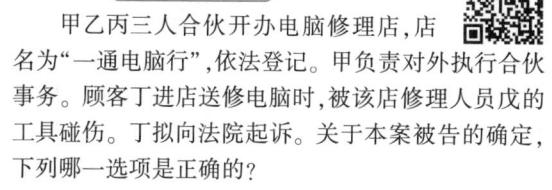

甲乙丙三人合伙开办电脑修理店,店名为"一通电脑行",依法登记。甲负责对外执行合伙事务。顾客丁进店送修电脑时,被该店修理人员戊的工具碰伤。丁拟向法院起诉。关于本案被告的确定,下列哪一选项是正确的?

A. "一通电脑行"为被告

B. 甲为被告

C. 甲乙丙三人为共同被告,并注明"一通电脑行"字号

D. 甲乙丙戊四人为共同被告

80． 2010/3/41/单

甲为有独立请求权第三人,乙为无独立请求权第三人,关于甲、乙诉讼权利和义务,下列哪一说法是正确的?

A. 甲只能以起诉的方式参加诉讼,乙以申请或经法院通知的方式参加诉讼

B. 甲具有当事人的诉讼地位,乙不具有当事人的诉讼地位

C. 甲的诉讼行为可对本诉的当事人发生效力,乙的诉讼行为对本诉的当事人不发生效力

D. 任何情况下,甲有上诉权,而乙无上诉权

81． 2009/3/39/单

甲与乙对一古董所有权发生争议诉至法院。诉讼过程中,丙声称古董属自己所有,主张对古董的所有权。下列哪一说法是正确的?

A. 如丙没有起诉,法院可以依职权主动追加其作为有独立请求权第三人

B. 如丙起诉后认为受案法院无管辖权,可以提出管辖权异议

C. 如丙起诉后经法院传票传唤,无正当理由拒不到庭,应当视为撤诉

D. 如丙起诉后,甲与乙达成协议经法院同意而撤诉,应当驳回丙的起诉

82． 2009/3/97/任

常年居住在Y省A县的王某早年丧妻,独自一人将两个儿子和一个女儿养大成人。大儿子王甲居住在Y省B县,二儿子王乙居住在Y省C县,女儿王丙居住在W省D县。2000年以来,王某的日常生活费用主要来自大儿子王甲每月给的800元生活费。2003年12月,由于物价上涨,王某要求二儿子王乙每月也给一些生活费,但王乙以自己没有固定的工作、收入不稳定为由拒绝。于是,王某将王乙告到法院,要求王乙每月支付给自己赡养费500元。

关于本案当事人的确定,下列选项正确的是:

A. 王某是本案的唯一原告

B. 王乙是本案的唯一被告

C. 王乙与王丙应当是本案的被告,王甲不是本案的被告

D. 王乙、王丙和王甲应当是本案的被告

83． 2008/3/42/单

张某将邻居李某和李某的父亲打伤,李某以张某为被告向法院提起诉讼。在法院受理该案时,李某的父亲也向法院起诉,对张某提出索赔请求。法院受理了李某父亲的起诉,在征得当事人同意的情况下决定将上述两案并案审理。在本案中,李某的父亲居于什么诉讼地位?

A. 必要共同诉讼的共同原告

B. 有独立请求权的第三人

C. 普通共同诉讼的共同原告

D. 无独立请求权的第三人

考点15 共同诉讼

84． 2017/3/37/单

马迪由阳光劳务公司派往五湖公司担任驾驶员。因五湖公司经常要求加班,且不发加班费,马迪与五湖公司发生争议,向劳动争议仲裁委员会申请仲裁。关于本案仲裁当事人的确定,下列哪一表述是正确的?

A. 马迪是申请人,五湖公司为被申请人

B. 马迪是申请人,五湖公司和阳光劳务公司为被申请人

C. 马迪是申请人,五湖公司为被申请人,阳光劳务公司可作为第三人参加诉讼

D. 马迪和阳光劳务公司为申请人,五湖公司为被申请人

85． 2016/3/36/单

精神病人姜某冲入向阳幼儿园将入托

的小明打伤,小明的父母与姜某的监护人朱某及向阳幼儿园协商赔偿事宜无果,拟向法院提起诉讼。关于本案当事人的确定,下列哪一选项是正确的?

A. 姜某是被告,朱某是无独立请求权第三人
B. 姜某与朱某是共同被告,向阳幼儿园是无独立请求权第三人
C. 向阳幼儿园与姜某是共同被告
D. 姜某、朱某、向阳幼儿园是共同被告

86． 2013/3/77/多

甲向大恒银行借款100万元,乙承担连带保证责任,甲到期未能归还借款,大恒银行向法院起诉甲乙二人,要求其履行债务。关于诉的合并和共同诉讼的判断,下列哪些选项是正确的?

A. 本案属于诉的主体的合并
B. 本案属于诉的客体的合并
C. 本案属于必要共同诉讼
D. 本案属于普通共同诉讼

87． 2010/3/46/单

甲在丽都酒店就餐,顾客乙因地板湿滑不慎滑倒,将热汤洒到甲身上,甲被烫伤。甲拟向法院提起诉讼。关于本案当事人的确定,下列哪一说法是正确的?

A. 甲起诉丽都酒店,乙是第三人
B. 甲起诉乙,丽都酒店是第三人
C. 甲起诉,只能以乙或丽都酒店为单一被告
D. 甲起诉丽都酒店,乙是共同被告

88． 2009/3/38/单

王甲两岁,在幼儿园入托。一天,为幼儿园送货的刘某因王甲将其衣服弄湿,便打了王甲一记耳光,造成王甲左耳失聪。王甲的父亲拟代儿子向法院起诉。关于本案被告的确定,下列哪一选项是正确的?

A. 刘某是本案唯一的被告
B. 幼儿园是本案唯一的被告
C. 刘某和幼儿园是本案共同被告
D. 刘某是本案被告,幼儿园是本案无独立请求权第三人

89． 2008/3/84/多

李某和张某到华美购物中心采购结婚物品。张某因购物中心打蜡地板太滑而摔倒,致使左臂骨折,住院治疗花费了大量医疗费,婚期也因而推迟。当时,购物中心负责地板打蜡的郑某目睹事情的发生经过。受害人认为购物中心存在过错,于是,起诉要求其赔偿经济损失以及精神损害赔偿。关于本案诉讼参与人,下列哪些选项是正确的?

A. 李某、张某应为本案的共同原告
B. 李某、郑某可以作为本案的证人
C. 华美购物中心为本案的被告
D. 华美购物中心与郑某为本案共同被告

考点16 诉讼代表人

90． 2023 回忆/单

某公司在其财务报告中虚构业绩上市发行,导致投资者利益受损。经韩某等80名投资者授权,投资者保护基金会提起特别代表人诉讼。法院依法认定共有5080名投资者受到虚假陈述影响,在公告期届满后15日内仅有范某一人声明退出诉讼。关于本案判决对投资者的约束力,下列哪一说法是正确的?

A. 如代表人败诉,判决仅约束韩某等80名投资者,其他投资者可另行起诉
B. 如代表人胜诉,判决约束除范某之外的5079名投资者
C. 如代表人胜诉,判决约束全部5080名投资者
D. 如代表人败诉,判决仅约束基金会,所有投资者均可另行起诉

91． 2011/3/48/单

某企业使用霉变面粉加工馒头,潜在受害人不可确定。甲、乙、丙、丁等20多名受害者提起损害赔偿诉讼,但未能推选出诉讼代表人。法院建议由甲、乙作为诉讼代表人,但丙、丁等人反对。关于本案,下列哪一选项是正确的?

A. 丙、丁等人作为诉讼代表人参加诉讼
B. 丙、丁等人推选代表人参加诉讼
C. 诉讼代表人由法院指定
D. 在丙、丁等人不认可诉讼代表人情况下,本案裁判对丙、丁等人没有约束力

92． 2008/3/48/单

A厂生产的一批酱油由于香精投放过多,对人体有损害。报纸披露此消息后,购买过该批酱油的消费者纷纷起诉A厂,要求赔偿损失。甲和乙被推选为诉讼代表人参加诉讼。下列哪一选项是正确的?

A. 甲和乙因故不能参加诉讼,法院可以指定另一名当事人为诉讼代表人代表当事人进行诉讼
B. 甲因病不能参加诉讼,可以委托一至两人作为诉讼代理人,而无需征得被代表的当事人的同意
C. 甲和乙可以自行决定变更诉讼请求,但事后应当及时告知其他当事人
D. 甲和乙经超过半数原告方当事人同意,可以和A厂签订和解协议

专题六 诉讼代理人

考点17 委托诉讼代理人

93． 2015/3/78/多
律师作为委托诉讼代理人参加诉讼，应向法院提交下列哪些材料？
A. 律师所在的律师事务所与当事人签订的协议书
B. 当事人的授权委托书
C. 律师的执业证
D. 律师事务所的证明

94． 2013/3/42/单
某市法院受理了中国人郭某与外国人珍妮的离婚诉讼，郭某委托黄律师作为代理人，授权委托书中仅写明代理范围为"全权代理"。关于委托代理的表述，下列哪一选项是正确的？
A. 郭某已经委托了代理人，可以不出庭参加诉讼
B. 法院可以向黄律师送达诉讼文书，其签收行为有效
C. 黄律师可以代为放弃诉讼请求
D. 如果珍妮要委托代理人代为诉讼，必须委托中国公民

考点18 法定诉讼代理人

95． 2021回忆/单
秦某因为合同纠纷起诉甲公司，在诉讼中秦某突发脑梗，经抢救后，秦某仍然丧失民事行为能力。秦某的父亲希望撤回起诉，以专心为秦某治疗；秦某的妻子表示希望继续诉讼。本案法院应当如何处理？
A. 追加秦某的妻子为共同原告
B. 变更秦某的妻子为原告诉讼继续进行
C. 追加秦某的妻子为法定代理人，诉讼继续进行
D. 根据秦某父亲的请求，裁定准予撤回起诉

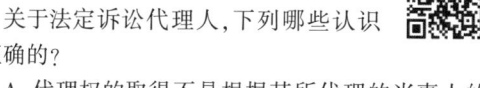

96． 2011/3/82/多
关于法定诉讼代理人，下列哪些认识是正确的？
A. 代理权的取得不是根据其所代理的当事人的委托授权
B. 在诉讼中可以按照自己的意志代理被代理人实施所有诉讼行为
C. 在诉讼中死亡的，产生与当事人死亡同样的法律后果
D. 所代理的当事人在诉讼中取得行为能力的，法定诉讼代理人则自动转化为委托代理人

专题七 民事证据

考点19 证据的种类(法定分类)

97． 2017/3/79/多
杨青(15岁)与何翔(14岁)两人经常嬉戏打闹，一次，杨青失手将何翔推倒，致何翔成了植物人。当时在场的还有何翔的弟弟何军(11岁)。法院审理时，何军以证人身份出庭。关于何军作证，下列哪些说法不能成立？
A. 何军只有11岁，无诉讼行为能力，不具有证人资格，故不可作为证人
B. 何军是何翔的弟弟，应回避
C. 何军作为未成年人，其所有证言依法都不具有证明力
D. 何军作为何翔的弟弟，证言具有明显的倾向性，其证言不能单独作为认定案件事实的根据

98． 2016/3/80/单
哥哥王文诉弟弟王武遗产继承一案，王文向法院提交了一份其父生前关于遗产分配方案的遗嘱复印件，遗嘱中有"本遗嘱的原件由王武负责保管"字样，并有王武的签名。王文在举证责任期间书面申请法院责令王武提交遗嘱原件，法院通知王武提交，但王武无正当理由拒绝提交。在此情况下，依据相关规定，下列哪一行为是合法的？①
A. 王文可只向法院提交遗嘱的复印件
B. 法院可依法对王武进行拘留
C. 法院可认定王文所主张的该遗嘱能证明的事实为真实
D. 法院可根据王武的行为而判决支持王文的各项诉讼请求

99． 2015/3/79/多
张志军与邻居王昌因琐事发生争吵并相互殴打，之后，张志军诉至法院要求王昌赔偿医药费等损失共计3000元。在举证期限届满前，张志军向法院申请事发时在场的方强(26岁)、路芳(30岁)、蒋勇(13岁)出庭作证，法院准其请求。开庭时，法院要求上列证人签署保证书，方强签署了保证书，路芳拒签保证书，蒋勇未签署保证书。法院因此允许方强、蒋勇出庭作证，未允许路芳出庭作证。张志军在开庭时向法院提供了路芳的书面证言，法院对该证言不同意组织质证。关于本案，法院的下列哪些做法是合法的？
A. 批准张志军要求事发时在场人员出庭作证的申请

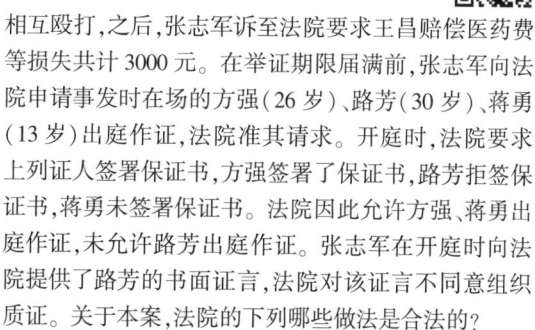

---

① 原为多选题，根据新法答案有变化，调整为单选题。

B. 允许蒋勇出庭作证
C. 不允许路芳出庭作证
D. 对路芳的证言不同意组织质证

100． 2014/3/38/多
在一起侵权诉讼中,原告申请由其弟袁某(某大学计算机系教授)作为专家辅助人出庭对专业技术问题予以说明。下列哪些表述是正确的?①

A. 被告以袁某是原告的近亲属为由申请其回避,法院应批准
B. 袁某在庭上的陈述是一种法定证据
C. 被告可对袁某进行询问
D. 袁某出庭的费用,由败诉方当事人承担

101． 2014/3/48/单
张某驾车与李某发生碰撞,交警赶到现场后用数码相机拍摄了碰撞情况,后李某提起诉讼,要求张某赔偿损失,并向法院提交了一张光盘,内附交警拍摄的照片。该照片属于下列哪一种证据?

A. 书证
B. 鉴定意见
C. 勘验笔录
D. 电子数据

102． 2013/3/50/单
甲公司诉乙公司专利侵权,乙公司是否侵权成为焦点。经法院委托,丙鉴定中心出具了鉴定意见书,认定侵权。乙公司提出异议,并申请某大学燕教授出庭说明专业意见。关于鉴定的说法,下列哪一选项是正确的?

A. 丙鉴定中心在鉴定过程中可以询问当事人
B. 丙鉴定中心应当派员出庭,但有正当理由不能出庭的除外
C. 如果燕教授出庭,其诉讼地位是鉴定人
D. 燕教授出庭费用由乙公司垫付,最终由败诉方承担

103． 2011/3/83/多
根据证据理论和《民事诉讼法》以及相关司法解释,关于证人证言,下列哪些选项是正确的?

A. 限制行为能力的未成年人可以附条件地作为证人
B. 证人因出庭作证而支出的合理费用,由提供证人的一方当事人承担
C. 证人在法院组织双方当事人交换证据时出席陈述证言的,可视为出庭作证
D. "未成年人所作的与其年龄和智力状况不相当的证言不能单独作为认定案件事实的依据",是关于证人证言证明力的规定

104． 2008/3/45/多
关于证人的表述,下列哪些选项是正确的?②

A. 王某是未成年人,因此,王某没有证人资格,不能作为证人
B. 原告如果要在诉讼中申请证人出庭作证,应当在举证期届满前提出,并经法院许可
C. 甲公司的诉讼代理人乙律师是目击案件情况发生的人,对方当事人丙可以向法院申请乙作为证人出庭作证,如法院准许,则乙不得再作为甲公司的诉讼代理人
D. 李某在法庭上宣读未到庭的证人的书面证言,该书面证言能代替证人出庭作证

考点20 证据的分类(理论分类)

105． 2020 回忆/多
林某向法院起诉郑某,提交了一张银行转账的凭证,证明自己借给郑某 50 万元。在诉讼中,郑某主张林某借钱给自己是为了偿还对自己的欠款。下列哪些说法是正确的?

A. 林某提交的银行转账凭证属于直接证据
B. 林某提交的银行转账凭证属于间接证据
C. 郑某对林某曾经向自己借款的事实承担举证责任
D. 林某应对借款给郑某的事实承担证明责任

106． 2017/3/39/单
王某诉钱某返还借款案审理中,王某向法院提交了一份有钱某签名、内容为钱某向王某借款 5 万元的借条,证明借款的事实;钱某向法院提交了一份有王某签名、内容为王某收到钱某返还借款 5 万元并说明借条因王某过失已丢失的收条。经法院质证,双方当事人确定借条和收条所说的 5 万元是相对应的款项。关于本案,下列哪一选项是错误的?

A. 王某承担钱某向其借款事实的证明责任
B. 钱某自认了向王某借款的事实
C. 钱某提交的收条是案涉借款事实的反证
D. 钱某提交的收条是案涉还款事实的本证

107． 2016/3/39/单
战某打电话向牟某借款 5 万元,并发短信提供账号,牟某当日即转款。之后,因战某拒不还款,牟某起诉要求战某偿还借款。在诉讼中,战某否认向牟某借款的事实,主张牟某转的款是为偿还之前向自己借的款,并向法院提交了证据;牟某也向法院提供了一些证据,以证明战某向其借款 5 万元的事

---

① 原为单选题,根据新法答案有变化,调整为多选题。
② 原为单选题,根据新法答案有变化,调整为多选题。

实。关于这些证据的种类和类别的确定,下列哪一选项是正确的?

A. 牟某提供的银行转账凭证属于书证,该证据对借款事实而言是直接证据

B. 牟某提供的记载战某表示要向其借款5万元的手机短信属于电子数据,该证据对借款事实而言是间接证据

C. 牟某提供的记载战某表示要向其借款5万元的手机通话录音属于电子数据,该证据对借款事实而言是直接证据

D. 战某提供一份牟某书写的向其借款10万元的借条复印件,该证据对牟某主张战某借款的事实而言属于反证

108. 2012/3/98/任

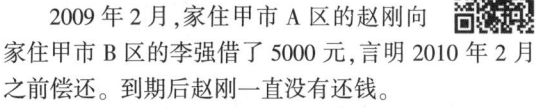

2009年2月,家住甲市A区的赵刚向家住甲市B区的李强借了5000元,言明2010年2月之前偿还。到期后赵刚一直没有还钱。

2010年3月,李强找到赵刚家追讨该债务,发生争吵。赵刚因所牵宠物狗易受惊,遂对李强说:"你不要大声喊,狗会咬你。"李强不理,仍然叫骂,并指着狗叫喊。该狗受惊,扑向李强并将其咬伤。李强治伤花费6000元。

李强起诉要求赵刚返还欠款5000元、支付医药费6000元,并向法院提交了赵刚书写的借条、其向赵刚转账5000元的银行转账凭证、本人病历、医院的诊断书(复印件)、医院处方(复印件)、发票等。

赵刚称,其向李强借款是事实,但在2010年1月卖给李强一块玉石,价值5000元,说用玉石货款清偿借款。当时李强表示同意,并称之后会把借条还给赵刚,但其一直未还该借条。

赵刚还称,李强故意激怒狗,被狗咬伤的责任应由李强自己承担。对此,赵刚提交了邻居孙某出具的书面证词,该证词描述了李强当时骂人和骂狗的情形。

赵刚认为,李强提交的诊断书、医院处方均为复印件,没有证明力。

关于赵刚向李强借款5000元的证据证明问题,下列选项正确的是:

A. 李强提出的借条是本证

B. 李强提出的其向赵刚转账5000元的银行转账凭证是直接证据

C. 赵刚承认借款事实属于自认

D. 赵刚所言已用卖玉石的款项偿还借款属于反证

109. 2010/3/83/多

周某与某书店因十几本工具书损毁发生纠纷,书店向法院起诉,并向法院提交了被损毁图书以证明遭受的损失。关于本案被损毁图书,属于下列哪些类型的证据?

A. 直接证据 B. 间接证据
C. 书证   D. 物证

110. 2009/3/40/单

关于证据理论分类的表述,下列哪一选项是正确的?

A. 传来证据有可能是直接证据

B. 诉讼中原告提出的证据都是本证,被告提出的证据都是反证

C. 证人转述他人所见的案件事实都属于间接证据

D. 一个客观与合法的间接证据可以单独作为认定案件事实的依据

考点21 证据保全

111. 2013/3/46/单

甲县吴某与乙县宝丰公司在丙县签订了甜橙的买卖合同,货到后发现甜橙开始腐烂,未达到合同约定的质量标准。吴某退货无果,拟向法院起诉,为了证明甜橙的损坏状况,向法院申请诉前证据保全。关于诉前保全,下列哪一表述是正确的?

A. 吴某可以向甲、乙、丙县法院申请诉前证据保全

B. 法院应当在收到申请15日内裁定是否保全

C. 法院在保全证据时,可以主动采取行为保全措施,减少吴某的损失

D. 如果法院采取了证据保全措施,可以免除吴某对甜橙损坏状况提供证据的责任

专题八 民事诉讼中的证明

考点22 证明对象

112. 2022回忆/单

中国A公司与甲国B公司签订贸易合同,约定合同适用甲国法律。后双方发生纠纷,A公司依约向中国法院提起诉讼,为明确甲国法律内容,A公司申请某大学国际法研究中心主任童某出庭。下列哪一项说法是正确的?

A. 童某可以作为鉴定人出庭

B. 童某可以作为证人出庭

C. 童某可以作为专家辅助人出庭

D. 甲国法律的内容不是证明对象,没有规定童某必须出庭

113. 2021回忆/任

甲向乙借款60万元,期限两年,丙提

供连带保证。甲只在第一年还款6万元,后乙持甲欠其60万元的借条起诉,称双方口头约定10%的利息,偿还的6万元乃第一年的利息,请求法院判令两被告归还60万元借款本金以及第二年的利息共66万元。第一次开庭时,甲承认6万元是利息,第二次开庭时,甲改口称双方未约定利息,第一年还6万元属于本金,现只欠乙54万元。丙始终拒绝承认约定过利息。各方均无其他证据。关于本案,下列表述正确的是:

A. 甲第一次自认有效,应向乙归还66万元
B. 丙未承认约定利息的事实,甲的表述不构成自认,应归还54万元
C. 丙应承担60万元的担保责任
D. 丙应与甲一并向乙归还54万元

114. 2020 回忆/任

下列说法中构成民事诉讼中的自认的是:

A. 甲在开庭结束回去的路上对乙说:"你在法庭上说我欠你5万元,这是事实。但法官问我,我就不承认,气死你"
B. 甲拿出了乙在庭前写的材料,材料内容是乙承认向甲借钱的事实,并注明有时间及地点
C. 甲说乙向他借钱了,法官问乙的时候乙说我和好多同事借钱了,但我不记得有没有甲。法官说请你确认,乙说我真记不清楚了
D. 庭前质证的时候甲承认向乙借款3万元,但辩称自己已经还钱。庭审的时候乙说甲借了没还,于是甲说:"既然你不承认我还了钱,那我也不承认向你借了钱"

115. 2015/3/40/单

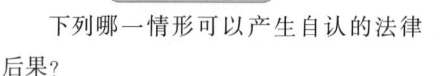

下列哪一情形可以产生自认的法律后果?

A. 被告在答辩状中对原告主张的事实予以承认
B. 被告在诉讼调解过程中对原告主张的事实予以承认,但该调解最终未能成功
C. 被告认可其与原告存在收养关系
D. 被告承认原告主张的事实,但该事实与法院查明的事实不符

116. 2011年7月11日,A市升湖区法院受理了黎明丽(女)诉张成功(男)离婚案。7月13日,升湖区法院向张成功送达了起诉状副本。7月18日,张成功向升湖区法院提交了答辩状,未对案件的管辖权提出异议。8月2日,张成功向升湖区法院提出管辖权异议申请,称其与黎明丽已分居2年,分别居住于A市安平区各自父母家中。A市升湖区法院以申请管辖权异议超过申请期限为由,裁定驳回张成功管辖权异议申请。后,升湖区法院查明情况,遂裁定将案件移送安平区法院。安平区法院接受移送,确定适用简易程序审理此案。

安平区法院在案件开庭审理时组织调解。

黎明丽声称:2005年12月,其与张成功结婚,后因张成功有第三者陈佳,感情已破裂,现要求离婚。黎明丽提出,离婚后儿子张好帅由其行使监护权,张成功每月支付抚养费1500元。现双方存款36万元(存折在张成功手中),由2人平分,生活用品归各自所有,不存在其他共有财产分割争议。

张成功承认:2005年12月,其与黎明丽结婚,自己现在有了第三者,36万元存款在自己手中,同意离婚,同意生活用品归各自所有,同意不存在其他共有财产分割争议。不同意支付张好帅抚养费,因其是黎明丽与前男友所生。

黎明丽承认:张好帅是其与前男友所生,但在户籍登记上,张成功与张好帅为父子关系,多年来父子相称,形成事实上的父子关系,故要求张成功支付抚养费。

调解未能达成协议。在随后的庭审中,黎明丽坚持提出的请求;张成功对调解中承认的多数事实和同意的请求予以认可,但否认了有第三者一事,仍不同意支付张好帅抚养费。黎明丽要求法院通知第三者陈佳以无独立请求权的第三人身份参加诉讼。

安平区法院作出判决:解除黎明丽、张成功婚姻关系;张好帅由黎明丽行使监护权,张成功每月支付抚养费700元;存款双方平分,生活用品归个人所有,不存在其他共有财产分割争议。法院根据调解中被告承认自己有第三者的事实,认定双方感情破裂,张成功存在过失。

请回答第(1)、(2)题。

(1) 2011/3/98/任

下列双方当事人的承认,不构成证据制度中自认的是:

A. 张成功承认与黎明丽存在婚姻关系
B. 张成功承认家中存款36万元在自己手中
C. 张成功同意生活用品归各自所有
D. 黎明丽承认张成功不是张好帅的亲生父亲

(2) 2011/3/99/任

下列可以作为法院判决根据的选项是:

A. 张成功承认与黎明丽没有其他财产分割争议
B. 张成功承认家中36万元存款在自己手中
C. 黎明丽提出张成功每月应当支付张好帅抚养费1500元的主张
D. 张成功在调解中承认自己有第三者

117. 2010/3/48/单

郭某诉张某财产损害一案,法院进行

· 18 ·

了庭前调解,张某承认对郭某财产造成损害,但在赔偿数额上双方无法达成协议。关于本案,下列哪一选项是正确的?

A. 张某承认对郭某财产造成损害,已构成自认
B. 张某承认对郭某财产造成损害,可作为对张某不利的证据使用
C. 郭某仍需对张某造成财产损害的事实举证证明
D. 法院无需开庭审理,本案事实清楚可直接作出判决

118. 2009/3/42/单

关于自认的说法,下列哪一选项是错误的?

A. 自认的事实允许用相反的证据加以推翻
B. 身份关系诉讼中不涉及身份关系的案件事实可以适用自认
C. 调解中的让步不构成诉讼上的自认
D. 当事人一般授权的委托代理人一律不得进行自认

考点23 证明责任与证明标准

119. 2023 回忆/多

甲在门口堆放杂物,邻居乙的孩子丙路过,被倒塌的杂物砸伤。因赔偿协商无果,乙以丙的名义向法院提起诉讼。诉讼中,甲主张丙走路时故意将杂物推倒。关于本案的证明责任的分配,下列哪些说法是正确的?

A. 甲堆放杂物倒塌的事实,由乙承担证明责任
B. 丙被砸伤的事实,由乙承担证明责任
C. 丙故意将杂物推倒的事实,由甲承担证明责任
D. 甲没有主观过错的事实,由甲承担证明责任

120. 2017/3/40/单

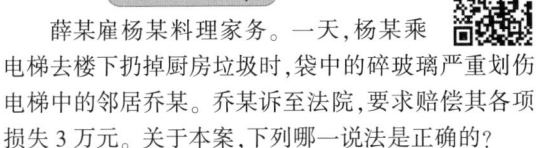

薛某雇杨某料理家务。一天,杨某乘电梯去楼下扔掉厨房垃圾时,袋中的碎玻璃严重划伤电梯中的邻居乔某。乔某诉至法院,要求赔偿其各项损失3万元。关于本案,下列哪一说法是正确的?

A. 乔某应起诉杨某,并承担杨某主观有过错的证明责任
B. 乔某应起诉杨某,由杨某承担其主观无过错的证明责任
C. 乔某应起诉薛某,由薛某承担其主观无过错的证明责任
D. 乔某应起诉薛某,薛某主观是否有过错不是本案的证明对象

121. 2016/3/40/单

刘月购买甲公司的化肥,使用后农作物生长异常。刘月向法院起诉,要求甲公司退款并赔偿损失。诉讼中甲公司否认刘月的损失是因其出售的化肥质量问题造成的,刘月向法院提供了本村吴某起诉甲公司损害赔偿案件的判决书,以证明甲公司出售的化肥有质量问题且与其所受损害有因果关系。关于本案刘月所受损害与使用甲公司化肥因果关系的证明责任分配,下列哪一选项是正确的?

A. 应由刘月负担有因果关系的证明责任
B. 应由甲公司负担无因果关系的证明责任
C. 应由法院依职权裁量分配证明责任
D. 应由双方当事人协商分担证明责任

122. 2015/3/96/任

主要办事机构在A县的五环公司与主要办事机构在B县的四海公司于C县签订购货合同,约定:货物交付地在D县;若合同的履行发生争议,由原告所在地或者合同签订地的基层法院管辖。现五环公司起诉要求四海公司支付货款。四海公司辩称已将货款交给五环公司业务员付某。五环公司承认付某是本公司业务员,但认为其无权代理本公司收取货款,且付某也没有将四海公司声称的货款交给本公司。四海公司向法庭出示了盖有五环公司印章的授权委托书,证明付某有权代理五环公司收取货款,但五环公司对该授权书的真实性不予认可。根据案情,法院依当事人的申请通知付某参加(参与)了诉讼。

本案需要由四海公司承担证明责任的事实包括:

A. 四海公司已经将货款交付给了五环公司业务员付某
B. 付某是五环公司业务员
C. 五环公司授权付某代理收取货款
D. 付某将收取的货款交到五环公司

123. 2014/3/45/单

下列关于证明的哪一表述是正确的?

A. 经过公证的书证,其证明力一般大于传来证据和间接证据
B. 经验法则可验证的事实都不需要当事人证明
C. 在法国居住的雷诺委托赵律师代理在我国的民事诉讼,其授权委托书需要经法国公证机关证明,并经我国驻法国使领馆认证后,方发生效力
D. 证明责任是一种不利的后果,会随着诉讼的进行,在当事人之间来回移转

124. 2012/3/37/单

甲路过乙家门口,被乙叠放在门口的砖头砸伤,甲起诉要求乙赔偿。关于本案的证明责任分配,下列哪一说法是错误的?

A. 乙叠放砖头倒塌的事实,由原告甲承担证明责任
B. 甲受损害的事实,由原告甲承担证明责任
C. 甲所受损害是由于乙叠放砖头倒塌砸伤的事实,由原告甲承担证明责任
D. 乙有主观过错的事实,由原告甲承担证明责任

125. 2012/3/99/任

2009年2月,家住甲市A区的赵刚向家住甲市B区的李强借了5000元,言明2010年2月之前偿还。到期后赵刚一直没有还钱。

2010年3月,李强找到赵刚家追讨该债务,发生争吵。赵刚因所牵宠物狗易受惊,遂对李强说:"你不要大声喊,狗会咬你。"李强不理,仍然叫骂,并指着狗叫喊。该狗受惊,扑向李强并将其咬伤。李强治伤花费6000元。

李强起诉要求赵刚返还欠款5000元、支付医药费6000元,并向法院提交了赵刚书写的借条、其向赵刚转账5000元的银行转账凭证、本人病历、医院的诊断书(复印件)、医院处方(复印件)、发票等。

赵刚称,其向李强借款是事实,但在2010年1月卖给李强一块玉石,价值5000元,说好用玉石货款清偿借款。当时李强表示同意,并称之后会把借条还给赵刚,但其一直未还该借条。

赵刚还称,李强故意激怒狗,被狗咬伤的责任应由李强自己承担。对此,赵刚提交了邻居孙某出具的书面证词,该证词描述了李强当时骂人和骂狗的情形。

赵刚认为,李强提交的诊断书、医院处方均为复印件,没有证明力。

关于本案李强被狗咬伤的证据证明问题,下列选项正确的是:
A. 赵刚的证人提出的书面证词属于书证
B. 李强提交的诊断书、医院处方为复印件,肯定无证明力
C. 李强是因为挑逗赵刚的狗而被狗咬伤的事实的证明责任由赵刚承担
D. 李强受损害与被赵刚的狗咬伤之间具有因果关系的证明责任由李强承担

126. 2011/3/84/多

关于证明责任,下列哪些说法是正确的?
A. 只有在待证事实处于真伪不明情况下,证明责任的后果才会出现
B. 对案件中的同一事实,只有一方当事人负有证明责任
C. 当事人对其主张的某一事实没有提供证明,必将承担败诉的后果
D. 证明责任的结果责任不会在原、被告间相互转移

127. 2008/3/33/单

王某承包了20亩鱼塘。某日,王某发现鱼塘里的鱼大量死亡,王某认为鱼的死亡是因为附近的腾达化工厂排污引起,遂起诉腾达化工厂请求赔偿。腾达化工厂辩称,根本没有向王某的鱼塘进行排污。关于化工厂是否向鱼塘排污的事实举证责任,下列哪一选项是正确的?
A. 根据"谁主张、谁举证"的原则,应当由主张存在污染事实的王某负举证责任
B. 根据"谁主张、谁举证"的原则,应当由主张自己没有排污行为的腾达化工厂负举证责任
C. 根据"举证责任倒置"的规则,应当由腾达化工厂负举证责任
D. 根据本证与反证的分类,应当由腾达化工厂负举证责任

128. 2008/3/80/多

三个小孩在公路边玩耍,此时,一辆轿车急速驶过,三小孩捡起石子向轿车扔去,坐在后排座位的刘某被一石子击中。刘某将三小孩起诉至法院。关于本案举证责任分配,下列哪些选项是正确的?
A. 刘某应对三被告向轿车投掷石子的事实承担举证责任
B. 刘某应对其所受到损失承担举证责任
C. 三被告应对投掷石子与刘某所受损害之间不存在因果关系承担举证责任
D. 三被告应对其主观没有过错承担举证责任

考点24 证明程序之一:举证期限

129. 2016/3/41/单

李某起诉王某要求返还10万元借款并支付利息5000元,并向法院提交了王某亲笔书写的借条。王某辩称,已还2万元,李某还出具了收条,但王某并未在法院要求的时间内提交证据。法院一审判决王某返还李某10万元并支付5000元利息,王某不服提起上诉,并称一审期间未找到收条,现找到了并提交法院。关于王某迟延提交收条的法律后果,下列哪一选项是正确的?
A. 因不属于新证据,法院不予采纳
B. 法院应采纳该证据,并对王某进行训诫
C. 如果李某同意,法院可以采纳该证据
D. 法院应当责令王某说明理由,视情况决定是否采纳该证据

130. 2013/3/40/单

大皮公司因买卖纠纷起诉小华公司,双方商定了25天的举证时限,法院认可。时限届满后,小华公司提出还有一份发货单没有提供,申请延长举证时限,被法院驳回。庭审时小华公司向法庭提交该发货单。尽管大皮公司反对,但法院在对小华公司予以罚款后仍对该证据进行质证。下列哪一诉讼行为不符合举证时限的相关规定?

A. 双方当事人协议确定举证时限
B. 双方确定了25天的举证时限
C. 小华公司在举证时限届满后申请延长举证时限
D. 法院不顾大皮公司反对,依然组织质证

考点25 证明程序之二:法院调查收集证据

131. 2012/3/83/多

关于法院依职权调查事项的范围,下列哪些选项是正确的?

A. 本院是否享有对起诉至本院案件的管辖权
B. 委托诉讼代理人的代理权限范围
C. 当事人是否具有诉讼权利能力
D. 合议庭成员是否存在回避的法定事由

132. 2008/3/90/任

关于民事诉讼中的证据收集,下列哪些选项是正确的?

A. 在王某诉齐某合同纠纷一案中,该合同可能存在损害第三人利益的事实,在此情况下法院可以主动收集证据
B. 在胡某诉黄某侵权一案中,因客观原因胡某未能提供一项关键证据,在此情况下胡某可以申请法院收集证据
C. 在周某诉贺某借款纠纷一案中,周某因自己没有时间收集证据,于是申请法院调查收集证据,在此情况下法院应当进行调查收集
D. 在武某诉赵某一案中,武某申请法院调查收集证据,但未获法院准许,武某可以向受案法院申请复议一次

考点26 证明程序之三:质证与证据的认定

133. 2021 回忆/单

甲起诉乙要求归还借款10万元,乙向法庭提交了具有甲签名的收条复印件,其内容表述为"已收到乙归还的借款10万元"。关于该收条复印件,下列哪一项说法是正确的?

A. 该收条为直接证据
B. 该收条为反证
C. 该收条没有证据能力
D. 该收条没有证明力

134. 2018 回忆/单

甲向乙借款,但未签订书面协议,甲长期不归还借款。乙约谈甲并私自录音,在约谈中甲承认向乙借款10万元,利息为5000元,并请求乙减免。乙随后将该录音剪辑后作为主要证据向法院提起诉讼。下列说法正确的是:

A. 该录音符合法律规定,具有证据能力
B. 该录音经过剪辑后存有疑点,不具有证据能力
C. 该录音是为达成和解而作出的妥协,不具有证据能力
D. 该录音是乙私自录制的,未经甲同意,不具有证据能力

135. 2017/3/80/多

叶某诉汪某借款纠纷案,叶某向法院提交了一份内容为汪某向叶某借款3万元并收到该3万元的借条复印件,上有"本借条原件由汪某保管,借条复印件与借条原件具有同等效力"字样,并有汪某的署名。法院据此要求汪某提供借条原件,汪某以证明责任在原告为由拒不提供,后又称找不到借条原件。证人刘某作证称,他是汪某向叶某借款的中间人,汪某向叶某借款的事实确实存在;另外,汪某还告诉刘某,他在叶某起诉之后把借条原件烧毁,汪某在法院质证中也予以承认。在此情况下,下列哪些选项是正确的?

A. 法院可根据叶某提交的借条复印件,结合刘某的证言对案涉借款事实进行审查判断
B. 叶某提交给法院的借条复印件是案涉借款事实的传来证据
C. 法院可认定汪某向叶某借款3万元的事实
D. 法院可对汪某进行罚款、拘留

136. 2013/3/85/多

高某诉张某合同纠纷案,终审高某败诉。高某向检察院反映,其在一审中提交了偷录双方谈判过程的录音带,其中有张某承认货物存在严重质量问题的陈述,足以推翻原判,但法院从未组织质证。对此,检察院提起抗诉。关于再审程序中证据的表述,下列哪些选项是正确的?

A. 再审质证应当由高某、张某和检察院共同进行
B. 该录音带属于电子数据,高某应当提交证据原件进行质证
C. 虽然该录音带系高某偷录,但仍可作为质证对象
D. 如再审法院认定该录音带涉及商业秘密,应当依职权决定不公开质证

137. 2008/3/98/任

某省海兴市的《现代企业经营》杂志刊

登了一篇自由撰稿人吕某所写的报道,内容涉及同省龙门市甲公司的经营方式。甲公司负责人汪某看到该篇文章后,认为《现代企业经营》作为一本全省范围内发行的杂志,其所发文章内容严重失实,损害了甲公司的名誉,使公司的经营受到影响。于是甲公司向法院起诉要求《现代企业经营》杂志社和吕某赔偿损失5万元,并进行赔礼道歉。一审法院仅判决杂志社赔偿甲公司3万元,未对"赔礼道歉"的请求进行处理。杂志社认为赔偿数额过高,不服一审判决提起上诉。

在案件的一审过程中,关于本案的证据,下列选项正确的是:
A. 因旷工而被甲公司开除了的甲公司原员工乙某所提供的证言不能单独作为认定案件事实的证据
B. 吕某在采访甲公司某名保安时,采用录音笔偷录下双方的谈话,因该录音比较模糊,所以不能单独作为认定案件事实的证据
C. 甲公司提供的考勤数据表,属于一方当事人提出的证据,不能单独作为认定案件事实的证据
D. 《现代企业经营》杂志社在庭审过程中,收到了甲公司员工刚刚提供的反映甲公司员工作息时间的一份材料,该材料可以作为新证据提交法庭

专题九　人民法院调解

考点27　法院调解

138. 2020 回忆/多

岳某起诉刘某离婚,在诉讼中二人达成调解协议,法院据此制作调解书,并通知岳某和刘某到法院领取调解书。岳某到法院领取并签收了调解书,刘某一直未领取。后岳某反悔,不愿意离婚,下列哪些说法是正确的?
A. 岳某可以反悔,法院应当依调解协议制作判决书
B. 岳某可以反悔,法院应当根据案件审理情况制作判决书
C. 岳某不能反悔,因为其已经签收调解书
D. 岳某可以向法院申请撤回起诉

139. 2016/3/42/单

甲公司因合同纠纷向法院提起诉讼,要求乙公司支付货款280万元。在法院的主持下,双方达成调解协议。协议约定:乙公司在调解书生效后10日内支付280万元本金,另支付利息5万元。为保证协议履行,双方约定由丙公司为乙公司提供担保,丙公司同意。法院据此制作调解书送达各方,但丙公司反悔拒绝签收。关于本案,下列哪一选项是正确的?
A. 调解协议内容尽管超出了当事人诉讼请求,但仍具有合法性
B. 丙公司反悔拒绝签收调解书,法院可以采取留置送达
C. 因丙公司反悔,调解书对其没有效力,但对甲公司、乙公司仍具有约束力
D. 因丙公司反悔,法院应当及时作出判决

140. 2016/3/85/多

达善公司因合同纠纷向甲市A区法院起诉美国芙泽公司,经法院调解双方达成调解协议。关于本案的处理,下列哪些选项是正确的?
A. 法院应当制作调解书
B. 法院调解书送达双方当事人后即发生法律效力
C. 当事人要求根据调解协议制作判决书的,法院应当予以准许
D. 法院可以将调解协议记入笔录,由双方签字即发生法律效力

141. 2012/3/35/单

村民甲、乙因相邻关系发生纠纷,甲诉至法院,要求判决乙准许其从乙承包的土地上通过。审理中,法院主动了解和分析甲通过乙土地的合理性,听取其他村民的意见,并请村委会主任做双方工作,最终促成双方同意调解。调解时邀请了村中有声望的老人及当事人的共同朋友参加,双方互相让步达成协议,恢复和睦关系。关于法院的做法,下列哪一说法是正确的?
A. 法院突破审判程序,违反了依法裁判原则
B. 他人参与调解,影响当事人意思表达,违反了辩论原则
C. 双方让步放弃诉求和权益,违反了处分原则
D. 体现了司法运用法律手段,发挥调解功能,能动履职的要求

142. 2011/3/42/单

根据《民事诉讼法》及相关司法解释,关于法院调解,下列哪一选项是错误的?
A. 法院可以委托与当事人有特定关系的个人进行调解,达成协议的,法院应当依法予以确认
B. 当事人在诉讼中自行达成和解协议的,可以申请法院依法确认和解协议并制作调解书
C. 法院制作的调解书生效后都具有执行力
D. 法院调解书确定的担保条款的条件成就时,当事人申请执行的,法院应当依法执行

143. 2011/3/96/任

2011年7月11日,A市升湖区法院受理了黎明丽(女)诉张成功(男)离婚案。7月13日,升湖区法院向张成功送达了起诉状副本。7月18日,张成功向升湖区法院提交了答辩状,未对案件的管辖权提出异议。8月2日,张成功向升湖区法院提出管辖权异议申请,称其与黎明丽已分居2年,分别居住于A市安平区各自父母家中。A市升湖区法院以申请管辖权异议超过申请期限为由,裁定驳回张成功管辖权异议申请。后,升湖区法院查明情况,遂裁定将案件移送安平区法院。安平区法院接受移送,确定适用简易程序审理此案。

安平区法院在案件开庭审理时组织调解。

黎明丽声称:2005年12月,其与张成功结婚,后因张成功有第三者陈佳,感情已破裂,现要求离婚。黎明丽提出,离婚后儿子张好帅由其行使监护权,张成功每月支付抚养费1500元。现双方存款36万元(存折在张成功手中),由2人平分,生活用品归各自所有,不存在其他共有财产分割争议。

张成功承认:2005年12月,其与黎明丽结婚,自己现在有了第三者,36万元存款在自己手中,同意离婚,同意生活用品归各自所有,同意不存在其他共有财产分割争议。不同意支付张好帅抚养费,因其是黎明丽与前男友所生。

黎明丽承认:张好帅是其与前男友所生,但在户籍登记上,张成功与张好帅为父子关系,多年来父子相称,形成事实上的父子关系,故要求张成功支付抚养费。

调解未能达成协议。在随后的庭审中,黎明丽坚持提出的请求;张成功对调解中承认的多数事实和同意的请求予以认可,但否认了有第三者一事,仍不同意支付张好帅抚养费。黎明丽要求法院通知第三者陈佳以无独立请求权的第三人身份参加诉讼。

安平区法院作出判决:解除黎明丽、张成功婚姻关系;张好帅由黎明丽行使监护权,张成功每月支付抚养费700元;存款双方平分,生活用品归个人所有,不存在其他共有财产分割争议。法院根据调解中被告承认自己有第三者的事实,认定双方感情破裂,张成功存在过失。

关于本案调解,下列选项正确的是:

A. 法院在开庭审理时先行调解的做法符合法律或司法解释规定
B. 法院在开庭审理时如不先行组织调解,将违反法律或司法解释规定
C. 当事人未达成调解协议,法院在当事人同意情况下可以再次组织调解
D. 当事人未达成调解协议,法院未再次组织调解违法

考点28 诉讼和解

144. 2012/3/39/单

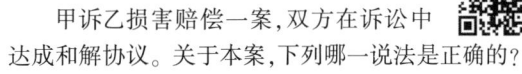

甲诉乙损害赔偿一案,双方在诉讼中达成和解协议。关于本案,下列哪一说法是正确的?

A. 当事人无权向法院申请撤诉
B. 因当事人已达成和解协议,法院应当裁定终结诉讼程序
C. 当事人可以申请法院依和解协议内容制作调解书
D. 当事人可以申请法院依和解协议内容制作判决书

145. 2009/3/84/多

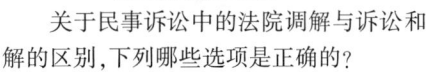

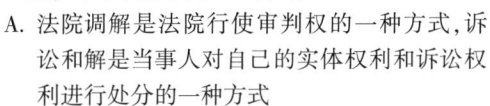

关于民事诉讼中的法院调解与诉讼和解的区别,下列哪些选项是正确的?

A. 法院调解是法院行使审判权的一种方式,诉讼和解是当事人对自己的实体权利和诉讼权利进行处分的一种方式
B. 法院调解的主体包括双方当事人和审理该案件的审判人员,诉讼和解的主体只有双方当事人
C. 法院调解以《民事诉讼法》为依据,具有程序上的要求,诉讼和解没有严格的程序要求
D. 经过法院调解达成的调解协议生效后如有给付内容则具有强制执行力,经过诉讼和解达成的和解协议即使有给付内容也不具有强制执行力

专题十 期间、送达

考点29 期间

146. 2015/3/41/单

张兄与张弟因遗产纠纷诉至法院,一审判决张兄胜诉。张弟不服,却在赴法院提交上诉状的路上被撞昏迷,待其经抢救苏醒时已超过上诉期限一天。对此,下列哪一说法是正确的?

A. 法律上没有途径可对张弟上诉权予以补救
B. 因意外事故耽误上诉期限,法院应依职权决定顺延期限
C. 张弟可在清醒后10日内,申请顺延期限,是否准许,由法院决定
D. 上诉期限为法定期限,张弟提出顺延期限,法院不应准许

147. 2012/3/38/单

关于《民事诉讼法》规定的期间制度,下列哪一选项是正确的?

A. 法定期间都属于绝对不可变期间
B. 涉外案件的审理不受案件审结期限的限制
C. 当事人从外地到法院参加诉讼的在途期间不包括在期间内
D. 当事人有正当理由耽误了期间,法院应当依职权为其延展期间

148. 2011/3/41/单
根据《民事诉讼法》和民事诉讼理论,关于期间,下列哪一选项是正确的?
A. 法定期间都是不可变期间,指定期间都是可变期间
B. 法定期间的开始日及期间中遇有节假日的,应当在计算期间时予以扣除
C. 当事人参加诉讼的在途期间不包括在期间内
D. 遇有特殊情况,法院可依职权变更原确定的指定期间

考点30 送达

149. 2023 回忆/单
高某因合同纠纷起诉冯某,法院工作人员到冯某家中送达起诉状副本时,发现家中无人,通过冯某的邻居了解到冯某在外地务工,已一年多未回来居住。对此,法院可采取下列哪种方式完成送达?
A. 电子送达
B. 留置送达
C. 邮寄送达
D. 公告送达

150. 2018 回忆/单
法院通过电子邮件告知甲领取判决书,甲让诉讼代理人乙代取,乙发现甲败诉,对判决结果不认可,拒签送达回证,送达人员在回证上注明乙拒收,由有关见证人签名。关于本案的送达,下列哪一选项是正确的?
A. 构成直接送达
B. 构成委托送达
C. 构成电子送达
D. 构成留置送达

151. 2014/3/42/多 新法改编
张某诉美国人海斯买卖合同一案,由于海斯在我国无住所,法院无法与其联系,遂要求张某提供双方的电子邮件地址,电子送达了诉讼文书,并在电子邮件中告知双方当事人在收到诉讼文书后予以回复,但开庭之前法院只收到张某的回复,一直未收到海斯的回复。后法院在海斯缺席的情况下,对案件作出判决,驳回张某的诉讼请求,并同样以电子送达的方式送达判决书,但法院也只收到了张某的回复,没有收到海斯的回复。关于本案诉讼文书的电子送达,下列哪些做法是合法的?①

A. 向张某送达举证通知书
B. 向张某送达缺席判决书
C. 向海斯送达举证通知书
D. 向海斯送达缺席判决书

152. 2013/3/39/多
关于法院的送达行为,下列哪些选项是正确的?②
A. 陈某以马某不具有选民资格向法院提起诉讼,由于马某拒不签收判决书,法院向其留置送达
B. 法院通过邮寄方式向葛某送达开庭传票,葛某未寄回送达回证,送达无效,应当重新送达
C. 法院在审理张某和赵某借款纠纷时,委托赵某所在学校代为送达起诉状副本和应诉通知
D. 经许某同意,法院用电子邮件方式向其送达证据保全裁定书

153. 2009/3/43/单
甲起诉要求与妻子乙离婚,法院经审理判决不予准许。书记员两次到甲住所送达判决书,甲均拒绝签收。书记员的下列哪一做法是正确的?
A. 将判决书交给甲的妻子乙转交
B. 将判决书交给甲住所地居委会转交
C. 请甲住所地居委会主任到场见证并将判决书留在甲住所
D. 将判决书交给甲住所地派出所转交

专题十一 保全和先予执行

考点31 保全制度

154. 2021 回忆/单
小丁大学毕业后未找到工作,寄住在舅舅家中。舅舅嫌弃小丁不思进取、游手好闲,经常辱骂小丁,小丁不堪其辱,遂向甲市乙区法院申请禁止令,要求禁止舅舅辱骂自己,获得法院支持。舅舅认为自己对小丁只是正常管教,对禁止令有异议。对此,舅舅可采取下列哪一救济措施?
A. 向甲市中级法院上诉
B. 向乙区法院申请复议
C. 向乙区法院申请再审
D. 向乙区法院提出申诉

155. 2019 回忆/任
位于某省青山县的甲公司和该省白水县的乙公司订立水果买卖合同,甲公司付款后,乙公司迟迟不发货,甲公司担心乙公司的发货能力,于是

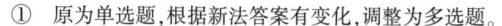

---

① 原为单选题,根据新法答案有变化,调整为多选题。
② 原为单选题,根据新法答案有变化,调整为多选题。

· 24 ·

向水果仓库所在地丰源县法院申请保全,法院采取相应保全措施后,甲公司向白水县法院提起诉讼。下列选项正确的是:
A. 甲公司应当提供担保
B. 丰源县法院应当冻结这批水果
C. 白水县法院受理案件后,丰源县法院应当将保全的财产一并移送白水县法院
D. 白水县法院受理案件后,应当将案件移送丰源县法院

156. 2016/3/43/单
李某与温某之间债权债务纠纷经甲市M区法院审理作出一审判决,要求温某在判决生效后15日内偿还对李某的欠款。双方均未提起上诉。判决履行期内,李某发现温某正在转移财产,温某位于甲市N区有可供执行的房屋一套,故欲申请法院对该房屋采取保全措施。关于本案,下列哪一选项是正确的?
A. 此时案件已经审理结束且未进入执行阶段,李某不能申请法院采取保全措施
B. 李某只能向作出判决的甲市M区法院申请保全
C. 李某可向甲市M区法院或甲市N区法院申请保全
D. 李某申请保全后,其在生效判决书指定的履行期间届满后15日内不申请执行的,法院应当解除保全措施

157. 2015/3/80/多
李根诉刘江借款纠纷一案在法院审理,李根申请财产保全,要求法院扣押刘江向某小额贷款公司贷款时质押给该公司的两块名表。法院批准了该申请,并在没有征得该公司同意的情况下采取保全措施。对此,下列哪些选项是错误的?
A. 一般情况下,某小额贷款公司保管的两块名表应交由法院保管
B. 某小额贷款公司因法院采取保全措施而丧失了对两块名表的质权
C. 某小额贷款公司因法院采取保全措施而丧失了对两块名表的优先受偿权
D. 法院可以不经某小额贷款公司同意对其保管的两块名表采取保全措施

158. 2015/3/81/多
甲公司生产的"晴天牌"空气清新器销量占据市场第一,乙公司见状,将自己生产的同类型产品注册成"清天牌",并全面仿照甲公司产品,使消费者难以区分。为此,甲公司欲起诉乙公司侵权,同时拟申请诉前禁令,禁止乙公司销售该产品。关于诉前保全,下列哪些选项是正确的?
A. 甲公司可向有管辖权的法院申请采取保全措施,并应当提供担保
B. 甲公司可向被申请人住所地法院申请采取保全措施,法院受理后,须在48小时内作出裁定
C. 甲公司可向有管辖权的法院申请采取保全措施,并应当在30天内起诉
D. 甲公司如未在规定期限内起诉,保全措施自动解除

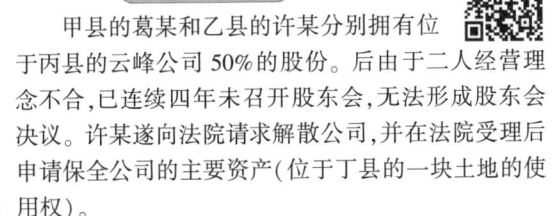

159. 2014/3/97/任
甲县的葛某和乙县的许某分别拥有位于丙县的云峰公司50%的股份。后由于二人经营理念不合,已连续四年未召开股东会,无法形成股东会决议。许某遂向法院请求解散公司,并在法院受理后申请保全公司的主要资产(位于丁县的一块土地的使用权)。
关于许某的财产保全申请,下列说法正确的是:
A. 本案是给付之诉,法院可作出保全裁定
B. 本案是变更之诉,法院不可作出保全裁定
C. 许某在申请保全时应提供担保
D. 如果法院认为采取保全措施将影响云峰公司的正常经营,应驳回保全申请

160. 2008/3/43/单
甲公司以乙公司为被告向法院提起诉讼,要求乙公司支付拖欠的货款100万元。在诉讼中,甲公司申请对乙公司一处价值90万元的房产采取保全措施,并提供担保。一审法院在作出财产保全裁定之后发现,乙公司在向丙银行贷款100万元时已将该房产和一辆小轿车抵押给丙银行。关于本案,下列哪一说法是正确的?
A. 一审法院不能对该房产采取保全措施,因为该房产已抵押给丙银行
B. 一审法院可以对该房产采取保全措施,但是需要征得丙银行的同意
C. 一审法院可以对该房产采取保全措施,但是丙银行仍然享有优先受偿权
D. 一审法院可以对该房产采取保全措施,同时丙银行的优先受偿权丧失

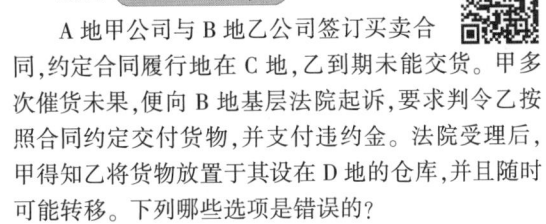

161. 2008/3/87/任
A地甲公司与B地乙公司签订买卖合同,约定合同履行地在C地,乙到期未能交货。甲多次催货未果,便向B地基层法院起诉,要求判令乙按照合同约定交付货物,并支付违约金。法院受理后,甲得知乙将货物放置于其设在D地的仓库,并且随时可能转移。下列哪些选项是错误的?
A. 甲如果想申请财产保全,必须向货物所在地的

D 地基层法院提出
B. 甲如果要向法院申请财产保全,必须提供担保
C. 受诉法院如果认为确有必要,可以直接作出财产保全裁定
D. 法院受理甲的财产保全申请后,应当在48小时内作出财产保全裁定

考点32 先予执行

162. 2022回忆/单

杜某是甲公司员工,因公司拖欠工资多次追索无果,杜某向甲公司所在地的劳动争议仲裁委员会申请劳动争议仲裁。案件受理后,因生活严重困难,杜某向仲裁庭申请先予执行。关于仲裁庭对申请的处理,下列哪一表述是正确的?
A. 移送甲公司住所地法院审查
B. 裁定先予执行,由劳动争议仲裁委员会执行
C. 裁定先予执行,移送甲公司住所地法院执行
D. 不准许先予执行

163. 2012/3/82/多

关于财产保全和先予执行,下列哪些选项是正确的?
A. 二者的裁定都可以根据当事人的申请或法院依职权作出
B. 二者适用的案件范围相同
C. 当事人提出财产保全或先予执行的申请时,法院可以责令其提供担保,当事人拒绝提供担保的,驳回申请
D. 对财产保全和先予执行的裁定,当事人不可以上诉,但可以申请复议一次

164. 2009/3/99/任

常年居住在Y省A县的王某早年丧妻,独自一人将两个儿子和一个女儿养大成人。大儿子王甲居住在Y省B县,二儿子王乙居住在Y省C县,女儿王丙居住在W省D县。2000年以来,王某的日常生活费用主要来自大儿子王甲每月给的800元生活费。2003年12月,由于物价上涨,王某要求二儿子王乙每月也给一些生活费,但王乙以自己没有固定的工作、收入不稳定为由拒绝。于是,王某将王乙告到法院,要求王乙每月支付给自己赡养费500元。

诉讼过程中,Y省适逢十年不遇的冰雪天气,王某急需生煤炉取暖,但已无钱买煤。王某听说王乙准备把自己存折上3,000多元钱转到一个朋友的账户上。对此,王某可以向法院申请采取的措施是:
A. 对妨害民事诉讼的强制措施
B. 诉讼保全措施
C. 证据保全措施
D. 先予执行措施

专题十二 对妨害民事诉讼行为的强制措施

考点33 对妨害民事诉讼行为的强制措施

165. 2019回忆/多

李某在网上发表言论捏造某公众人物胡某与多名女性发生或保持不正当性关系,胡某为此提起诉讼,法院终审判决李某赔礼道歉。判决生效后,李某未在指定时间内履行赔礼道歉的义务。对此,可以对李某采取下列哪些措施?
A. 责令李某支付迟延履行金
B. 采取公告、登报等方式,将判决主要内容公之于众,费用由李某承担
C. 责令李某支付加倍迟延履行期间的债务利息
D. 对李某采取拘留、罚款等措施

专题十三 普通程序

考点34 起诉与受理

166. 2019回忆/多

甲公司欠乙公司货款500万元,乙公司起诉甲公司还款,法院判决支持了乙公司的诉讼请求。后乙公司发现甲公司对丙公司享有300万元债权,且怠于行使,于是提起诉讼,要求丙公司直接向其清偿300万元。下列哪些说法是正确的?
A. 乙公司的行为构成重复起诉
B. 乙公司的行为不构成重复起诉
C. 乙公司可以提起代位权诉讼
D. 法院应不予受理,受理的应当裁定驳回起诉

167. 2017/3/42/单

甲、乙两公司签订了一份家具买卖合同,因家具质量问题,甲公司起诉乙公司要求更换家具并支付违约金3万元。法院经审理判决乙公司败诉,乙公司未上诉。之后,乙公司向法院起诉,要求确认该家具买卖合同无效。对乙公司的起诉,法院应采取下列哪一处理方式?
A. 予以受理
B. 裁定不予受理
C. 裁定驳回起诉
D. 按再审处理

168. 2015/3/48/单

张丽因与王旭感情不和,长期分居,向法院起诉要求离婚。法院向王旭送达应诉通知书,发现王旭已于张丽起诉前因意外事故死亡。关于本案,法院应作出下列哪一裁判?
A. 诉讼终结的裁定
B. 驳回起诉的裁定

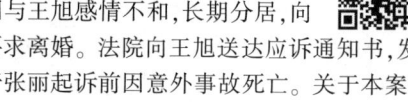

C. 不予受理的裁定
D. 驳回诉讼请求的判决

169． 2013/3/44/单
何某因被田某打伤,向甲县法院提起人身损害赔偿之诉,法院予以受理。关于何某起诉行为将产生的法律后果,下列哪一选项是正确的?
A. 何某的诉讼时效中断
B. 田某的答辩期开始起算
C. 甲县法院取得排他的管辖权
D. 田某成为适格被告

170． 2012/3/79/多
关于起诉与受理的表述,下列哪些选项是正确的?
A. 法院裁定驳回起诉的,原告再次起诉符合条件的,法院应当受理
B. 法院按撤诉处理后,当事人以同一诉讼请求再次起诉的,法院应当受理
C. 判决不准离婚的案件,当事人没有新事实和新理由再次起诉的,法院一律不予受理
D. 当事人超过诉讼时效起诉的,法院应当受理

171． 2010/3/36/单
王某以借款纠纷为由起诉吴某。经审理,法院认为该借款关系不存在,王某交付吴某的款项为应支付的货款,王某与吴某之间存在买卖关系而非借用关系。法院向王某作出说明,但王某坚持己见,不予变更诉讼请求和理由。法院遂作出裁定,驳回王某的诉讼请求。关于本案,下列哪一说法是正确的?
A. 法院违反了不告不理原则
B. 法院适用裁判形式错误
C. 法院违反了辩论原则
D. 法院违反了处分原则

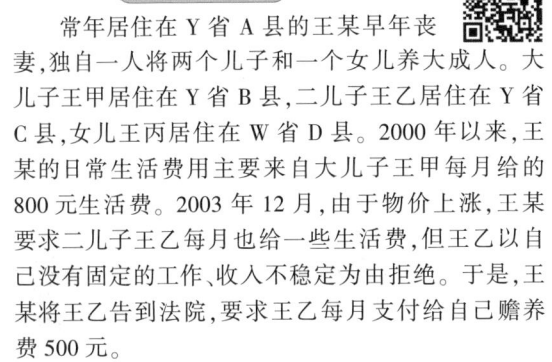

172． 2009/3/100/任
常年居住在Y省A县的王某早年丧妻,独自一人将两个儿子和一个女儿养大成人。大儿子王甲居住在Y省B县,二儿子王乙居住在Y省C县,女儿王丙居住在W省D县。2000年以来,王某的日常生活费用主要来自大儿子王甲每月给的800元生活费。2003年12月,由于物价上涨,王某要求二儿子王乙每月也给一些生活费,但王乙以自己没有固定的工作、收入不稳定为由拒绝。于是,王某将王乙告到法院,要求王乙每月支付给自己赡养费500元。
本案于2004年6月调解结案,王某生活费有了增加。但2008年3月后,由于王某经常要看病,原调解书确定王乙所给的赡养费用及王甲所给费用已经不足以维持王某的日常开支,王某欲增加赡养费。对此,王某可以采取的法律措施是:
A. 增加诉讼请求,要求法院对原来的案件继续审理
B. 申请对原来的案件进行再审
C. 另行提起诉讼
D. 根据一事不再理的原则,王某不可以要求继续审理或申请再审,也不可以另行起诉,只可以协商解决

考点35 开庭审理

173． 2023 回忆/单
谢某租住余某的房屋,某日不慎损坏了屋内的实木地板。二人就赔偿协商无果,余某起诉谢某要求解除租赁合同并赔偿修复款1万元,法院判决余某胜诉。谢某不服一审判决提起上诉。二审法院以事实不清为由,裁定发回重审。在重审期间,因地板材料涨价,余某变更诉讼请求,要求谢某将地板恢复原状。关于本案,下列哪一说法是正确的?
A. 法院不能按照原审证据材料认定事实
B. 余某应受到原一审程序的约束
C. 法院应根据余某变更后的诉讼请求审理案件
D. 法院应当驳回余某变更诉讼请求的要求

174． 2021 回忆/单
某省规定不超过3000万元的财产纠纷由基层法院管辖。龙玉公司在该省甲市乙区法院起诉丰和公司支付工程款2500万元。法庭辩论终结后,合议庭评议一致决定支持龙玉公司的诉讼请求。准备写判决书时,龙玉公司变更诉讼请求要求丰和公司支付工程款3500万元。对此,法院的下列哪一做法是正确的?
A. 直接移送甲市中级法院审理
B. 直接就2500万元诉讼请求作出判决
C. 重新进行法庭调查
D. 丰和公司提出管辖权异议后移送管辖

175． 2013/3/36/单
执法为民是社会主义法治的本质要求,据此,法院和法官应在民事审判中遵守诉讼程序,履行释明义务。下列哪一审判行为符合执法为民的要求?
A. 在李某诉赵某的欠款纠纷中,法官向赵某释明诉讼时效,建议赵某提出诉讼时效抗辩
B. 在张某追索赡养费的案件中,法官依职权作出先予执行裁定
C. 在杜某诉阎某的离婚案件中,法官向当事人释明可以同时提出离婚损害赔偿
D. 在罗某诉华兴公司房屋买卖合同纠纷中,法

官主动走访现场,进行勘察,并据此支持了罗某的请求

176． 2013/3/43/单
下列哪一选项中法院的审判行为,只能发生在开庭审理阶段?
A. 送达法律文书
B. 组织当事人进行质证
C. 调解纠纷,促进当事人达成和解
D. 追加必须参加诉讼的当事人

考点36 撤诉和缺席判决

177． 2009/3/46/单
齐某起诉宋某要求返还借款八万元,法院适用普通程序审理并向双方当事人送达出庭传票,因被告宋某不在家,宋某的妻子代其签收了传票。开庭时,被告宋某未到庭。经查,宋某已离家出走,下落不明。关于法院对本案的处理,下列哪一选项是正确的?
A. 法院对本案可以进行缺席判决
B. 法院应当对被告宋某重新适用公告方式送达传票
C. 法院应当通知宋某的妻子以诉讼代理人的身份参加诉讼
D. 法院应当裁定中止诉讼

178． 2008/3/79/多
关于对当事人及其法定代理人的缺席判决,下列哪些选项是正确的?
A. 原告经法院传票传唤,无正当理由拒不到庭的,或者未经法庭许可中途退庭的,可以按撤诉处理;被告反诉的,法院可以缺席判决
B. 无民事行为能力人离婚案件,当事人的法定代理人应当到庭,法定代理人不能到庭的,法院应当在查清事实的基础上,依法作出缺席判决
C. 有独立请求权第三人经法院传票传唤,无正当理由拒不到庭的,或者未经法庭许可中途退庭的,法院可以缺席判决
D. 无独立请求权第三人经法院传票传唤,无正当理由拒不到庭的,或者未经法庭许可中途退庭的,法院可以缺席判决

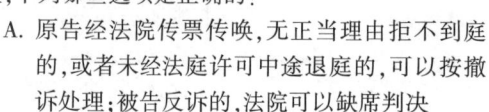

考点37 诉讼阻碍(延期审理、诉讼中止与终结)

179． 2021回忆/单
殷某和郑某办理结婚手续后,殷某向法院起诉确认婚姻无效。诉讼过程中郑某突发疾病死亡,其没有任何直系亲属。对此,法院的下列哪一做法是正确的?

A. 裁定诉讼终结
B. 裁定诉讼中止
C. 继续审理后作出判决
D. 追加民政部门为诉讼参加人

180． 2020回忆/多
甲与乙签订了借款合同,丙系该合同的连带保证人。借款期限届满后,甲一直未还钱,且甲涉嫌诈骗。乙向公安局举报甲存在诈骗行为,然后向法院起诉丙要求其还钱。关于本案的处理方式,下列选项中哪些说法是正确的?
A. 法院应裁定中止民事诉讼,等待刑事案件审理完毕后再恢复民事诉讼程序
B. 法院应当追加甲为共同被告
C. 本案的民事诉讼程序与刑事诉讼程序互不影响,各自进行
D. 就甲存在欺诈这一事实,本案民事诉讼和刑事诉讼程序的证明标准相同

181． 2017/3/81/多
对张男诉刘女离婚案(两人无子女,刘父已去世),因刘女为无行为能力人,法院准许其母李某以法定代理人身份代其诉讼。2017年7月3日,法院判决二人离婚,并对双方共有财产进行了分割。该判决同日送达双方当事人,李某对解除其女儿与张男的婚姻关系无异议,但对共有财产分割有意见,拟提起上诉。2017年7月10日,刘女身亡。在此情况下,本案将产生哪些法律后果?
A. 本案诉讼中止,视李某是否就一审判决提起上诉而确定案件是否终结
B. 本案诉讼终结
C. 一审判决生效,二人的夫妻关系根据判决解除,李某继承判决分配给刘女的财产
D. 一审判决未生效,二人的共有财产应依法分割,张男与李某对刘女的遗产均有继承权

182． 2011/3/81/多
法院开庭审理时一方当事人未出庭,关于可能出现的法律后果,下列哪些选项是正确的?
A. 延期审理
B. 按原告撤诉处理
C. 缺席判决
D. 采取强制措施拘传未到庭的当事人到庭

183． 2009/3/47/单
甲起诉与乙离婚,一审法院判决不予准许。甲不服一审判决提起上诉,在甲将上诉状递交原审法院后第三天,乙遇车祸死亡。此时,原审法院尚未将上诉状转交给二审法院。关于本案的处理,下列哪一选项是正确的?

A. 终结诉讼
B. 驳回上诉
C. 不予受理上诉
D. 中止诉讼

184. 2009/3/85/多

法院对于诉讼中有关情况的处理,下列哪些做法是正确的?

A. 甲起诉其子乙请求给付赡养费。开庭审理前,法院依法对甲、乙进行了传唤,但开庭时乙未到庭,也未向法院说明理由。法院裁定延期审理
B. 甲、乙人身损害赔偿一案,甲在前往法院的路上,胃病发作住院治疗。法院决定延期审理
C. 甲诉乙离婚案件,在案件审理中甲死亡。法院裁定按甲撤诉处理
D. 原告在诉讼中因车祸成为植物人,在原告法定代理人没有确定的期间,法院裁定中止诉讼

185. 2008/3/37/单

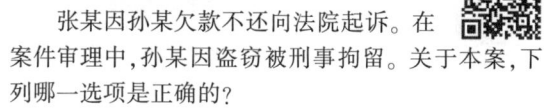

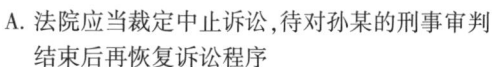

张某因孙某欠款不还向法院起诉。在案件审理中,孙某因盗窃被刑事拘留。关于本案,下列哪一选项是正确的?

A. 法院应当裁定中止诉讼,待对孙某的刑事审判结束后再恢复诉讼程序
B. 法院应当裁定终结诉讼,并告知张某提起刑事附带民事诉讼
C. 法院应当继续审理此案
D. 法院应当将此案与孙某盗窃案合并审理

186. 2008/3/40/单

法院对于诉讼中有关情况的处理,下列哪一做法是正确的?

A. 杨某与赵某损害赔偿一案,杨某在去往法院开庭的路上,突遇车祸,被送至医院急救。法院遂决定中止诉讼
B. 毛某与安某专利侵权纠纷一案,法庭审理过程中,发现需要重新进行鉴定,法院裁定延期审理
C. 甲公司诉乙公司合同纠纷一案,审理过程中,甲公司与其他公司合并,法院裁定诉讼终结
D. 丙公司诉丁公司租赁纠纷一案,法院审理中,发现本案必须以另一案的审理结果为依据,而该案又尚未审结,遂裁定诉讼中止

考点38 一审判决、裁定与决定

187. 2023 回忆/单

徐某驾车撞伤唐某,起诉后法院判决徐某赔偿唐某10万元。该判决履行1年后,唐某左腿疼痛,经鉴定系车祸后遗症。唐某再次起诉,要求徐某赔偿5万元。关于法院对唐某再次起诉的处理,下列哪一说法是正确的?

A. 既判力对标准时之前发生的事实有拘束力,应裁定驳回起诉
B. 既判力对标准时之后发生的事实没有拘束力,应予以受理
C. 车祸后遗症是既判力标准时之前发生的事实,应告知徐某申请再审
D. 车祸后遗症是既判力标准时之后发生的事实,应告知徐某申请再审

188. 2021 回忆/任

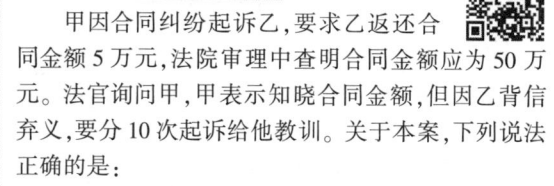

甲因合同纠纷起诉乙,要求乙返还合同金额5万元,法院审理中查明合同金额应为50万元。法官询问甲,甲表示知晓合同金额,但因乙背信弃义,要分10次起诉给他教训。关于本案,下列说法正确的是:

A. 法院对50万元作出判决不违反处分原则
B. 法院应对5万元作出判决,其既判力及于50万元
C. 法院应对5万元作出判决,其既判力仅及于5万元
D. 经过乙同意,法院可以将剩余45万元一并判决

189. 2021 回忆/单

郝某与刘某自愿结婚,刘某的母亲坚决反对,以刘某未达结婚年龄为由请求法院确认二人婚姻关系无效,但刘某坚决反对,刘某的母亲无奈之下向法院申请撤回起诉。法院应当如何处理?

A. 调解结案
B. 裁定驳回起诉
C. 裁定准许撤回起诉
D. 不准许撤回起诉,判决确认婚姻无效

190. 2014/3/82/多

关于民事诉讼程序中的裁判,下列哪些表述是正确的?

A. 判决解决民事实体问题,而裁定主要处理案件的程序问题,少数涉及实体问题
B. 判决都必须以书面形式作出,某些裁定可以口头方式作出
C. 一审判决都允许上诉,一审裁定有的允许上诉,有的不能上诉
D. 财产案件的生效判决都有执行力,大多数裁定都没有执行力

191. 2012/3/41/单

甲公司诉乙公司货款纠纷一案,A市

B区法院在审理中查明甲公司的权利主张已超过诉讼时效（乙公司并未提出时效抗辩），遂判决驳回甲公司的诉讼请求。判决作出后上诉期间届满之前，B区法院发现其依职权适用诉讼时效规则是错误的。关于本案的处理，下列哪一说法是正确的？

A. 因判决尚未发生效力，B区法院可以将判决书予以收回，重新作出新的判决

B. B区法院可以将判决书予以收回，恢复庭审并向当事人释明时效问题，视具体情况重新作出判决

C. B区法院可以作出裁定，纠正原判决中的错误

D. 如上诉期间届满当事人未上诉的，B区法院可以决定再审，纠正原判决中的错误

192． 2012/3/47/单

关于民事诉讼的裁定，下列哪一选项是正确的？

A. 裁定可以适用于不予受理、管辖权异议和驳回诉讼请求

B. 当事人有正当理由没有到庭的，法院应当裁定延期审理

C. 裁定的拘束力通常只及于当事人、诉讼参与人和审判人员

D. 当事人不服一审法院作出的裁定，可以向上一级法院提出上诉

193． 2011/3/100/任

2011年7月11日，A市升湖区法院受理了黎明丽（女）诉张成功（男）离婚案。7月13日，升湖区法院向张成功送达了起诉状副本。7月18日，张成功向升湖区法院提交了答辩状，未对案件的管辖权提出异议。8月2日，张成功向升湖区法院提出管辖权异议申请，称其与黎明丽已分居2年，分别居住于A市安平区各自父母家中。A市升湖区法院以申请管辖权异议超过申请期限为由，裁定驳回张成功管辖权异议申请。后，升湖区法院查明情况，遂裁定将案件移送安平区法院。安平区法院接受移送，确定适用简易程序审理此案。

安平区法院在案件开庭审理时组织调解。

黎明丽声称：2005年12月，其与张成功结婚，后因张成功有第三者陈佳，感情已破裂，现要求离婚。黎明丽提出，离婚后儿子张好帅由其行使监护权，张成功每月支付抚养费1500元。现双方存款36万元（存折在张成功手中），由2人平分，生活用品归各自所有，不存在其他共有财产分割争议。

张成功承认：2005年12月，其与黎明丽结婚，自己现在有了第三者，36万元存款在自己手中，同意离婚，同意生活用品归各自所有，不存在其他共有财产分割争议。不同意支付张好帅抚养费，因是黎明丽与前男友所生。

黎明丽承认：张好帅是其与前男友所生，但在户籍登记上，张成功与张好帅为父子关系，多年来父子相称，形成事实上的父子关系，故要求张成功支付抚养费。

调解未能达成协议。在随后的庭审中，黎明丽坚持提出的请求；张成功对调解中承认的多数事实和同意的请求予以认可，但否认了有第三者一事，仍不同意支付张好帅抚养费。黎明丽要求法院通知第三者陈佳以无独立请求权的第三人身份参加诉讼。

安平区法院作出判决：解除黎明丽、张成功婚姻关系；张好帅由黎明丽行使监护权，张成功每月支付抚养费700元；存款双方平分，生活用品归个人所有，不存在其他共有财产分割争议。法院根据调解中被告承认自己有第三者的事实，认定双方感情破裂，张成功存在过失。

关于法院宣判时应当向双方当事人告知的内容，下列选项正确的是：

A. 上诉权利

B. 上诉期限

C. 上诉法院

D. 判决生效前不得另行结婚

专题十四　简易程序

考点39 简易程序

194． 2017/3/43/单

夏某因借款纠纷起诉陈某，法院决定适用简易程序审理。法院依夏某提供的被告地址送达时，发现有误，经多方了解和查证也无法确定准确地址。对此，法院下列哪一处理是正确的？

A. 将案件转为普通程序审理

B. 采取公告方式送达

C. 裁定中止诉讼

D. 裁定驳回起诉

195． 2015/3/83/多

郑飞诉万雷侵权纠纷一案，虽不属于事实清楚、权利义务关系明确、争议不大的案件，但双方当事人约定适用简易程序进行审理，法院同意并以电子邮件的方式向双方当事人通知了开庭时间（双方当事人均未回复）。开庭时被告万雷无正当理由不到庭，法院作出了缺席判决。送达判决书时法院通过各种方式均未联系上万雷，遂采取了公告送达方式送达了判决书。对此，法院下列的哪些行为是违法的？

A. 同意双方当事人的约定，适用简易程序对案件进行审理

B. 以电子邮件的方式向双方当事人通知开庭时间

C. 作出缺席判决
D. 采取公告方式送达判决书

196． 2014/3/79/多
当事人可对某些诉讼事项进行约定，法院应尊重合法有效的约定。关于当事人的约定及其效力，下列哪些表述是错误的？
A. 当事人约定"合同是否履行无法证明时，应以甲方主张的事实为准"，法院应根据该约定分配证明责任
B. 当事人在诉讼和解中约定"原告撤诉后不得以相同的事由再次提起诉讼"，法院根据该约定不能再受理原告的起诉
C. 当事人约定"如果起诉，只能适用普通程序"，法院根据该约定不能适用简易程序审理
D. 当事人约定"双方必须亲自参加开庭审理，不得无故缺席"，如果被告委托了代理人参加开庭，自己不参加开庭，法院应根据该约定在对被告两次传唤后对其拘传

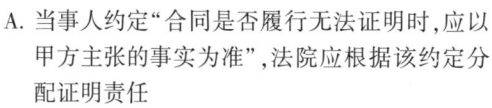

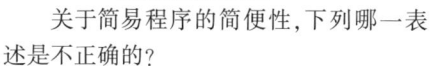

197． 2013/3/41/单
关于简易程序的简便性，下列哪一表述是不正确的？
A. 受理程序简便，可以当即受理，当即审理
B. 审判程序简便，可以不按法庭调查、法庭辩论的顺序进行
C. 庭审笔录简便，可以不记录诉讼权利义务的告知、原被告的诉辩意见等通常性程序内容
D. 裁判文书简便，可以简化裁判文书的事实认定或判决理由部分

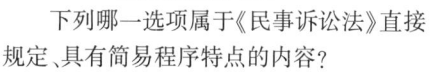

198． 2011/3/43/单
下列哪一选项属于《民事诉讼法》直接规定、具有简易程序特点的内容？
A. 原告起诉或被告答辩时要向法院提供明确的送达地址
B. 适用简易程序审理的劳动合同纠纷在开庭审理时应先行调解
C. 在简易程序中，法院指定举证期限可以少于30天
D. 适用简易程序审理民事案件时，审判组织一律采用独任制

199． 2010/3/87/多
关于适用简易程序的表述，下列哪些选项是正确的？
A. 基层法院适用普通程序审理的民事案件，当事人双方可协议并经法院同意适用简易程序审理
B. 经双方当事人一致同意，法院制作判决书时可对认定事实或者判决理由部分适当简化
C. 法院可口头方式传唤当事人出庭
D. 当事人对案件事实无争议的，法院可不开庭径行判决

200． 2008/3/46/单
甲与乙因借款合同发生纠纷，甲向某区法院提起诉讼，法院受理案件后，准备适用普通程序进行审理。甲为了能够尽快结案，建议法院适用简易程序对案件进行审理，乙也同意适用简易程序。下列哪一选项是正确的？
A. 普通程序审理的案件不能适用简易程序，因此，法院不可同意适用简易程序
B. 法院有权将普通程序审理转为简易程序，因此，甲、乙的意见无意义
C. 甲、乙可以自愿协商选择适用简易程序，无须经法院同意
D. 甲、乙有权自愿选择适用简易程序，但须经法院同意

考点40 小额诉讼程序

201． 2022 回忆/多
A区的甲向B区的乙租赁仓库，仓库位于C区，月租金1万元。双方约定合同履行发生纠纷，向被告住所地法院起诉。因甲累计拖欠租金5万元，乙向A区法院起诉。A区法院适用小额诉讼程序审理，甲提出管辖权异议，称本案应由C区法院专属管辖，A区法院裁定驳回。A区法院作出的判决生效后，甲申请再审。关于本案，下列哪些表述是正确的？
A. 甲可对驳回管辖权异议裁定提起上诉
B. 甲不可对驳回管辖权异议裁定提起上诉
C. 甲可向A区法院申请再审
D. 甲可向C区法院申请再审

202． 2021 回忆/多
美国人麦克在中国生活期间，花费500元向中国卖家网购一件衬衫，因衬衫质量问题产生纠纷，麦克向互联网法院起诉。关于本案可适用的程序规则，下列哪些选项是正确的？
A. 决定线下开庭审理
B. 电子送达判决书
C. 审判员独任审理
D. 适用小额诉讼程序审理

203． 2016/3/81/多
李某诉谭某返还借款一案，M市N区法院按照小额诉讼案件进行审理，判决谭某返还借款。判决生效后，谭某认为借款数额远高于法律规定的小额案件的数额，不应按小额案件审理，遂向法院

申请再审。法院经审查,裁定予以再审。关于该案再审程序适用,下列哪些选项是正确的?
A. 谭某应当向M市中级法院申请再审
B. 法院应当组成合议庭审理
C. 对作出的再审判决当事人可以上诉
D. 作出的再审判决仍实行一审终审

204. 2015/3/84/多

根据《民事诉讼法》相关司法解释,下列哪些案件不适用小额诉讼程序?
A. 人身关系案件
B. 涉外民事案件
C. 海事案件
D. 发回重审的案件

205. 2014/3/40/单

赵洪诉陈海返还借款100元,法院决定适用小额诉讼程序审理。关于该案的审理,下列哪一选项是错误的?
A. 应在开庭审理时先行调解
B. 应开庭审理,但经过赵洪和陈海的书面同意后,可书面审理
C. 应当庭宣判
D. 应一审终审

专题十五 第二审程序

考点41 上诉的提起与受理

206. 2017/3/44/单

甲、乙、丙三人共同致丁身体损害,丁起诉三人要求赔偿3万元。一审法院经审理判决甲、乙、丙分别赔偿2万元、8000元和2000元,三人承担连带责任。甲认为丙赔偿2000元的数额过低,提起上诉。关于本案二审当事人诉讼地位的确定,下列哪一选项是正确的?
A. 甲为上诉人,丙为被上诉人,乙为原审被告,丁为原审原告
B. 甲为上诉人,丙、丁为被上诉人,乙为原审被告
C. 甲、乙为上诉人,丙为被上诉人,丁为原审原告
D. 甲、乙、丙为上诉人,丁为被上诉人

207. 2016/3/44/单

甲、乙、丙诉丁遗产继承纠纷一案,甲不服法院作出的一审判决,认为分配给丙和丁的遗产份额过多,提起上诉。关于本案二审当事人诉讼地位的确定,下列哪一选项是正确的?
A. 甲是上诉人,乙、丙、丁是被上诉人
B. 甲是上诉人,丙、丁是被上诉人
C. 甲、丙、丁是上诉人,乙是被上诉人

D. 甲是上诉人,乙为原审原告,丙、丁为被上诉人

208. 2016/3/45/单

甲公司诉乙公司买卖合同纠纷一案,法院判决乙公司败诉并承担违约责任,乙公司不服提起上诉。在二审中,甲公司与乙公司达成和解协议,并约定双方均将提起之诉予以撤回。关于两个公司的撤诉申请,下列哪一说法是正确的?
A. 应当裁定准许双方当事人的撤诉申请,并裁定撤销一审判决
B. 应当裁定准许乙公司撤回上诉,不准许甲公司撤回起诉
C. 不应准许双方撤诉,应依双方和解协议制作调解书
D. 不应准许双方撤诉,应依双方和解协议制作判决书

209. 2013/3/48/单

甲对乙享有10万元到期债权,乙无力清偿,且怠于行使对丙的15万元债权,甲遂对丙提起代位权诉讼,法院依法追加乙为第三人。一审判决甲胜诉,丙应向甲给付10万元。乙、丙均提起上诉,乙请求法院判令丙向其支付剩余5万元债务,丙请求法院判令甲对乙的债权不成立。关于二审当事人地位的表述,下列哪一选项是正确的?
A. 丙是上诉人,甲是被上诉人
B. 乙、丙是上诉人,甲是被上诉人
C. 乙是上诉人,甲、丙是被上诉人
D. 丙是上诉人,甲、乙是被上诉人

210. 2013/3/78/多

下列哪些情况下,法院不应受理当事人的上诉请求?
A. 宋某和卢某借款纠纷一案,卢某终审败诉,宋某向区法院申请执行,卢某提出执行管辖异议,区法院裁定驳回卢某异议。卢某提起上诉
B. 曹某向市中院诉刘某侵犯其专利权,要求赔偿损失1元钱,中院驳回其请求。曹某提起上诉
C. 孙某将朱某打伤,经当地人民调解委员会调解达成协议,并申请法院进行了司法确认。后朱某反悔提起上诉
D. 尹某诉与林某离婚,法院审查中发现二人系禁婚的近亲属,遂判决二人婚姻无效。尹某提起上诉

211. 2011/3/40/单

吴某被王某打伤后诉至法院,王某败诉。一审判决书送达王某时,其当即向送达人郑某表示上诉,但因其不识字,未提交上诉状。关于王某行

为的法律效力,下列哪一选项是正确的?
A. 王某已经表明上诉,产生上诉效力
B. 郑某将王某的上诉要求告知法院后,产生上诉效力
C. 王某未提交上诉状,不产生上诉效力
D. 王某口头上诉经二审法院同意后,产生上诉效力

212． 2010/3/98/任

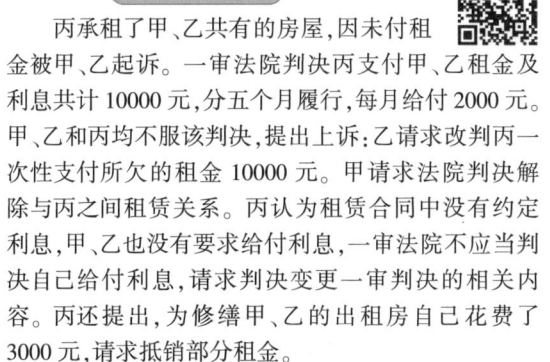

丙承租了甲、乙共有的房屋,因未付租金被甲、乙起诉。一审法院判决丙支付甲、乙租金及利息共计10000元,分五个月履行,每月给付2000元。甲、乙和丙均不服该判决,提出上诉:乙请求改判丙一次性支付所欠的租金10000元。甲请求法院判决解除与丙之间租赁关系。丙认为租赁合同中没有约定利息,甲、乙也没有要求给付利息,一审法院不应当判决自己给付利息,请求判决变更一审判决的相关内容。丙还提出,为修缮甲、乙的出租房自己花费了3000元,请求抵销部分租金。

关于二审中当事人地位的确定,下列选项正确的是:
A. 丙是上诉人,甲、乙是被上诉人
B. 甲、乙是上诉人,丙是被上诉人
C. 乙、丙是上诉人,甲是被上诉人
D. 甲、乙、丙都是上诉人

考点42 二审审理程序

213． 2020 回忆/多

甲与乙的离婚诉讼,一审法院判决不准离婚。甲不服提出上诉,二审法院认为应当判决离婚,于是对财产分割问题进行调解,但双方无法达成合意,二审法院遂将案件发回重审。发回重审后,一审法院再次判决不准离婚,甲再次提出上诉。此时二审法院应当如何处理本案?
A. 二审法院可以先针对婚姻关系部分作出判决
B. 二审法院应当再次撤销原判,将案件发回重审
C. 二审法院应当直接改判
D. 二审法院可以告知当事人对财产部分另行起诉

214． 2017/3/46/单

石山公司起诉建安公司请求返还86万元借款及支付5万元利息,一审判决石山公司胜诉,建安公司不服提起上诉。二审中,双方达成和解协议:石山公司放弃5万元利息主张,建安公司在撤回上诉后15日内一次性付清86万元本金。建安公司向二审法院申请撤回上诉后,并未履行还款义务。关于石山公司的做法,下列哪一表述是正确的?
A. 可依和解协议申请强制执行
B. 可依一审判决申请强制执行
C. 可依和解协议另行起诉
D. 可依和解协议申请司法确认

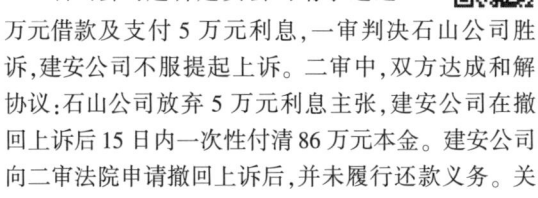

215． 2016/3/47/单

王某诉赵某借款纠纷一案,法院一审判决赵某偿还王某债务,赵某不服,提出上诉。二审期间,案外人李某表示,愿以自己的轿车为赵某偿还债务提供担保。三人就此达成书面和解协议后,赵某撤回上诉,法院准许。一个月后,赵某反悔并不履行和解协议。关于王某实现债权,下列哪一选项是正确的?
A. 依和解协议对赵某向法院申请强制执行
B. 依和解协议对赵某、李某向法院申请强制执行
C. 依一审判决对赵某向法院申请强制执行
D. 依一审判决与和解协议对赵某、李某向法院申请强制执行

216． 2015/3/44/单

齐远、张红是夫妻,因感情破裂诉至法院离婚,提出解除婚姻关系、子女抚养、住房分割等诉讼请求。一审判决准予离婚并对子女抚养问题作出判决。齐远不同意离婚提出上诉。二审中,张红增加诉讼请求,要求分割诉讼期间齐远继承其父的遗产。下列哪一说法是正确的?
A. 一审漏判的住房分割诉讼请求,二审可调解,调解不成,发回重审
B. 二审增加的遗产分割诉讼请求,二审可调解,调解不成,发回重审
C. 住房和遗产分割的两个诉讼请求,二审可合并调解,也可一并发回重审
D. 住房和遗产分割的两个诉讼请求,经当事人同意,二审法院可一并裁判

217． 2012/3/42/单

经审理,一审法院判决被告王某支付原告刘某欠款本息共计22万元,王某不服提起上诉。二审中,双方当事人达成和解协议,约定:王某在3个月内向刘某分期偿付20万元,刘某放弃利息请求。案件经王某申请撤回上诉而终结。约定的期限届满后,王某只支付了15万元。刘某欲寻求法律救济。下列哪一说法是正确的?
A. 只能向一审法院重新起诉
B. 只能向一审法院申请执行一审判决
C. 可向一审法院申请执行和解协议
D. 可向二审法院提出上诉

218． 2012/3/43/单

关于民事诉讼二审程序的表述,下列哪一选项是错误的?

A. 二审案件的审理,遇有二审程序没有规定的情形,应当适用一审普通程序的相关规定
B. 二审案件的审理,以开庭审理为原则
C. 二审案件调解的结果变更了一审判决内容的,应当在调解书中写明"撤销原判"
D. 二审案件的审理,应当由法官组成的合议庭进行审理

219． 2010/3/80/多

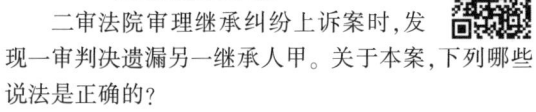

二审法院审理继承纠纷上诉案时,发现一审判决遗漏另一继承人甲。关于本案,下列哪些说法是正确的?
A. 为避免诉讼拖延,二审法院可依职权直接改判
B. 二审法院可根据自愿原则进行调解,调解不成的裁定撤销原判决发回重审
C. 甲应列为本案的有独立请求权第三人
D. 甲应是本案的共同原告

220． 2010/3/99/任

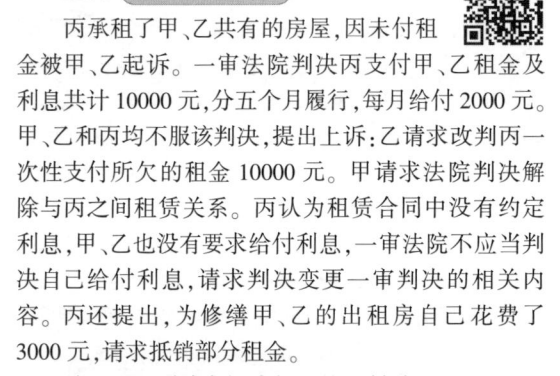

丙承租了甲、乙共有的房屋,因未付租金被甲、乙起诉。一审法院判决丙支付甲、乙租金及利息共计10000元,分五个月履行,每月给付2000元。甲、乙和丙均不服该判决,提出上诉:乙请求改判丙一次性支付所欠的租金10000元。甲请求法院判决解除与丙之间租赁关系。丙认为租赁合同中没有约定利息,甲、乙也没有要求给付利息,一审法院不应当判决自己给付利息,请求判决变更一审判决的相关内容。丙还提出,为修缮甲、乙的出租房自己花费了3000元,请求抵销部分租金。

关于甲上诉请求解除与丙的租赁关系,下列选项正确的是:
A. 二审法院查明事实后直接判决
B. 二审法院直接裁定发回重审
C. 二审法院经当事人同意进行调解解决
D. 甲在上诉中要求解除租赁关系的请求,须经乙同意

221． 2009/3/45/单

某借款纠纷案二审中,双方达成调解协议,被上诉人当场将欠款付清。关于被上诉人请求二审法院制作调解书,下列哪一选项是正确的?
A. 可以不制作调解书,因为当事人之间的权利义务已经实现
B. 可以不制作调解书,因为本案属于法律规定可以不制作调解书的情形
C. 应当制作调解书,因为二审法院的调解结果除解决纠纷外,还具有对一审法院的判决效力发生影响的功能
D. 应当制作调解书,因为被上诉人已经提出请求,法院应当予以尊重

222． 2008/3/99/任

某省海兴市的《现代企业经营》杂志刊登了一篇自由撰稿人吕某所写的报道,内容涉及同省龙门市甲公司的经营方式。甲公司负责人汪某看到该篇文章后,认为《现代企业经营》作为一本全省范围内发行的杂志,其所发文章内容严重失实,损害了甲公司的名誉,使公司的经营受到影响。于是甲公司向法院起诉要求《现代企业经营》杂志社和吕某赔偿损失5万元,并进行赔礼道歉。一审法院仅判决杂志社赔偿甲公司3万元,未对"赔礼道歉"的请求进行处理。杂志社认为赔偿数额过高,不服一审判决提起上诉。

关于二审法院对本案的处理,下列选项正确的是:
A. 由于"赔礼道歉"的诉讼请求并不在上诉请求的范围之中,二审法院不得对其进行审理
B. 针对一审中"赔礼道歉"的诉讼请求,二审法院应根据当事人自愿的原则进行调解,调解不成的,发回重审
C. 针对一审中"赔礼道歉"的诉讼请求,二审法院应根据当事人自愿的原则进行调解,调解不成的,径行判决
D. 针对一审中"赔礼道歉"的诉讼请求,二审法院应根据当事人自愿的原则进行调解,调解不成的,告知甲公司另行起诉

考点43 二审的判决与裁定

223． 2022 回忆/单

甲在网上购买乙公司生产的家具,乙公司将家具送到甲母家安装调试好之后要求付款遭拒,遂起诉甲要求支付家具款。甲独自出庭应诉,一审法院判决原告胜诉。甲不服提起上诉,二审法院发现甲是15岁的学生。关于二审法院对本案的处理,下列哪一说法是正确的?
A. 裁定驳回起诉
B. 裁定撤销原判,发回重审
C. 通知甲的法定代理人出庭,继续审理
D. 继续审理后作出判决

224． 2020 回忆/单

甲、乙互殴,甲被乙打伤,向法院起诉乙向其支付赔偿金,法院判决甲胜诉。乙不服提起上诉,二审期间,甲、乙达成和解协议,向法院申请撤回起诉,法院经审查发现和解协议内容与原判决认定的事实不一致。法院应当如何处理?
A. 准许撤回起诉,一审判决生效
B. 不准许撤回起诉,根据审理结果作出判决

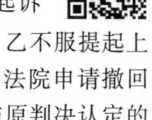

C. 不准许撤回起诉,应当撤销原判,发回重审
D. 准予撤回起诉,一并裁定撤销原判

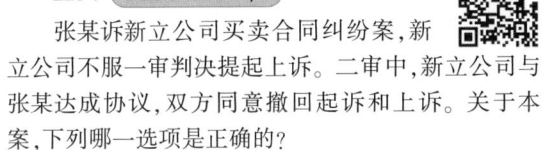

225． 2017/3/45/单
张某诉新立公司买卖合同纠纷案,新立公司不服一审判决提起上诉。二审中,新立公司与张某达成协议,双方同意撤回起诉和上诉。关于本案,下列哪一选项是正确的?
A. 起诉应在一审中撤回,二审中撤回起诉的,法院不应准许
B. 因双方达成合意撤回起诉和上诉的,法院可准许张某二审中撤回起诉
C. 二审法院应裁定撤销一审判决并发回重审,一审法院重审时准许张某撤回起诉
D. 二审法院可裁定新立公司撤回上诉,而不许张某撤回起诉

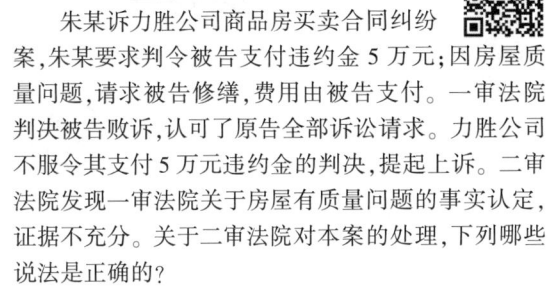

226． 2017/3/82/多
朱某诉力胜公司商品房买卖合同纠纷案,朱某要求判令被告支付违约金5万元;因房屋质量问题,请求被告修缮,费用由被告支付。一审法院判决被告败诉,认可了原告全部诉讼请求。力胜公司不服令其支付5万元违约金的判决,提起上诉。二审法院发现一审法院关于房屋有质量问题的事实认定,证据不充分。关于二审法院对本案的处理,下列哪些说法是正确的?
A. 应针对上诉人不服违约金判决的请求进行审理
B. 可对房屋修缮问题在查明事实的情况下依法改判
C. 应针对上诉人上诉请求所涉及的事实认定和法律适用进行审理
D. 应全面审查一审法院对案件的事实认定和法律适用

227． 2016/3/46/单
某死亡赔偿案件,二审法院在将判决书送达当事人签收后,发现其中死亡赔偿金计算错误(数学上的错误),导致总金额少了7万余元。关于二审法院如何纠正,下列哪一选项是正确的?
A. 应当通过审判监督程序,重新制作判决书
B. 直接作出改正原判决的新判决书并送达双方当事人
C. 作出裁定书予以补正
D. 报请上级法院批准后作出裁定予以补正

228． 2015/3/82/多
章俊诉李泳借款纠纷案在某县法院适用简易程序审理。县法院判决后,章俊上诉,二审法院以事实不清为由发回重审。县法院征得当事人同意后,适用简易程序重审此案。在答辩期间,李泳提出管辖权异议,县法院不予审查。案件开庭前,章俊增加了诉讼请求,李泳提出反诉,县法院受理了章俊提出的增加诉讼请求,但以重审不可提出反诉为由拒绝受理李泳的反诉。关于本案,该县法院的下列哪些做法是正确的?
A. 征得当事人同意后,适用简易程序重审此案
B. 对李泳提出的管辖权异议不予审查
C. 受理章俊提出的增加诉讼请求
D. 拒绝受理李泳的反诉

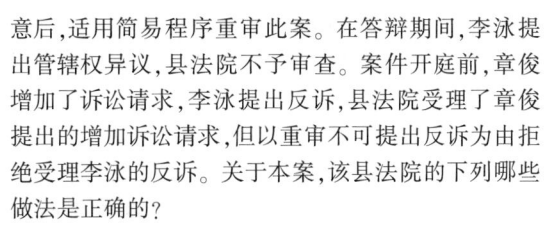

229． 2014/3/47/单
甲诉乙人身损害赔偿一案,一审法院根据甲的申请,冻结了乙的银行账户,并由李法官独任审理。后甲胜诉,乙提出上诉。二审法院认为一审事实不清,裁定撤销原判,发回重审。关于重审,下列哪一表述是正确的?
A. 由于原判已被撤销,一审中的审判行为无效,保全措施也应解除
B. 由于原判已被撤销,一审中的诉讼行为无效,法院必须重新指定举证时限
C. 重审时不能再适用简易程序,应组成合议庭,李法官可作为合议庭成员参加重审
D. 若重审法院判决甲胜诉,乙再次上诉,二审法院认为重审认定的事实依然错误,则只能在查清事实后改判

230． 2008/3/36/单
甲公司与乙公司因合同纠纷向A市B区法院起诉,乙公司应诉。经开庭审理,法院判决甲公司胜诉。乙公司不服B区法院的一审判决,以双方签订了仲裁协议为由向A市中级法院提起上诉,要求据此撤销一审判决,驳回甲公司的起诉。A市中级法院应当如何处理?
A. 裁定撤销一审判决,驳回甲公司的起诉
B. 应当首先审查仲裁协议是否有效,如果有效,则裁定撤销一审判决,驳回甲公司的起诉
C. 应当裁定撤销一审判决,发回原审法院重审
D. 应当裁定驳回乙公司的上诉,维持原判决

专题十六 审判监督程序

考点44 再审的启动

231． 2021回忆/单
甲向乙借款50万元,由丙提供保证,保证合同中未约定保证方式。后因借款清偿发生纠纷,一审法院判决认定丙承担连带保证责任。丙不服提起上诉,二审法院判决丙承担一般保证责任。判决

生效后,丙以签订保证合同时意思表示错误不应承担保证责任为由申请再审。关于对丙申请的处理,下列哪一做法是正确的?

A. 裁定再审后组织调解,调解不成,告知另行起诉
B. 裁定再审后组织调解,调解不成,裁定发回重审
C. 裁定不予受理再审申请
D. 裁定驳回再审申请

232． 2015/3/42/单

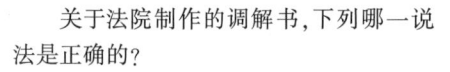

关于法院制作的调解书,下列哪一说法是正确的?

A. 经法院调解,老李和小李维持收养关系,可不制作调解书
B. 某夫妻解除婚姻关系的调解书生效后,一方以违反自愿为由可申请再审
C. 检察院对调解书的监督方式只能是提出检察建议
D. 执行过程中,达成和解协议的,法院可根据当事人的要求制作成调解书

233． 2014/3/80/多

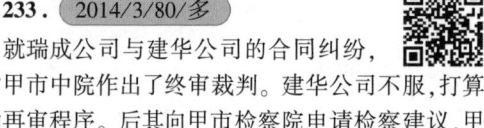

就瑞成公司与建华公司的合同纠纷,某省甲市中院作出了终审裁判。建华公司不服,打算启动再审程序。后其向甲市检察院申请检察建议,甲市检察院经过审查,作出驳回申请的决定。关于检察监督,下列哪些表述是正确的?

A. 建华公司可在向该省高院申请再审的同时,申请检察建议
B. 在甲市检察院驳回检察建议申请后,建华公司可向该省检察院申请抗诉
C. 甲市检察院在审查检察建议申请过程中,可向建华公司调查核实案情
D. 甲市检察院在审查检察建议申请过程中,可向瑞成公司调查核实案情

234． 2013/3/49/单

关于检察监督,下列哪一选项是正确的?

A. 甲县检察院认为乙县法院的生效判决适用法律错误,对其提出检察建议
B. 丙市检察院就合同纠纷向仲裁委员会提出检察建议,要求重新仲裁
C. 丁县检察院认为丁县法院某法官在制作除权判决时收受贿赂,向该法院提出检察建议
D. 戊县检察院认为戊县法院认定某公民为无民事行为能力人的判决存在程序错误,报请上级检察院提起抗诉

235． 2013/3/81/多

周某因合同纠纷起诉,甲省乙市的两级法院均驳回其诉讼请求。周某申请再审,但被驳回。周某又向检察院申请抗诉,检察院以原审主要证据系伪造为由提出抗诉,法院裁定再审。关于启动再审的表述,下列哪些说法是不正确的?

A. 周某只应向甲省高院申请再审
B. 检察院抗诉后,应当由接受抗诉的法院审查后,作出是否再审的裁定
C. 法院应当在裁定再审的同时,裁定撤销原判
D. 法院应当在裁定再审的同时,裁定中止执行

236． 2011/3/77/多

根据《民事诉讼法》以及相关司法解释,关于离婚诉讼,下列哪些选项是正确的?

A. 被告下落不明的,案件由原告住所地法院管辖
B. 一方当事人死亡的,诉讼终结
C. 判决生效后,不允许当事人申请再审
D. 原则上不公开审理,因其属于法定不公开审理案件范围

237． 2010/3/42/单

李某向A公司追索劳动报酬。诉讼中,李某向法院申请先予执行部分劳动报酬,法院经审查驳回李某申请。李某不服,申请复议。法院审查后再次驳回李某申请。李某对复议结果仍不服,遂向上一级法院申请再审。关于上一级法院对该再审申请的处理,下列哪一选项是正确的?

A. 裁定再审
B. 决定再审
C. 裁定不予受理
D. 裁定驳回申请

238． 2010/3/47/单

张某诉季某人身损害赔偿一案判决生效后,张某以法院剥夺其辩论权为由申请再审,在法院审查张某再审申请期间,检察院对该案提出抗诉。关于法院的处理方式,下列哪一选项是正确的?

A. 法院继续对当事人的再审申请进行审查,并裁定是否再审
B. 法院应当审查检察院的抗诉是否成立,并裁定是否再审
C. 法院应当审查检察院的抗诉是否成立,如不成立,再继续审查当事人的再审申请
D. 法院直接裁定再审

239． 2009/3/87/任

甲公司诉乙公司合同纠纷案,南山市S县法院进行了审理并作出驳回甲公司诉讼请求的判

决,甲公司未提出上诉。判决生效后,甲公司因收集到新的证据申请再审。下列哪些选项是正确的?
A. 甲公司应当向 S 县法院申请再审
B. 甲公司应当向南山市中级法院申请再审
C. 法院应当适用一审程序再审本案
D. 法院应当适用二审程序再审本案

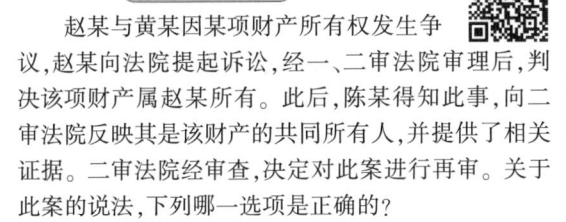

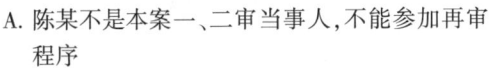

240． 2008/3/35/单
赵某与黄某因某项财产所有权发生争议,赵某向法院提起诉讼,经一、二审法院审理后,判决该项财产属赵某所有。此后,陈某得知此事,向二审法院反映其是该财产的共同所有人,并提供了相关证据。二审法院经审查,决定对此案进行再审。关于此案的说法,下列哪一选项是正确的?
A. 陈某不是本案一、二审当事人,不能参加再审程序
B. 二审法院可以直接通知陈某参加再审程序,并根据自愿原则进行调解,调解不成的,告知陈某另行起诉
C. 二审法院可以直接通知陈某参加再审程序,并根据自愿原则进行调解,调解不成的,裁定撤销一、二审判决,发回原法院重审
D. 二审法院只能裁定撤销一、二审判决,发回原审法院重审

考点45 再审审理程序

241． 2020 回忆/多
甲公司依据供货合同要求乙公司履行货款,向法院提起诉讼,一审和二审乙公司均败诉。后乙公司向法院申请再审,上级法院认为事实不清,指定下级法院再审。再审期间甲公司要求增加违约金,乙公司以货物质量不合格为由提起反诉,主张解除合同。法院应当如何处理?
A. 对于增加违约金的请求,法院应调解处理
B. 对于解除合同的请求,法院应调解处理
C. 对于增加违约金的请求,法院应告知另行起诉
D. 对于解除合同的请求,法院应告知另行起诉

242． 2019 回忆/单
甲起诉乙,要求乙返还借款 10 万元。一审法院判决乙败诉,当事人均未上诉。判决生效后,乙向法院申请再审。在再审过程中,法院发现甲和乙已经达成了和解协议,并且乙已经向甲支付完毕。法院应如何处理?
A. 继续再审
B. 驳回再审请求
C. 判决执行一审判决
D. 裁定终结再审程序

243． 2018 回忆/单
甲、乙两公司发生合同纠纷,某区人民法院判决甲公司胜诉,双方均未上诉。判决生效后,乙公司拒不履行生效判决,甲公司向区人民法院申请执行。在执行中,甲、乙公司达成和解协议,并且当即履行完毕,区人民法院裁定执行终结。后乙公司发现新证据,据此向市中级人民法院申请再审,法院应当如何处理?
A. 执行回转
B. 裁定驳回再审申请
C. 可对执行和解协议合法性审查
D. 可裁定终结对再审申请的审查

244． 2015/3/46/单
周立诉孙华人身损害赔偿案,一审法院适用简易程序审理,电话通知双方当事人开庭,孙华无故未到庭,法院缺席判决孙华承担赔偿周立医疗费。判决书生效后,周立申请强制执行,执行程序开始,孙华向一审法院提出再审申请。法院裁定再审,未裁定中止原判决的执行。关于本案,下列哪一说法是正确的?
A. 法院电话通知当事人开庭是错误的
B. 孙华以法院未传票通知其开庭即缺席判决为由,提出再审申请是符合法律规定的
C. 孙华应向二审法院提出再审申请,而不可向原一审法院申请再审
D. 法院裁定再审,未裁定中止原判决的执行是错误的

245． 2014/3/50/单
万某起诉吴某人身损害赔偿一案,经过两级法院审理,均判决支持万某的诉讼请求,吴某不服,申请再审。再审中万某未出席开庭审理,也未向法院说明理由。对此,法院的下列哪一做法是正确的?
A. 裁定撤诉,视为撤回起诉
B. 裁定撤诉,视为撤回再审申请
C. 裁定诉讼中止
D. 缺席判决

246． 2013/3/82/多
韩某起诉翔鹭公司要求其依约交付电脑,并支付迟延履行违约金 5 万元。经县市两级法院审理,韩某均胜诉。后翔鹭公司以原审适用法律错误为由申请再审,省高院裁定再审后,韩某变更诉讼请求为解除合同,支付迟延履行违约金 10 万元。再审法院最终维持原判。关于再审程序的表述,下列哪些选项是正确的?
A. 省高院可以亲自提审,提审应当适用二审程序
B. 省高院可以指令原审法院再审,原审法院再

审时应当适用一审程序

C. 再审法院对韩某变更后的请求应当不予审查

D. 对于维持原判的再审裁判,韩某认为有错误的,可以向检察院申请抗诉

247． 2010/3/82/多

关于再审程序的说法,下列哪些选项是正确的?

A. 在再审中,当事人提出新的诉讼请求的,原则上法院应根据自愿原则进行调解,调解不成的告知另行起诉

B. 在再审中,当事人增加诉讼请求的,原则上法院应根据自愿原则进行调解,调解不成的裁定发回重审

C. 按照第一审程序再审案件时,经法院许可原审原告可撤回起诉

D. 在一定条件下,案外人可申请再审

248． 2009/3/88/任

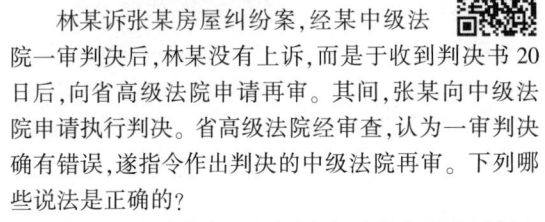

林某诉张某房屋纠纷案,经某中级法院一审判决后,林某没有上诉,而是于收到判决书20日后,向省高级法院申请再审。其间,张某向中级法院申请执行判决。省高级法院经审查,认为一审判决确有错误,遂指令作出判决的中级法院再审。下列哪些说法是正确的?

A. 高级法院指令再审的同时,应作出撤销原判决的裁定

B. 中级法院再审时应作出撤销原判决的裁定

C. 中级法院应裁定中止原裁判的执行

D. 中级法院应适用一审程序再审该案

专题十七　公益诉讼与第三人撤销之诉

考点46 公益诉讼

249． 2021 回忆/单

某化工厂排污造成河流严重污染,某环保协会对此提起公益诉讼,要求化工厂赔偿河流污染治理费用300万元。法院经过审理后认为300万元不足以修复环境污染造成的损害,遂建议某环保协会将诉讼请求增加为500万元。某环保协会将诉讼请求变更为500万元,法院判决支持了某环保协会的全部诉讼请求,关于本案表述正确的是:

A. 公益诉讼案件一审终审,当事人无权上诉

B. 某环保协会应当先行通知行政机关处理后再提起公益诉讼

C. 法院建议某环保协会将诉讼请求变更为500万,违反了处分原则

D. 本案应当由中院一审管辖

250． 2019 回忆/单

某造纸厂因环保设备不达标,排放的污水对环境造成破坏,极大地影响了周边居民的生活。某市环保协会对该厂提起诉讼。张某因该厂的污染行为受到损害,也想参与本案的诉讼。关于法院的做法,下列哪一选项是正确的?

A. 将张某列为有独立请求权的第三人

B. 将张某列为无独立请求权的第三人

C. 通知张某另行起诉

D. 将张某列为共同原告

251． 大洲公司超标排污导致河流污染,公益环保组织甲向A市中级法院提起公益诉讼,请求判令大洲公司停止侵害并赔偿损失。法院受理后,在公告期间,公益环保组织乙也向A市中级法院提起公益诉讼,请求判令大洲公司停止侵害、赔偿损失和赔礼道歉。公益案件审理终结后,渔民梁某以大洲公司排放的污水污染了其承包的鱼塘为由提起诉讼,请求赔偿其损失。

请回答第(1)~(3)题。

(1) 2017/3/98/任

对乙组织的起诉,法院的正确处理方式是:

A. 予以受理,与甲组织提起的公益诉讼合并审理

B. 予以受理,作为另案单独审理

C. 属重复诉讼,不予受理

D. 允许其参加诉讼,与甲组织列为共同原告

(2) 2017/3/99/任

公益环保组织因与大洲公司在诉讼中达成和解协议申请撤诉,法院的正确处理方式是:

A. 应将和解协议记入笔录,准许公益环保组织的撤诉申请

B. 不准许公益环保组织的撤诉申请

C. 应将双方的和解协议内容予以公告

D. 应依职权根据和解协议内容制作调解书

(3) 2017/3/100/任

对梁某的起诉,法院的正确处理方式是:

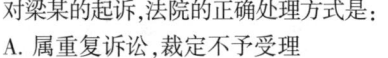

A. 属重复诉讼,裁定不予受理

B. 不予受理,告知其向公益环保组织请求给付

C. 应予受理,但公益诉讼中已提出的诉讼请求不得再次提出

D. 应予受理,其诉讼请求不受公益诉讼影响

252． 2015/3/35/单

某品牌手机生产商在手机出厂前预装众多程序,大幅侵占标明内存,某省消费者保护协会以侵害消费者知情权为由提起公益诉讼,法院受理了

该案。下列哪一说法是正确的？
A. 本案应当由侵权行为地或者被告住所地中级法院管辖
B. 本案原告没有撤诉权
C. 本案当事人不可以和解，法院也不可以调解
D. 因该案已受理，购买该品牌手机的消费者甲若以前述理由诉请赔偿，法院不予受理

253. 2013/3/35/单
根据2012年修改的《民事诉讼法》，关于公益诉讼的表述，下列哪一选项是错误的？
A. 公益诉讼规则的设立，体现了依法治国的法治理念
B. 公益诉讼的起诉主体只限于法律授权的机关或团体
C. 公益诉讼规则的设立，有利于保障我国经济社会全面协调发展
D. 公益诉讼的提起必须以存在实际损害为前提

考点47 第三人撤销之诉

254. 2023 回忆/单
某化工厂违规排污导致河流污染，周边居民10余人起诉，法院受理后发出公告，又有30多人向法院登记。法院审理后判决化工厂向每个当事人赔偿5万元。判决生效后，下游的周某向法院起诉化工厂，认为自己的损失有10万元，但法院裁定适用先前对其他当事人赔偿5万元的判决。周某认为先前的判决有错误，提起第三人撤销之诉。关于法院的处理方式，下列哪一做法是正确的？
A. 裁定撤销赔偿5万元的判决
B. 判决撤销赔偿5万元的判决
C. 裁定不予受理
D. 判决驳回诉讼请求

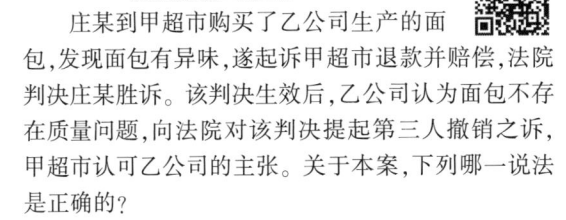

255. 2022 回忆/单
庄某到甲超市购买了乙公司生产的面包，发现面包有异味，遂起诉甲超市退款并赔偿，法院判决庄某胜诉。该判决生效后，乙公司认为面包不存在质量问题，向法院对该判决提起第三人撤销之诉，甲超市认可乙公司的主张。关于本案，下列哪一说法是正确的？
A. 甲超市应作为第三人撤销之诉的共同原告
B. 甲超市应作为第三人撤销之诉的被告
C. 甲超市应作为第三人撤销之诉的第三人
D. 法院应裁定驳回乙公司的起诉

256. 2021 回忆/任
庞某是甲公司的股东，持股比例为51%。乙公司起诉甲公司主张对某块土地的使用权，法院判决乙公司胜诉。判决生效后，乙公司申请强制执行。庞某提出第三人撤销之诉，主张拥有该块土地使用权。经查，甲公司在判决生效前已经以市场价格将该土地使用权转让给庞某，庞某已经支付价款，并完成了土地使用权转让登记。下列关于本案的表述正确的是：
A. 本案判决未侵犯庞某合法权益，庞某不能提出第三人撤销之诉
B. 如果庞某因自身原因没有参加原审，则不能提起第三人撤销之诉
C. 乙公司可以另行起诉请求撤销甲公司与庞某之间的土地使用权转让合同
D. 乙公司可以申请法院执行该判决

257. 2017/3/38/单
丙公司因法院对甲公司诉乙公司工程施工合同案的一审判决（未提起上诉）损害其合法权益，向A市B县法院提起撤销诉讼。案件审理中，检察院提起抗诉，A市中级法院对该案进行再审，B县法院裁定将撤销诉讼并入再审程序。关于中级法院对丙公司提出的撤销诉讼请求的处理，下列哪一表述是正确的？
A. 将丙公司提出的诉讼请求一并审理，作出判决
B. 根据自愿原则进行调解，调解不成的，告知丙公司另行起诉
C. 根据自愿原则进行调解，调解不成的，裁定撤销原判发回重审
D. 根据自愿原则进行调解，调解不成的，恢复第三人撤销诉讼程序

258. 2014/3/41/单
关于第三人撤销之诉，下列哪一说法是正确的？
A. 法院受理第三人撤销之诉后，应中止原裁判的执行
B. 第三人撤销之诉是确认原审裁判错误的确认之诉
C. 第三人撤销之诉由原审法院的上一级法院管辖，但当事人一方人数众多或者双方当事人为公民的案件，应由原审法院管辖
D. 第三人撤销之诉的客体包括生效的民事判决、裁定和调解书

专题十八 特别程序

考点48 特别程序

259. 2023 回忆/任
郭某下落不明满2年，其妻秦某申请

宣告失踪,法院指定秦某作为财产代管人。后秦某因财产处置与郭某之母白某发生纠纷,白某想自己担任财产代管人,而秦某想指定其已成年的儿子小张担任财产代管人。关于本案的处理,下列说法正确的是：

A. 秦某向法院请求变更财产代管人,适用特别程序审理
B. 白某请求变更财产代管人应以秦某为被告起诉,适用特别程序审理
C. 白某请求变更财产代管人应以秦某为被告起诉,适用普通程序审理
D. 白某请求变更财产代管人可以小张为被告起诉,适用普通程序审理

260． 2017/3/47/单

李某因债务人刘某下落不明申请宣告刘某失踪。法院经审理宣告刘某为失踪人,并指定刘妻为其财产代管人。判决生效后,刘父认为由刘妻代管财产会损害儿子的利益,要求变更刘某的财产代管人。关于本案程序,下列哪一说法是正确的？

A. 李某无权申请刘某失踪
B. 刘父应提起诉讼变更财产代管人,法院适用普通程序审理
C. 刘父应向法院申请变更刘妻的财产代管权,法院适用特别程序审理
D. 刘父应向法院申请再审变更财产代管权,法院适用再审程序审理

261． 2015年4月,居住在B市(直辖市)东城区的林剑与居住在B市西城区的钟阳(二人系位于B市北城区正和钢铁厂的同事)签订了一份借款合同,约定钟阳向林剑借款20万元,月息1%,2017年1月20日前连本带息一并返还。合同还约定,如因合同履行发生争议,可向B市东城区仲裁委员会仲裁。至2017年2月,钟阳未能按时履约。2017年3月,二人到正和钢铁厂人民调解委员会(下称调解委员会)请求调解。调解委员会委派了三位调解员主持该纠纷的调解。

请回答第(1)、(2)题。

(1) 2017/3/96/任

如调解成功,林剑与钟阳在调解委员会的主持下达成如下协议:2017年5月15日之前,钟阳向林剑返还借款20万元,支付借款利息2万元。该协议有林剑、钟阳的签字,盖有调解委员会的印章和三位调解员的签名。钟阳未按时履行该调解协议,林剑拟提起诉讼。在此情况下,下列说法正确的是：

A. 应以调解委员会为被告
B. 应以钟阳为被告
C. 应以调解委员会和钟阳为共同被告
D. 应以钟阳为被告,调解委员会为无独立请求权的第三人

(2) 2017/3/97/任

如调解成功,林剑与钟阳在调解委员会的主持下达成了调解协议,相关人员希望该调解协议被司法确认,下列说法正确的是：

A. 应由林剑或钟阳向有管辖权的法院申请
B. 应由林剑、钟阳共同向有管辖权的法院申请
C. 应在调解协议生效之日起30日内提出申请,申请可以是书面方式,也可以是口头方式
D. 对申请的案件有管辖权的法院包括：B市西城区法院、B市东城区法院和B市北城区法院

262． 2015/3/43/单

甲县法院受理居住在乙县的成某诉居住在甲县的罗某借款纠纷案。诉讼过程中,成某出差归途所乘航班失踪,经全力寻找仍无成某生存的任何信息,主管方宣布机上乘客不可能生还,成妻遂向乙县法院申请宣告成某死亡。对此,下列哪一说法是正确的？

A. 乙县法院应当将宣告死亡案移送至甲县法院审理
B. 借款纠纷案与宣告死亡案应当合并审理
C. 甲县法院应当裁定中止诉讼
D. 甲县法院应当裁定终结诉讼

263． 2015/3/45/单

李云将房屋出售给王亮,后因合同履行发生争议,经双方住所地人民调解委员会调解,双方达成调解协议,明确王亮付清房款后,房屋的所有权归属王亮。为确保调解协议的效力,双方约定向法院提出司法确认申请,李云随即长期出差在外。下列哪一说法是正确的？

A. 本案系不动产交易,应向房屋所在地法院提出司法确认申请
B. 李云长期出差在外,王亮向法院提出确认申请,法院可受理
C. 李云出差两个月后,双方向法院提出确认申请,法院可受理
D. 本案的调解协议内容涉及物权确权,法院不予受理

264． 2014/3/44/单

甲公司与银行订立了标的额为8000万元的贷款合同,甲公司董事长美国人汤姆用自己位于W市的三套别墅为甲公司提供抵押担保。贷款到期后甲公司无力归还,银行向法院申请适用特别程序实现对别墅的抵押权。关于本案的分析,下列哪一选项是正确的？

A. 由于本案标的金额巨大,且具有涉外因素,银行应向W市中院提交书面申请

B. 本案的被申请人只应是债务人甲公司
C. 如果法院经过审查,作出拍卖裁定,可直接移交执行庭进行拍卖
D. 如果法院经过审查,驳回银行申请,银行可就该抵押权益向法院起诉

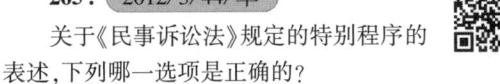

265． 2012/3/44/单
关于《民事诉讼法》规定的特别程序的表述,下列哪一选项是正确的?
A. 适用特别程序审理的案件都是非讼案件
B. 起诉人或申请人与案件都有直接的利害关系
C. 适用特别程序审理的案件都是一审终审
D. 陪审员通常不参加适用特别程序案件的审理

266． 2010/3/35/单
张某与李某产生邻里纠纷,张某将李某打伤。为解决赔偿问题,双方同意由人民调解委员会进行调解。经调解员黄某调解,双方达成赔偿协议。关于该纠纷的处理,下列哪一说法是正确的?
A. 张某如反悔不履行协议,李某可就协议向法院提起诉讼
B. 张某如反悔不履行协议,李某可向法院提起人身损害赔偿诉讼
C. 张某如反悔不履行协议,李某可向法院申请强制执行调解协议
D. 张某可以调解委员会未组成合议庭调解为由,向法院申请撤销调解协议

267． 2009/3/49/单
在基层人大代表换届选举中,村民刘某发现选举委员会公布的选民名单中遗漏了同村村民张某的名字,遂向选举委员会提出申诉。选举委员会认为,刘某不是本案的利害关系人无权提起申诉,故驳回了刘某的申诉,刘某不服诉至法院。下列哪一选项是错误的?
A. 张某、刘某和选举委员会的代表都必须参加诉讼
B. 法院应该驳回刘某的起诉,因刘某与案件没有直接利害关系
C. 选民资格案件关系到公民的重要政治权利,只能由审判员组成合议庭进行审理
D. 法院对选民资格案件做出的判决是终审判决,当事人不得对此提起上诉

专题十九 督促程序

考点49 督促程序

268． 2019回忆/多
甲公司欠乙公司货款,丙公司提供抵押担保。因到期甲公司未支付货款,乙公司向法院申请对甲公司发出支付令。支付令发出后,乙公司将丙公司起诉至法院,要求其履行担保责任。以下哪些选项是正确的?
A. 该支付令对甲公司有拘束力,对丙公司没有拘束力
B. 该支付令对甲公司和丙公司均有拘束力
C. 乙公司对丙公司提起诉讼,不影响支付令效力
D. 乙公司对丙公司提起诉讼,支付令失效

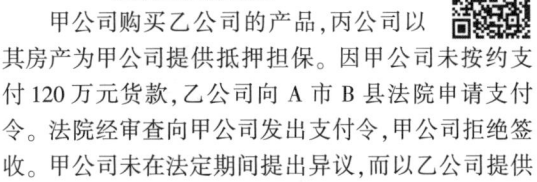

269． 2017/3/83/多
甲公司购买乙公司的产品,丙公司以其房产为甲公司提供抵押担保。因甲公司未按约支付120万元货款,乙公司向A市B县法院申请支付令。法院经审查向甲公司发出支付令,甲公司拒绝签收。甲公司未在法定期间提出异议,而以乙公司提供的产品有质量问题为由向A市C区法院提起诉讼。关于本案,下列哪些表述是正确的?
A. 甲公司拒绝签收支付令,法院可采取留置送达
B. 甲公司提起诉讼,法院应裁定中止督促程序
C. 乙公司可依支付令向法院申请执行甲公司的财产
D. 乙公司可依支付令向法院申请执行丙公司的担保财产

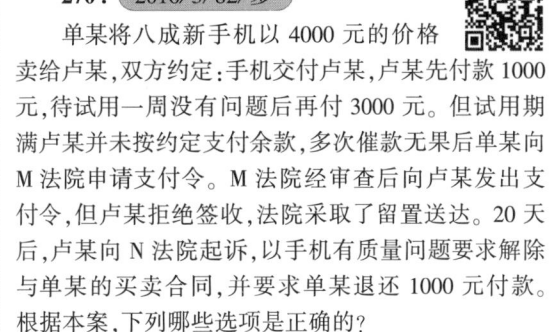

270． 2016/3/82/多
单某将八成新手机以4000元的价格卖给卢某,双方约定:手机交付卢某,卢某先付款1000元,待试用一周没有问题后再付3000元。但试用期满卢某并未按约定支付余款,多次催款无果后单某向M法院申请支付令。M法院经审查后向卢某发出支付令,但卢某拒绝签收,法院采取了留置送达。20天后,卢某向N法院起诉,以手机有质量问题要求解除与单某的买卖合同,并要求单某退还1000元付款。根据本案,下列哪些选项是正确的?
A. 卢某拒绝签收支付令,M法院采取留置送达是正确的
B. 单某可以依支付令向法院申请强制执行
C. 因卢某向N法院提起了诉讼,支付令当然失效
D. 因卢某向N法院提起了诉讼,M法院应当裁定终结督促程序

271． 2015/3/47/单
甲向乙借款20万元,丙是甲的担保人,现已到偿还期限,经多次催讨未果,乙向法院申请支付令。法院受理并审查后,向甲送达支付令。甲在法定期间未提出异议,但以借款不成立为由向另一法院提起诉讼。关于本案,下列哪一说法是正确的?

A. 甲向另一法院提起诉讼,视为对支付令提出异议
B. 甲向另一法院提起诉讼,法院应裁定终结督促程序
C. 甲在法定期间未提出书面异议,不影响支付令效力
D. 法院发出的支付令,对丙具有拘束力

272． 2014/3/46/单

黄某向法院申请支付令,督促陈某返还借款。送达支付令时,陈某拒绝签收,法官遂进行留置送达。12天后,陈某以已经归还借款为由向法院提起书面异议。黄某表示希望法院彻底解决自己与陈某的借款问题。下列哪一说法是正确的?
A. 支付令不能留置送达,法官的送达无效
B. 提出支付令异议的期间是10天,陈某的异议不发生效力
C. 陈某的异议并未否认二人之间存在借贷法律关系,因而不影响支付令的效力
D. 法院应将本案转为诉讼程序审理

273． 2013/3/84/多

胡某向法院申请支付令,督促彗星公司缴纳房租。彗星公司收到后立即提出书面异议称,根据租赁合同,彗星公司的装修款可以抵销租金,因而自己并不拖欠租金。对于法院收到该异议后的做法,下列哪些选项是正确的?
A. 对双方进行调解,促进纠纷的解决
B. 终结督促程序
C. 将案件转为诉讼程序审理,但彗星公司不同意的除外
D. 将案件转为诉讼程序审理,但胡某不同意的除外

274． 2011/3/85/多

甲公司因乙公司拖欠货款向A县法院申请支付令,经审查甲公司的申请符合法律规定,A县法院向乙公司发出支付令。乙公司收到支付令后在法定期间没有履行给付货款的义务,而是向A县法院提起诉讼,要求甲公司承担因其提供的产品存在质量问题的违约责任。关于本案,下列哪些选项是正确的?
A. 支付令失效
B. 甲公司可以持支付令申请强制执行
C. A县法院应当受理乙公司的起诉
D. A县法院不应受理乙公司的起诉

275． 2008/3/49/单

甲公司向乙公司购买了5万元的苹果,甲公司以乙公司提供的苹果不符合约定为由拒绝付款。为此,乙公司向法院申请支付令,要求甲公司支付货款。在支付令异议期间,甲公司既不提出异议又不履行义务,而是向另一法院提起诉讼,要求退货。下列说法中哪一项是正确的?
A. 甲公司的起诉行为使支付令失去效力
B. 甲公司的起诉行为不能阻止支付令的效力
C. 甲公司的起诉行为产生债务人异议的法律后果
D. 甲公司起诉后,受理支付令申请的法院应裁定终结督促程序

专题二十 公示催告程序

考点50 公示催告程序

276． 2022回忆/任

张某不慎遗失汇票一张,为防止利益受损,向该汇票支付地的基层法院申请公示催告。因公告期内无人申报权利,经张某申请,法院作出除权判决。关于本案除权判决的性质,下列表述正确的是:
A. 因申请人可凭判决要求支付票据上记载的金钱数额,可作为执行根据
B. 因不具有解决实质争议的效果,属于非诉程序的判决
C. 因具有推定票据权利归申请人所有的效果,属于确权判决
D. 因具有排除他人对票据享有权利的效果,属于形成判决

277． 2017/3/48/单

海昌公司因丢失票据申请公示催告,期间届满无人申报权利,海昌公司遂申请除权判决。在除权判决作出前,家佳公司看到权利申报公告,向法院申报权利。对此,法院下列哪一做法是正确的?
A. 因公示催告期满,裁定驳回家佳公司的权利申报
B. 裁定追加家佳公司参加案件的除权判决审理程序
C. 应裁定终结公示催告程序
D. 作出除权判决,告知家佳公司另行起诉

278． 2016/3/83/多

大界公司就其遗失的一张汇票向法院申请公示催告,法院经审查受理案件并发布公告。在公告期间,盘堂公司持被公示催告的汇票向法院申报权利。对于盘堂公司的权利申报,法院实施的下列哪些行为是正确的?

A. 应当通知大界公司到法院查看盘堂公司提交的汇票
B. 若盘堂公司出具的汇票与大界公司申请公示的汇票一致，则应当开庭审理
C. 若盘堂公司出具的汇票与大界公司申请公示的汇票不一致，则应当驳回盘堂公司的申请
D. 应当责令盘堂公司提供证明其对出示的汇票享有所有权的证据

279． 2015/3/85/多

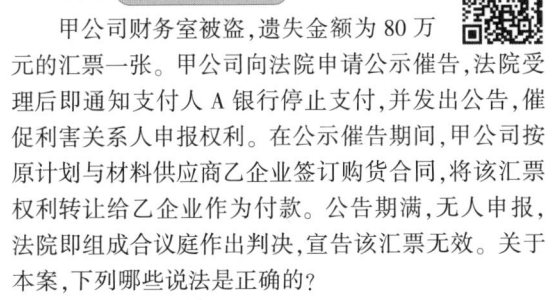

甲公司财务室被盗，遗失金额为80万元的汇票一张。甲公司向法院申请公示催告，法院受理后即通知支付人A银行停止支付，并发出公告，催促利害关系人申报权利。在公示催告期间，甲公司按原计划与材料供应商乙企业签订购货合同，将该汇票权利转让给乙企业作为付款。公告期满，无人申报，法院即组成合议庭作出判决，宣告该汇票无效。关于本案，下列哪些说法是正确的？
A. A银行应当停止支付，直至公示催告程序终结
B. 甲公司将该汇票权利转让给乙企业的行为有效
C. 甲公司若未提出申请，法院可以作出宣告该汇票无效的判决
D. 法院若判决宣告汇票无效，应当组成合议庭

280． 2012/3/46/单

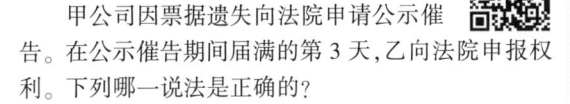

甲公司因票据遗失向法院申请公示催告。在公示催告期间届满的第3天，乙向法院申报权利。下列哪一说法是正确的？
A. 因公示催告期间已经届满，法院应当驳回乙的权利申报
B. 法院应当开庭，就失票的权属进行调查，组织当事人进行辩论
C. 法院应当对乙的申报进行形式审查，并通知甲到场查验票据
D. 法院应当审查乙迟延申报权利是否具有正当事由，并分别情况作出处理

281． 2009/3/89/任

甲公司因遗失汇票，向A市B区法院申请公示催告。在公示催告期间，乙公司向B区法院申报权利。关于本案，下列哪些说法是正确的？
A. 对乙公司的申报，法院只就申报的汇票与甲公司申请公示催告的汇票是否一致进行形式审查，不进行权利归属的实质审查
B. 乙公司申报权利时，法院应当组织双方当事人进行法庭调查与辩论
C. 乙公司申报权利时，法院应当组成合议庭审理
D. 乙公司申报权利成立时，法院应当裁定终结公示催告程序

专题二十一　执行程序

考点51　执行程序

282． 2023回忆/单

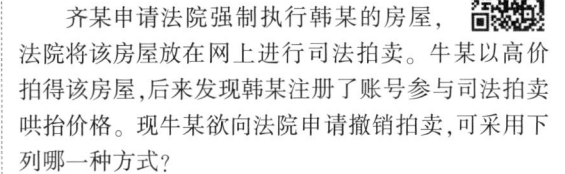

齐某申请法院强制执行韩某的房屋，法院将该房屋放在网上进行司法拍卖。牛某以高价拍得该房屋，后来发现韩某注册了账号参与司法拍卖哄抬价格。现牛某欲向法院申请撤销拍卖，可采用下列哪一种方式？
A. 向房屋所在地法院起诉韩某
B. 向韩某住所地法院起诉韩某
C. 向执行法院申请执行标的异议
D. 向执行法院申请执行行为异议

283． 2022回忆/多

张三向李四出借一个价值5万元的古董瓷盘，约定10日后归还。但几个月后李四仍未返还，张三将其诉至法院，法院判决李四向张三返还瓷盘。张三申请强制执行，经查实该瓷盘已被李四失手打碎，双方达成执行和解协议，约定李四将其所有的另一个瓷盘交付张三。法院裁定中止执行，之后李四认为自己的瓷盘更值钱，于是反悔拒绝交付。关于本案的处理，下列哪些说法是正确的？
A. 张三可起诉要求李四履行和解协议
B. 张三可申请法院执行和解协议
C. 张三可申请法院恢复执行原判决
D. 法院可执行李四5万元的其他财产

284． 2017/3/41/单

易某依法对王某支付其5万元损害赔偿金之判决申请执行。执行中，法院扣押了王某的某项财产。案外人谢某提出异议，称该财产是其借与王某使用的，该财产为自己所有。法院经审查，认为谢某异议理由成立，遂裁定中止对该财产的执行。关于本案的表述，下列哪一选项是正确的？
A. 易某不服该裁定提起异议之诉的，由易某承担对谢某不享有该财产所有权的证明责任
B. 易某不服该裁定提起异议之诉的，由谢某承担对其享有该财产所有权的证明责任
C. 王某不服该裁定提起异议之诉的，由王某承担对谢某不享有该财产所有权的证明责任
D. 王某不服该裁定提起异议之诉的，由王某承担对其享有该财产所有权的证明责任

285． 2017/3/49/单

钱某在甲、乙、丙三人合伙开设的饭店就餐时被砸伤，遂以营业执照上登记的字号"好安逸"饭店为被告提起诉讼，要求赔偿医疗费等费用25万

元。法院经审理,判决被告赔偿钱某19万元。执行过程中,"好安逸"饭店支付了8万元后便再无财产可赔。对此,法院应采取下列哪一处理措施?
A. 裁定终结执行
B. 裁定终结本次执行
C. 裁定中止执行,告知当事人另行起诉合伙人承担责任
D. 裁定追加甲、乙、丙为被执行人,执行其财产

286． 2017/3/77/多
汤某设宴为母祝寿,向成某借了一尊清代玉瓶装饰房间。毛某来祝寿时,看上了玉瓶,提出购买。汤某以30万元将玉瓶卖给了毛某,并要其先付钱,寿典后15日内交付玉瓶。毛某依约履行,汤某以种种理由拒绝交付。毛某诉至甲县法院,要求汤某交付玉瓶,得到判决支持。汤某未上诉,判决生效。在该判决执行时,成某知晓了上述情况。对此,成某依法可采取哪些救济措施?
A. 以案外人身份向甲县法院直接申请再审
B. 向甲县法院提出执行异议
C. 向甲县法院提出第三人撤销之诉
D. 向甲县法院申诉,要求甲县法院依职权对案件启动再审

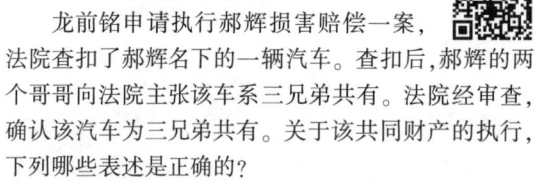

287． 2017/3/84/多
龙前铭申请执行郝辉损害赔偿一案,法院查扣了郝辉名下的一辆汽车。查扣后,郝辉的两个哥哥向法院主张该车系三兄弟共有。法院经审查,确认该汽车为三兄弟共有。关于该共同财产的执行,下列哪些表述是正确的?
A. 因涉及案外第三人的财产,法院应裁定中止对该财产的执行
B. 法院可查扣该共有财产
C. 共有人可对该共有财产协议分割,经债权人同意有效
D. 龙前铭可对该共有财产提起析产诉讼

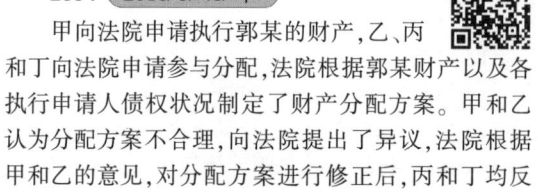

288． 2016/3/48/单
甲向法院申请执行郭某的财产,乙、丙和丁向法院申请参与分配,法院根据郭某财产以及各执行申请人债权状况制定了财产分配方案。甲和乙认为分配方案不合理,向法院提出了异议,法院根据甲和乙的意见,对分配方案进行修正后,丙和丁均反对。关于本案,下列哪一表述是正确的?
A. 丙、丁应向执行法院的上一级法院申请复议
B. 甲、乙应向执行法院的上一级法院申请复议
C. 丙、丁应以甲和乙为被告向执行法院提起诉讼
D. 甲、乙应以丙和丁为被告向执行法院提起诉讼

289． 2016/3/49/单
何某依法院生效判决向法院申请执行甲的财产,在执行过程中,甲突发疾病猝死。法院询问甲的继承人是否继承遗产,甲的继承人乙表示继承,其他继承人均表示放弃继承。关于该案执行程序,下列哪一选项是正确的?
A. 应裁定延期执行
B. 应直接执行被执行人甲的遗产
C. 应裁定变更乙为被执行人
D. 应裁定变更甲的全部继承人为被执行人

290． 2016/3/84/多
田某拒不履行法院令其迁出钟某房屋的判决,因钟某已与他人签订租房合同,房屋无法交给承租人,使钟某遭受损失,钟某无奈之下向法院申请强制执行。法院受理后,责令田某15日内迁出房屋,但田某仍拒不履行。关于法院对田某可以采取的强制执行措施,下列哪些选项是正确的?
A. 罚款
B. 责令田某向钟某赔礼道歉
C. 责令田某双倍补偿钟某所受到的损失
D. 责令田某加倍支付以钟某所受损失为基数的同期银行利息

291． 2015/3/49/多
甲乙双方合同纠纷,经仲裁裁决,乙须偿付甲货款100万元,利息5万元,分5期偿还。乙未履行该裁决。甲据此向法院申请执行,在执行过程中,双方达成和解协议,约定乙一次性支付货款100万元,甲放弃利息5万元并撤回执行申请。和解协议生效后,乙反悔,未履行和解协议。关于本案,下列哪些说法是正确的?①
A. 对甲撤回执行的申请,法院裁定中止执行
B. 甲可向法院申请执行和解协议
C. 甲可以乙违反和解协议为由提起诉讼
D. 甲可向法院申请执行原仲裁裁决,法院恢复执行

292． 张山承租林海的商铺经营饭店,因拖欠房租被诉至饭店所在地甲法院,法院判决张山偿付林海房租及利息,张山未履行判决。经律师调查发现,张山除所居住房以外,其名下另有一套房屋,林海遂向该房屋所在地乙法院申请执行。乙法院对该套房屋进行查封拍卖。执行过程中,张山前妻宁虹向乙法院提出书面异议,称两人离婚后该房屋已由丙法院判决归其所有,目前尚未办理房屋变更登记手续。

请回答第(1)~(3)题。

① 原为单选题,根据新法答案有变化,调整为多选题。

(1) 2015/3/98/任

对于宁虹的异议,乙法院的正确处理是:
A. 应当自收到异议之日起15日内审查
B. 若异议理由成立,裁定撤销对该房屋的执行
C. 若异议理由不成立,裁定驳回
D. 应当告知宁虹直接另案起诉

(2) 2015/3/99/任

如乙法院裁定支持宁虹的请求,林海不服提出执行异议之诉,有关当事人的诉讼地位是:
A. 林海是原告,张山是被告,宁虹是第三人
B. 林海和张山是共同原告,宁虹是被告
C. 林海是原告,张山和宁虹是共同被告
D. 林海是原告,宁虹是被告,张山视其态度而定

(3) 2015/3/100/任

乙法院裁定支持宁虹的请求,林海提出执行异议之诉,下列说法可成立的是:
A. 林海可向甲法院提起执行异议之诉
B. 如乙法院审理该案,应适用普通程序
C. 宁虹应对自己享有涉案房屋所有权承担证明责任
D. 如林海未对执行异议裁定提出诉讼,张山可以提出执行异议之诉

293． 2014/3/49/单

对于甲和乙的借款纠纷,法院判决乙应归还甲借款。进入执行程序后,由于乙无现金,法院扣押了乙住所处的一架钢琴准备拍卖。乙提出钢琴是其父亲的遗物,申请用一台价值与钢琴相当的相机替换钢琴。法院认为相机不足以抵偿乙的债务,未予同意。乙认为扣押行为错误,提出异议。法院经过审查,驳回该异议。关于乙的救济渠道,下列哪一表述是正确的?
A. 向执行法院申请复议
B. 向执行法院的上一级法院申请复议
C. 向执行法院提起异议之诉
D. 向原审法院申请再审

294． 2014/3/85/单

甲诉乙返还10万元借款。胜诉后进入执行程序,乙表示自己没有现金,只有一枚祖传玉石可抵债。法院经过调解,说服甲接受玉石抵债,双方达成和解协议并当即交付了玉石。后甲发现此玉石为赝品,价值不足千元,遂申请法院恢复执行。关于执行和解,下列哪一项说法是正确的?①
A. 法院不应在执行中劝说甲接受玉石抵债
B. 由于和解协议已经即时履行,法院无须再将和解协议记入笔录
C. 由于和解协议已经即时履行,法院可裁定执

行中止
D. 法院应恢复执行

295． 兴源公司与郭某签订钢材买卖合同,并书面约定本合同一切争议由中国国际经济贸易仲裁委员会仲裁。兴源公司支付100万元预付款后,因郭某未履约依法解除了合同。郭某一直未将预付款返还,兴源公司遂提出返还货款的仲裁请求,仲裁庭适用简易程序审理,并作出裁决,支持该请求。

由于郭某拒不履行裁决,兴源公司申请执行。郭某无力归还100万元现金,但可以收藏的多幅字画提供执行担保。担保期满后郭某仍无力还款,法院在准备执行该批字画时,朱某向法院提出异议,主张自己才是这些字画的所有权人,郭某只是代为保管。

请回答第(1)~(3)题。

(1) 2013/3/98/任

针对本案中郭某拒不履行债务的行为,法院采取的正确的执行措施是:
A. 依职权决定限制郭某乘坐飞机
B. 要求郭某报告当前的财产情况
C. 强制郭某加倍支付迟延履行期间的债务利息
D. 根据郭某的申请,对拖欠郭某货款的金康公司发出履行通知

(2) 2013/3/99/任

如果法院批准了郭某的执行担保申请,驳回了朱某的异议,关于执行担保的效力和救济,下列选项正确的是:
A. 批准执行担保后,应当裁定终结执行
B. 担保期满后郭某仍无力偿债,法院根据兴源公司申请方可恢复执行
C. 恢复执行后,可以执行作为担保财产的字画
D. 恢复执行后,既可以执行字画,也可以执行郭某的其他财产

(3) 2013/3/100/任

关于朱某的异议和处理,下列选项正确的是:
A. 朱某应当以书面方式提出异议
B. 法院在审查异议期间,不停止执行活动,可以对字画采取保全措施和处分措施
C. 如果朱某对驳回异议的裁定不服,可以提出执行标的异议之诉
D. 如果朱某对驳回异议的裁定不服,可以申请再审

296． 2011/3/46/单

执行程序的参与分配制度对适用条件

---
① 原为多选题,根据新法答案有变化,调整为单选题。

作了规定。下列哪一选项不属于参与分配适用的条件?
A. 被执行人的财产无法清偿所有的债权
B. 被执行人为法人或其他组织而非自然人
C. 有多个申请人对同一被申请人享有债权
D. 参与分配的债权只限于金钱债权

297. 2011/3/47/单
关于执行行为异议与案外人对诉讼标的的异议的比较,下列哪一选项是错误的?
A. 异议都是在执行过程中提出
B. 异议都应当向执行法院提出
C. 申请异议当事人有部分相同
D. 申请异议人对法院针对异议所作裁定不服,可采取的救济手段相同

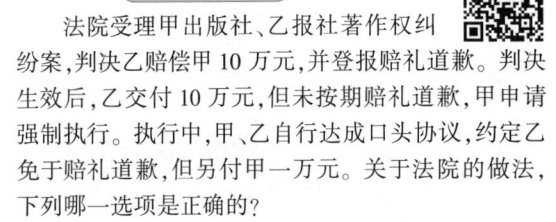

298. 2010/3/45/单
法院受理甲出版社、乙报社著作权纠纷案,判决乙赔偿甲 10 万元,并登报赔礼道歉。判决生效后,乙交付 10 万元,但未按期赔礼道歉,甲申请强制执行。执行中,甲、乙自行达成口头协议,约定乙免于赔礼道歉,但另付甲一万元。关于法院的做法,下列哪一选项是正确的?
A. 不允许,因协议内容超出判决范围,应当继续执行生效判决
B. 允许,法院视为申请人撤销执行申请
C. 允许,将当事人协议内容记入笔录,由甲、乙签字或盖章
D. 允许,根据当事人协议内容制作调解书

299. 2010/3/49/单
甲公司申请强制执行乙公司的财产,法院将乙公司的一处房产列为执行标的。执行中,丙银行向法院主张,乙公司已将该房产抵押贷款,并以自己享有抵押权为由提出异议。乙公司否认将房产抵押给丙银行。经审查,法院驳回丙银行的异议。丙银行拟向法院起诉,关于本案被告的确定,下列哪一选项是正确的?
A. 丙银行只能以乙公司为被告起诉
B. 丙银行只能以甲公司为被告起诉
C. 丙银行可选甲公司为被告起诉,也可选乙公司为被告起诉
D. 丙银行应当以甲公司和乙公司为共同被告起诉

300. 2010/3/90/任
根据《民事诉讼法》和相关司法解释规定,关于执行程序中的当事人,对下列哪些事项可享有异议权?
A. 法院对某案件的执行管辖权

B. 执行法院的执行行为的合法性
C. 执行标的的所有权归属
D. 执行法院作出的执行中止的裁定

301. 2009/3/50/单
在民事执行中,被执行人朱某申请暂缓执行,提出由吴某以自有房屋为其提供担保,申请执行人刘某同意。法院作出暂缓执行裁定,期限为六个月。对于暂缓执行期限届满后朱某仍不履行义务的情形,下列哪一选项是正确的?
A. 刘某应起诉吴某,取得执行依据可申请执行吴某的担保房产
B. 朱某财产不能清偿全部债务时刘某方能起诉吴某,取得执行依据可申请执行吴某的担保房产
C. 朱某财产不能清偿刘某债权时法院方能执行吴某的担保房产
D. 法院可以直接裁定执行吴某的担保房产

302. 2009/3/86/任
关于民事审判程序与民事执行程序的关系,下列哪些说法是错误的?
A. 民事审判程序是确认民事权利义务的程序,民事执行程序是实现民事权利义务关系的程序
B. 法院对案件裁定进行再审时,应当裁定终结执行
C. 民事审判程序是民事执行程序的前提
D. 民事执行程序是民事审判程序的继续

303. 2008/3/89/任
执行法院对下列哪些财产不得采取执行措施?
A. 被执行人未发表的著作
B. 被执行人及其所扶养家属完成义务教育所必需的物品
C. 金融机构交存在中国人民银行的存款准备金和备付金
D. 金融机构的营业场所

专题二十二 涉外民事诉讼程序

考点52 涉外民事诉讼程序

304. 2014/3/84/多
2012 年 1 月,中国甲市公民李虹(女)与美国留学生琼斯(男)在中国甲市登记结婚,婚后两人一直居住在甲市 B 区。2014 年 2 月,李虹提起离婚诉讼,甲市 B 区法院受理了该案件,适用普通程序审理。关于本案,下列哪些表述是正确的?
A. 本案的一审审理期限为 6 个月

B. 法院送达诉讼文书时,对李虹与琼斯可采取同样的方式
C. 不服一审判决,李虹的上诉期为15天,琼斯的上诉期为30天
D. 美国驻华使馆法律参赞可以个人名义作为琼斯的诉讼代理人参加诉讼

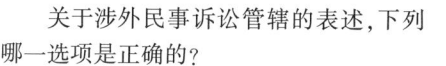

305． 2013/3/47/单
关于涉外民事诉讼管辖的表述,下列哪一选项是正确的?
A. 凡是涉外诉讼与我国法院所在地存在一定实际联系的,我国法院都有管辖权,体现了诉讼与法院所在地实际联系原则
B. 当事人在不违反级别管辖和专属管辖的前提下,可以约定各类涉外民事案件的管辖法院,体现了尊重当事人原则
C. 中外合资经营企业与其他民事主体的合同纠纷,专属我国法院管辖,体现了维护国家主权原则
D. 重大的涉外案件由中级以上级别的法院管辖,体现了便于当事人诉讼原则

306． 2010/3/85/多
住所位于我国A市B区的甲公司与美国乙公司在我国M市N区签订了一份买卖合同,美国乙公司在我国C市D区设有代表处。甲公司因乙公司提供的产品质量问题诉至法院。关于本案,下列哪些选项是正确的?
A. M市N区法院对本案有管辖权
B. C市D区法院对本案有管辖权
C. 法院向乙公司送达时,可向乙公司设在C市D区的代表处送达
D. 如甲公司不服一审判决,应当在一审判决书送达之日起十五日内提起上诉

307． 2009/3/90/任
中国公民甲与外国公民乙因合同纠纷诉至某市中级法院,法院判决乙败诉。判决生效后,甲欲请求乙所在国家的法院承认和执行该判决。关于甲可以利用的途径,下列哪些说法是正确的?
A. 可以直接向有管辖权的外国法院申请承认和执行
B. 可以向中国法院申请,由法院根据我国缔结或者参加的国际条约,或者按照互惠原则,请求外国法院承认和执行
C. 可以向司法行政部门申请,由司法行政部门根据我国缔结或者参加的国际条约,或者按照互惠原则,请求外国法院承认和执行
D. 可以向外交部门申请,由外交部门向外国中央司法机关请求协助

308． 2008/3/50/多
关于涉外民事诉讼及仲裁中相关问题的说法,下列哪些选项是错误的?①
A. 涉外民事诉讼的财产保全,只能依申请开始,法院不能依职权进行
B. 涉外财产保全中的诉前财产保全,法院可以责令申请人提供担保
C. 涉外仲裁裁决在外国的承认与执行,只能由当事人向有关外国法院申请
D. 涉外民事判决的承认与执行,既可以由当事人向有管辖权的外国法院申请,也可以由人民法院请求外国法院承认与执行

309． 2008/3/81/多
根据《民事诉讼法》的规定,我国法院与外国法院可以进行司法协助,互相委托,代为一定的诉讼行为。但是在下列哪些情况下,我国法院应予以驳回或说明理由退回外国法院?
A. 委托事项同我国的主权、安全不相容的
B. 不属于我国法院职权范围的
C. 违反我国法律的基本准则或者我国国家利益、社会利益的
D. 外国法院委托我国法院代为送达法律文书,未附中文译本的

专题二十三　仲裁与仲裁法概述

考点53 仲裁与仲裁法概述

310． 2020 回忆/任
洪县的李某和成县的辛某因买卖合同发生纠纷,双方约定由成县仲裁委仲裁解决该买卖合同纠纷。后李某向成县法院起诉,法院受理了该案件。首次开庭前,辛某主张双方存在仲裁协议,李某当庭将辛某打伤。双方当事人就医药费赔偿问题达成仲裁协议,由C仲裁委或者D仲裁委仲裁。辛某向C仲裁委申请仲裁,首次开庭,双方当事人对仲裁协议没有异议。在仲裁委的调解下,双方当事人达成调解协议,仲裁委依据调解协议制作了调解书。关于本案,说法正确的是:
A. 当事人可以仲裁协议无效为由申请撤销仲裁调解书
B. 当事人约定由C仲裁委或D仲裁委仲裁的仲裁协议并非当然无效
C. C仲裁委受理案件是错误的

① 原为单选题,根据新法答案有变化,调整为多选题。

D. 成县法院应裁定驳回起诉

311. 2012/3/85/多

关于法院与仲裁庭在审理案件有关权限的比较,下列哪些选项是正确的?

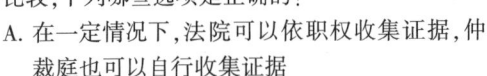

A. 在一定情况下,法院可以依职权收集证据,仲裁庭也可以自行收集证据
B. 对专门性问题需要鉴定的,法院可以指定鉴定部门鉴定,仲裁庭也可以指定鉴定部门鉴定
C. 当事人在诉讼中或仲裁中达成和解协议的,法院可以根据当事人的申请制作判决书,仲裁庭也可以根据当事人的申请制作裁决书
D. 当事人协议不愿写明争议事实和判(裁)决理由的,法院可以在判决书中不予写明,仲裁庭也可以在裁决书中不予写明

312. 2011/3/36/单

关于民事仲裁与民事诉讼的区别,下列哪一选项是正确的?

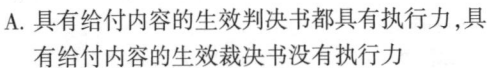

A. 具有给付内容的生效判决书都具有执行力,具有给付内容的生效裁决书没有执行力
B. 诉讼中当事人可以申请财产保全,在仲裁中不可以申请财产保全
C. 仲裁不需对案件进行开庭审理,诉讼原则上要对案件进行开庭审理
D. 仲裁机构是民间组织,法院是国家机关

专题二十四 仲裁协议

考点54 仲裁协议

313. 2022回忆/多

A市甲公司与B市乙公司签订建设工程施工合同,合同约定,合同履行发生纠纷可向A市的A仲裁委员会或B市的B仲裁委员会申请仲裁。合同发生纠纷后,甲公司向仲裁委员会申请仲裁,乙公司请求确认仲裁协议无效。关于本案,下列哪些说法是正确的?

A. 甲公司可向A仲裁委员会申请仲裁
B. 甲公司可向B仲裁委员会申请仲裁
C. 乙公司可向A仲裁委员会申请确认仲裁协议效力
D. 乙公司可向B市中级人民法院申请确认仲裁协议效力

314. 2017/3/35/单

住所在M省甲县的旭日公司与住所在N省乙县的世新公司签订了一份建筑工程施工合同,工程地为M省丙县,并约定如合同履行发生争议,在北京适用《中国国际经济贸易仲裁委员会仲裁规则》进行仲裁。履行过程中,因工程款支付问题发生争议,世新公司拟通过仲裁或诉讼解决纠纷,但就在哪个仲裁机构进行仲裁,双方产生分歧。对此,下列哪一部门对该案享有管辖权?

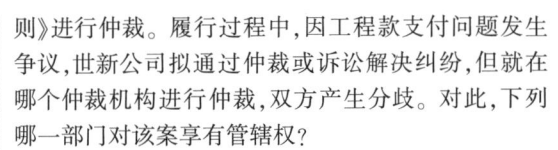

A. 北京仲裁委员会
B. 中国国际经济贸易仲裁委员会
C. M省甲县法院
D. M省丙县法院

315. 2017/3/50/单

住所在A市B区的两江公司与住所在M市N区的百向公司,在两江公司的分公司所在地H市J县签订了一份产品购销合同,并约定如发生合同纠纷可向设在W市的仲裁委员会申请仲裁(W市有两个仲裁委员会)。因履行合同发生争议,两江公司向W市的一个仲裁委员会申请仲裁。仲裁委员会受理后,百向公司拟向法院申请认定仲裁协议无效。百向公司应向下列哪一法院提出申请?

A. 可向W市中级法院申请
B. 只能向M市中级法院申请
C. 只能向A市中级法院申请
D. 可向H市中级法院申请

316. 2017/3/85/多

住所在北京市C区的甲公司与住所在北京市H区的乙公司在天津市J区签订了一份买卖合同,约定合同履行发生争议,由北京仲裁委员会仲裁或者向H区法院提起诉讼。合同履行过程中,双方发生争议,甲公司到北京仲裁委员会申请仲裁,仲裁委员会受理并向乙公司送达了甲公司的申请书副本。在仲裁庭主持首次开庭的答辩阶段,乙公司对仲裁协议的效力提出异议。仲裁庭对此作出了相关的意思表示。此后,乙公司又向法院提出对仲裁协议的效力予以认定的申请。下列哪些选项是正确的?

A. 双方当事人约定的仲裁协议原则有效
B. 仲裁庭对案件管辖权作出决定应有仲裁委员会的授权
C. 仲裁庭对乙公司的申请应予以驳回,继续审理案件
D. 乙公司应向天津市中级法院申请认定仲裁协议的效力

317. 2016/3/95/任

住所地在H省K市L区的甲公司与住所地在F省E市D区的乙公司签订了一份钢材买卖合同,价款数额为90万元。合同在B市C区签订,双方约定合同履行地为W省Z市Y区,同时约定如因合同履行发生争议,由B市仲裁委员会仲裁。合同履行过程中,因钢材质量问题,甲公司与乙公司发生

争议,甲公司欲申请仲裁解决。因B市有两个仲裁机构,分别为丙仲裁委员会和丁仲裁委员会(两个仲裁委员会所在地都在B市C区),乙公司认为合同中的仲裁条款无效,欲向有关机构申请确认仲裁条款无效。依据法律和司法解释的规定,乙公司可以向有关机构申请确认仲裁条款无效。关于确认的机构,下列选项正确的是:

A. 丙仲裁委员会
B. 丁仲裁委员会
C. B市中级法院
D. B市C区法院

318. 2016/3/98/任

甲市L区居民叶某购买了住所在乙市M区的大亿公司开发的位于丙市N区的商品房一套,合同中约定双方因履行合同发生争议可以向位于丙市的仲裁委员会(丙市仅有一家仲裁机构)申请仲裁。因大亿公司迟迟未按合同约定交付房屋,叶某向仲裁委员会申请仲裁。大亿公司以仲裁机构约定不明,向仲裁委员会申请确认仲裁协议无效。经审查,仲裁委员会作出了仲裁协议有效的决定。在第一次仲裁开庭时,大亿公司声称其又向丙市中级法院请求确认仲裁协议无效,申请仲裁庭中止案件审理。在仲裁过程中仲裁庭组织调解,双方达成了调解协议,仲裁庭根据协议内容制作了裁决书。后因大亿公司不按调解协议履行义务,叶某向法院申请强制执行,而大亿公司则以调解协议内容超出仲裁请求为由,向法院申请不予执行仲裁裁决。

大亿公司向丙市中级法院请求确认仲裁协议无效,对此,正确的做法是:

A. 丙市中级法院应予受理并进行审查
B. 丙市中级法院不予受理
C. 仲裁庭在法院就仲裁协议效力作出裁定之前,应当中止仲裁程序
D. 仲裁庭应继续开庭审理

319. 2015/3/50/单

大成公司与华泰公司签订投资合同,约定了仲裁条款:如因合同效力和合同履行发生争议,由A仲裁委员会仲裁。合作中双方发生争议,大成公司遂向A仲裁委员会提出仲裁申请,要求确认投资合同无效。A仲裁委员会受理。华泰公司提交答辩书称,如合同无效,仲裁条款当然无效,故A仲裁委员会无权受理本案。随即,华泰公司向法院申请确认仲裁协议无效,大成公司见状,向A仲裁委员会提出请求确认仲裁协议有效。关于本案,下列哪一说法是正确的?

A. A仲裁委员会无权确认投资合同是否有效
B. 投资合同无效,仲裁条款即无效

C. 仲裁条款是否有效,应由法院作出裁定
D. 仲裁条款是否有效,应由A仲裁委员会作出决定

320. 2014/3/98/任

B市的京发公司与T市的蓟门公司签订了一份海鲜买卖合同,约定交货地在T市,并同时约定"涉及本合同的争议,提交S仲裁委员会仲裁。"京发公司收货后,认为海鲜等级未达到合同约定,遂向S仲裁委员会提起解除合同的仲裁申请,仲裁委员会受理了该案。在仲裁规则确定的期限内,京发公司选定仲裁员李某作为本案仲裁庭的仲裁员,蓟门公司未选定仲裁员,双方当事人也未共同选定第三名仲裁员,S仲裁委主任指定张某为本案仲裁庭仲裁员、刘某为本案首席仲裁员,李某、张某、刘某共同组成本案的仲裁庭,仲裁委向双方当事人送达了开庭通知。

开庭当日,蓟门公司未到庭,也未向仲裁庭说明未到庭的理由。仲裁庭对案件进行了审理并作出缺席裁决。在评议裁决结果时,李某和张某均认为蓟门公司存在严重违约行为,合同应解除,而刘某认为合同不应解除,拒绝在裁决书上签名。最终,裁决书上只有李某和张某的签名。

S仲裁委员会将裁决书向双方当事人进行送达时,蓟门公司拒绝签收,后蓟门公司向法院提出撤销仲裁裁决的申请。关于本案中仲裁庭组成,下列说法正确的是:

A. 京发公司有权选定李某为本案仲裁员
B. 仲裁委主任有权指定张某为本案仲裁员
C. 仲裁委主任有权指定刘某为首席仲裁员
D. 本案仲裁庭的组成合法

321. 兴源公司与郭某签订钢材买卖合同,并书面约定本合同一切争议由中国国际经济贸易仲裁委员会仲裁。兴源公司支付100万元预付款后,因郭某未履约依法解除了合同。郭某一直未将预付款返还,兴源公司遂提出返还货款的仲裁请求,仲裁庭适用简易程序审理,并作出裁决,支持该请求。

由于郭某拒不履行裁决,兴源公司申请执行。郭某无力归还100万元现金,但可以收藏的多幅字画提供执行担保。担保期满后郭某仍无力还款,法院在准备执行该批字画时,朱某向法院提出异议,主张自己才是这些字画的所有权人,郭某只是代为保管。

请回答下列(1)(2)题。

(1) 2013/3/95/任

关于仲裁协议的表述,下列选项正确的是:

A. 买卖合同虽已解除,但仲裁条款具有独立性,兴源公司可以据此申请仲裁

B. 兴源公司返还货款的请求是基于不当得利请求权,与买卖合同无关,不应据此申请仲裁
C. 仲裁协议未约定适用简易程序,仲裁庭不应适用简易程序审理
D. 双方选择的中国国际经济贸易仲裁委员会是涉外仲裁机构,本案不具有涉外因素,应当重新选择

(2) 2013/3/97/任

假设在执行过程中,郭某向法院提出异议,认为本案并非合同纠纷,不属于仲裁协议约定的纠纷范围。法院对该异议正确的处理方式是:

A. 裁定执行中止
B. 经过审理,裁定不予执行仲裁裁决的,同时裁定终结执行
C. 经过审理,可以通知仲裁委员会重新仲裁
D. 不予支持该异议

322. 2012/3/48/单

武当公司与洪湖公司签订了一份钢材购销合同,同时约定,因合同效力或合同的履行发生纠纷提交 A 仲裁委员会或 B 仲裁委员会仲裁解决。合同签订后,洪湖公司以本公司具体承办人超越权限签订合同为由,主张合同无效。关于本案,下列哪一说法是正确的?

A. 因当事人约定了 2 个仲裁委员会,仲裁协议当然无效
B. 因洪湖公司承办人员超越权限签订合同导致合同无效,仲裁协议当然无效
C. 洪湖公司如向法院起诉,法院应当受理
D. 洪湖公司如向法院起诉,法院应当裁定不予受理

323. 2010/3/43/单

甲、乙因遗产继承发生纠纷,双方书面约定由某仲裁委员会仲裁。后甲反悔,向遗产所在地法院起诉。法院受理后,乙向法院声明双方签订了仲裁协议。关于法院的做法,下列哪一选项是正确的?

A. 裁定驳回起诉
B. 裁定驳回诉讼请求
C. 裁定将案件移送某仲裁委员会审理
D. 法院裁定仲裁协议无效,对案件继续审理

324. 2010/3/84/多

甲公司与乙公司签订了一份钢材购销合同,约定因该合同发生纠纷双方可向 A 仲裁委员会申请仲裁,也可向合同履行地 B 法院起诉。关于本案,下列哪些选项是正确的?

A. 双方达成的仲裁协议无效
B. 双方达成的管辖协议有效
C. 如甲公司向 A 仲裁委员会申请仲裁,乙公司在仲裁庭首次开庭前未提出异议,A 仲裁委员会可对该案进行仲裁
D. 如甲公司向 B 法院起诉,乙公司在法院首次开庭时对法院管辖提出异议,法院应当驳回甲公司的起诉

专题二十五 仲裁程序

考点55 仲裁的申请、受理与审理程序

325. 2016/3/50/单

甲公司与乙公司因合同纠纷向某仲裁委员会申请仲裁,第一次开庭后,甲公司的代理律师发现合议庭首席仲裁员苏某与乙公司的老总汪某在一起吃饭,遂向仲裁庭提出回避申请。关于本案仲裁程序,下列哪一选项是正确的?

A. 苏某的回避应由仲裁委员会集体决定
B. 苏某回避后,合议庭应重新组成
C. 已经进行的仲裁程序应继续进行
D. 当事人可请求已进行的仲裁程序重新进行

326. 2014/3/77/多

甲县的佳华公司与乙县的亿龙公司订立的烟叶买卖合同中约定,如果因为合同履行发生争议,应提交 A 仲裁委员会仲裁。佳华公司交货后,亿龙公司认为烟叶质量与约定不符,且正在霉变,遂准备提起仲裁,并对烟叶进行证据保全。关于本案的证据保全,下列哪些表述是正确的?

A. 在仲裁程序启动前,亿龙公司可直接向甲县法院申请证据保全
B. 在仲裁程序启动后,亿龙公司既可直接向甲县法院申请证据保全,也可向 A 仲裁委员会申请证据保全
C. 法院根据亿龙公司申请采取证据保全措施时,可要求其提供担保
D. A 仲裁委员会收到保全申请后,应提交给烟叶所在地的中级法院

327. 2012/3/49/单

某仲裁委员会在开庭审理甲公司与乙公司合同纠纷一案时,乙公司对仲裁庭中的一名仲裁员提出了回避申请。经审查后,该仲裁员依法应予回避,仲裁委员会重新确定了仲裁员。关于仲裁程序如何进行,下列哪一选项是正确的?

A. 已进行的仲裁程序应当重新进行
B. 已进行的仲裁程序有效,仲裁程序应当继续进行
C. 当事人请求已进行的仲裁程序重新进行的,仲裁程序应当重新进行

D. 已进行的仲裁程序是否重新进行,仲裁庭有权决定

328. 2010/3/44/单

关于法院对仲裁的司法监督的说法,下列哪一选项是错误的?

A. 仲裁当事人申请财产保全,应当向仲裁机构申请,由仲裁机构将该申请移交给相关法院
B. 仲裁当事人申请撤销仲裁裁决被法院驳回,此后以相同理由申请不予执行,法院不予支持
C. 仲裁当事人在仲裁程序中没有提出对仲裁协议效力的异议,此后以仲裁协议无效为由申请撤销或不予执行,法院不予支持
D. 申请撤销仲裁裁决或申请不予执行仲裁裁决程序中,法院可通知仲裁机构在一定期限内重新仲裁

329. 2008/3/88/任

民事诉讼与民商事仲裁都是解决民事纠纷的有效方式,但两者在制度上有所区别。下列哪些选项是正确的?

A. 民事诉讼可以解决各类民事纠纷,仲裁不适用与身份关系有关的民事纠纷
B. 民事诉讼实行两审终审,仲裁实行一裁终局
C. 民事诉讼判决书需要审理案件的全体审判人员签署,仲裁裁决则可由部分仲裁庭成员签署
D. 民事诉讼中财产保全由法院负责执行,而仲裁机构则不介入任何财产保全活动

考点56 仲裁调解、和解与裁决

330. 2021回忆/任

岳某与申某签订药材买卖合同,双方约定合同履行发生纠纷向某市仲裁委员会申请仲裁。后因申某供应的药材质量不合格,岳某就赔偿事宜向某市仲裁委员会申请仲裁。仲裁过程中,经仲裁庭调解,双方达成调解协议。关于仲裁调解,下列表述不正确的是:

A. 如申某不履行调解协议,岳某可以向仲裁机构所在地法院申请执行
B. 如调解达成协议后申某即时向岳某履行,仲裁庭无须制作调解书
C. 仲裁庭应根据调解协议制作仲裁裁决书
D. 仲裁庭应根据调解协议制作仲裁调解书

331. 2016/3/99/任

甲市L区居民叶某购买了住所在乙市M区的大亿公司开发的位于丙市N区的商品房一套,合同中约定双方因履行合同发生争议可以向位于丙市的仲裁委员会(丙市仅有一家仲裁机构)申请仲裁。因大亿公司迟迟未按合同约定交付房屋,叶某向仲裁委员会申请仲裁。大亿公司以仲裁机构约定不明,向仲裁委员会申请确认仲裁协议无效。经审查,仲裁委员会作出了仲裁协议有效的决定。在第一次仲裁开庭时,大亿公司声称其又向丙市中级法院请求确认仲裁协议无效,申请仲裁庭中止案件审理。在仲裁过程中仲裁庭组织调解,双方达成了调解协议,仲裁庭根据协议内容制作了裁决书。后因大亿公司不按调解协议履行义务,叶某向法院申请强制执行,而大亿公司则以调解协议内容超出仲裁请求为由,向法院申请不予执行仲裁裁决。

双方当事人在仲裁过程中达成调解协议,仲裁庭正确的结案方式是:

A. 根据调解协议制作调解书
B. 应当依据调解协议制作裁决书
C. 将调解协议内容记入笔录,由双方当事人签字后即发生法律效力
D. 根据调解协议的结果制作裁决书

332. 2014/3/99/任

B市的京发公司与T市的蓟门公司签订了一份海鲜买卖合同,约定交货地在T市,并同时约定"涉及本合同的争议,提交S仲裁委员会仲裁。"京发公司收货后,认为海鲜等级未达到合同约定,遂向S仲裁委员会提起解除合同的仲裁申请,仲裁委员会受理了该案。在仲裁规则确定的期限内,京发公司选定仲裁员李某作为本案仲裁庭的仲裁员,蓟门公司未选定仲裁员,双方当事人也未共同选定第三名仲裁员,S仲裁委主任指定张某为本案仲裁庭仲裁员、刘某为本案首席仲裁员,李某、张某、刘某共同组成本案的仲裁庭,仲裁委向双方当事人送达了开庭通知。

开庭当日,蓟门公司未到庭,也未向仲裁庭说明未到庭的理由。仲裁庭对案件进行了审理并作出缺席裁决。在评议裁决结果时,李某和张某均认为蓟门公司存在严重违约行为,合同应解除,而刘某认为合同不应解除,拒绝在裁决书上签名。最终,裁决书上只有李某和张某的签名。

S仲裁委员会将裁决书向双方当事人进行送达时,蓟门公司拒绝签收,后蓟门公司向法院提出撤销仲裁裁决的申请。关于本案的裁决书,下列表述正确的是:

A. 裁决书应根据仲裁庭中的多数意见,支持京发公司的请求
B. 裁决书应根据首席仲裁员的意见,驳回京发公司的请求
C. 裁决书可支持京发公司的请求,但必须有首席仲裁员的签名
D. 无论蓟门公司是否签收,裁决书自作出之日起生效

333. 2011/3/50/单

根据《仲裁法》,仲裁庭作出的裁决书生效后,在下列哪一情形下仲裁庭不可进行补正?

A. 裁决书认定的事实错误
B. 裁决书中的文字错误
C. 裁决书中的计算错误
D. 裁决书遗漏了仲裁评议中记录的仲裁庭已经裁决的事项

334. 2010/3/81/多

关于仲裁调解,下列哪些表述是正确的?

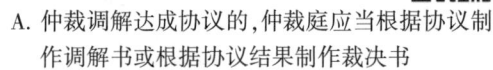

A. 仲裁调解达成协议的,仲裁庭应当根据协议制作调解书或根据协议结果制作裁决书
B. 对于事实清楚的案件,仲裁庭可依职权进行调解
C. 仲裁调解达成协议的,经当事人、仲裁员在协议上签字后即发生效力
D. 仲裁庭在作出裁决前可先行调解

335. 2008/3/39/单

南沙公司与北极公司因购销合同发生争议,南沙公司向仲裁委员会申请仲裁,在仲裁中双方达成和解协议,南沙公司向仲裁庭申请撤回仲裁申请。之后,北极公司拒不履行和解协议。下列哪一选项是正确的?

A. 南沙公司可以根据原仲裁协议申请仲裁
B. 南沙公司应与北极公司重新达成仲裁协议后,才可以申请仲裁
C. 南沙公司可以直接向法院起诉
D. 仲裁庭可以裁定恢复仲裁程序

专题二十六 申请撤销仲裁裁决

考点57 申请撤销仲裁裁决

336. 2014/3/100/任

B 市的京发公司与 T 市的蓟门公司签订了一份海鲜买卖合同,约定交货地在 T 市,并同时约定"涉及本合同的争议,提交 S 仲裁委员会仲裁。"京发公司收货后,认为海鲜等级未达到合同约定,遂向 S 仲裁委员会提起解除合同的仲裁申请,仲裁委员会受理了该案。在仲裁规则确定的期限内,京发公司选定仲裁员李某作为本案仲裁庭的仲裁员,蓟门公司未选定仲裁员,双方当事人也未共同选定第三名仲裁员,S 仲裁委主任指定张某为本案仲裁庭仲裁员、刘某为本案首席仲裁员,李某、张某、刘某共同组成本案的仲裁庭,仲裁委向双方当事人送达了开庭通知。

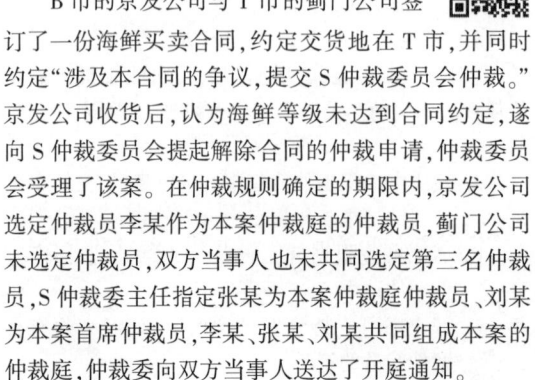

开庭当日,蓟门公司未到庭,也未向仲裁庭说明未到庭的理由。仲裁庭对案件进行了审理并作出缺席裁决。在评议裁决结果时,李某和张某均认为蓟门公司存在严重违约行为,合同应解除,而刘某认为合同不应解除,拒绝在裁决书上签名。最终,裁决书上只有李某和张某的签名。

S 仲裁委员会将裁决书向双方当事人进行送达时,蓟门公司拒绝签收,后蓟门公司向法院提出撤销仲裁裁决的申请。

关于蓟门公司撤销仲裁裁决的申请,下列表述正确的是:

A. 蓟门公司应向 S 仲裁委所在地中院提出申请
B. 法院应适用普通程序审理该撤销申请
C. 法院可以适用法律错误为由撤销 S 仲裁委的裁决
D. 法院应以缺席裁决违反法定程序为由撤销 S 仲裁委的裁决

337. 2010/3/86/任

甲公司因与乙公司合同纠纷申请仲裁,要求解除合同。某仲裁委员会经审理裁决解除双方合同,还裁决乙公司赔偿甲公司损失六万元。关于本案的仲裁裁决,下列哪些表述是正确的?

A. 因仲裁裁决超出了当事人请求范围,乙公司可申请撤销超出甲公司请求部分的裁决
B. 因仲裁裁决超出了当事人请求范围,乙公司可向法院提起诉讼
C. 因仲裁裁决超出了当事人请求范围,乙公司可向法院申请再审
D. 乙公司可申请不予执行超出甲公司请求部分的仲裁裁决

338. 2008/3/41/单

某仲裁委员会对甲公司与乙公司之间的买卖合同一案作出裁决后,发现该裁决存在超裁情形,甲公司与乙公司均对裁决持有异议。关于此裁决,下列哪一选项是正确的?

A. 该仲裁委员会可以直接变更已生效的裁决,重新作出新的裁决
B. 甲公司或乙公司可以请求该仲裁委员会重新作出仲裁裁决
C. 该仲裁委员会可申请法院撤销此仲裁裁决
D. 甲公司或乙公司可以请求法院撤销此仲裁裁决

专题二十七 仲裁裁决的执行与不予执行

考点58 仲裁裁决的执行与不予执行

339. 2016/3/100/任

甲市 L 区居民叶某购买了住所在乙市

M区的大亿公司开发的位于丙市N区的商品房一套,合同中约定双方因履行合同发生争议可以向位于丙市的仲裁委员会(丙市仅有一家仲裁机构)申请仲裁。因大亿公司迟迟未按合同约定交付房屋,叶某向仲裁委员会申请仲裁。大亿公司以仲裁机构约定不明,向仲裁委员会申请确认仲裁协议无效。经审查,仲裁委员会作出了仲裁协议有效的决定。在第一次仲裁开庭时,大亿公司声称其又向丙市中级法院请求确认仲裁协议无效,申请仲裁庭中止案件审理。在仲裁过程中仲裁庭组织调解,双方达成了调解协议,仲裁庭根据协议内容制作了裁决书。后因大亿公司不按调解协议履行义务,叶某向法院申请强制执行,而大亿公司则以调解协议内容超出仲裁请求为由,向法院申请不予执行仲裁裁决。

大亿公司以调解协议超出仲裁请求范围请求法院不予执行仲裁裁决,法院正确的做法是:

A. 不支持,继续执行
B. 应支持,并裁定不予执行
C. 应告知当事人申请撤销仲裁裁决,并裁定中止执行
D. 应支持,必要时可通知仲裁庭重新仲裁

340. 2012/3/50/单

甲公司因与乙公司的合同纠纷向某仲裁委员会申请仲裁,甲公司的仲裁请求得到仲裁庭的支持。裁决作出后,乙公司向法院申请撤销仲裁裁决。法院在审查过程中,甲公司向法院申请强制执行仲裁裁决。关于本案,下列哪一说法是正确的?

A. 法院对撤销仲裁裁决申请的审查,不影响法院对该裁决的强制执行
B. 法院不应当受理甲公司的执行申请
C. 法院应当受理甲公司的执行申请,同时应当告知乙公司向法院申请裁定不予执行仲裁裁决
D. 法院应当受理甲公司的执行申请,受理后应当裁定中止执行

341. 2011/3/49/单

甲不履行仲裁裁决,乙向法院申请执行。甲拟提出不予执行的申请并提出下列证据证明仲裁裁决应不予执行。针对下列哪一选项,法院可裁定驳回甲的申请?

A. 甲、乙没有订立仲裁条款或达成仲裁协议
B. 仲裁庭组成违反法定程序
C. 裁决事项超出仲裁机构权限范围
D. 仲裁裁决没有根据经当事人质证的证据认定事实

民事诉讼法与仲裁制度 [考点法条]

民事诉讼法

专题一 民事诉讼与民事诉讼法

考点1 民事诉讼与民事诉讼法

第三条 [适用范围] 人民法院受理公民之间、法人之间、其他组织之间以及他们相互之间因财产关系和人身关系提起的民事诉讼，适用本法的规定。

第四条 [空间效力] 凡在中华人民共和国领域内进行民事诉讼，必须遵守本法。

第一百二十七条 [对特殊情形的处理] 人民法院对下列起诉，分别情形，予以处理：

（一）依照行政诉讼法的规定，属于行政诉讼受案范围的，告知原告提起行政诉讼；

（二）依照法律规定，双方当事人达成书面仲裁协议申请仲裁，不得向人民法院起诉的，告知原告向仲裁机构申请仲裁；

（三）依照法律规定，应当由其他机关处理的争议，告知原告向有关机关申请解决；

（四）对不属于本院管辖的案件，告知原告向有管辖权的人民法院起诉；

（五）对判决、裁定、调解书已经发生法律效力的案件，当事人又起诉的，告知原告申请再审，但人民法院准许撤诉的裁定除外；

（六）依照法律规定，在一定期限内不得起诉的案件，在不得起诉的期限内起诉的，不予受理；

（七）判决不准离婚和调解和好的离婚案件，判决、调解维持收养关系的案件，没有新情况、新理由，原告在六个月内又起诉的，不予受理。

第二百七十条 [适用本法原则] 在中华人民共和国领域内进行涉外民事诉讼，适用本编规定。本编没有规定的，适用本法其他有关规定。

专题二 民事诉讼法的基本原则与基本制度

考点2 民事诉讼基本原则

第五条 [同等原则和对等原则] 外国人、无国籍人、外国企业和组织在人民法院起诉、应诉，同中华人民共和国公民、法人和其他组织有同等的诉讼权利义务。

外国法院对中华人民共和国公民、法人和其他组织的民事诉讼权利加以限制的，中华人民共和国人民法院对该国公民、企业和组织的民事诉讼权利，实行对等原则。

第八条 [诉讼权利平等原则] 民事诉讼当事人有平等的诉讼权利。人民法院审理民事案件，应当保障和便利当事人行使诉讼权利，对当事人在适用法律上一律平等。

第九条 [法院调解原则] 人民法院审理民事案件，应当根据自愿和合法的原则进行调解；调解不成的，应当及时判决。

第十二条 [辩论原则] 人民法院审理民事案件时，当事人有权进行辩论。

第十三条 [诚信原则和处分原则] 民事诉讼应当遵循诚信原则。

当事人有权在法律规定的范围内处分自己的民事权利和诉讼权利。

《民事诉讼法》

第一百一十五条 [虚假诉讼的认定] 当事人之间恶意串通，企图通过诉讼、调解等方式侵害国家利益、社会公共利益或者他人合法权益的，人民法院应当驳回其请求，并根据情节轻重予以罚款、拘留；构成犯罪的，依法追究刑事责任。

当事人单方捏造民事案件基本事实，向人民法院提起诉讼，企图侵害国家利益、社会公共利益或者他人合法权益的，适用前款规定。

第一百一十六条 [对恶意串通，通过诉讼、仲裁、调解等方式逃避履行法律文书确定的义务的强制措施] 被执行人与他人恶意串通，通过诉讼、仲裁、调解等方式逃避履行法律文书确定的义务的，人民法院应当根据情节轻重予以罚款、拘留；构成犯罪的，依法追究刑事责任。

考点3 民事诉讼基本制度

（一）回避制度

第四十八条 [回避申请] 当事人提出回避申请，应当说明理由，在案件开始审理时提出；回避事由在案件开始审理后知道的，也可以在法庭辩论终结前提出。

被申请回避的人员在人民法院作出是否回避的决定前，应当暂停参与本案的工作，但案件需要采取紧急措施的除外。

第四十九条 [回避决定的程序] 院长担任审判长或者独任审判员时的回避，由审判委员会决定；审判人员的回避，由院长决定；其他人员的回避，由审判长或者独任审判员决定。

第五十条 [回避决定的时限及效力] 人民法院对当事人提出的回避申请，应当在申请提出的三日内，以口头或者书面形式作出决定。申请人对决定不服的，可以在接到决定时申请复议一次。复议期间，被申请回避的人员，不停止参与本案的工作。人民法院对复议申请，应当在三日内作出复议决定,并通知复议申请人。

《民诉解释》

第四十五条 在一个审判程序中参与过本案审判工作的审判人员,不得再参与该案其他程序的审判。

发回重审的案件,在一审法院作出裁判后又进入第二审程序的,原第二审程序中审判人员不受前款规定的限制。

第四十六条 审判人员有应当回避的情形,没有自行回避,当事人也没有申请其回避的,由院长或者审判委员会决定其回避。

(二)公开审判制度

第一百三十七条 [公开审理及例外]人民法院审理民事案件,除涉及国家秘密、个人隐私或者法律另有规定的以外,应当公开进行。

离婚案件,涉及商业秘密的案件,当事人申请不公开审理的,可以不公开审理。

《民诉解释》

第二百二十条 民事诉讼法第七十一条、第一百三十七条、第一百五十九条规定的商业秘密,是指生产工艺、配方、贸易联系、购销渠道等当事人不愿公开的技术秘密、商业情报及信息。

(三)合议庭与独任制(审判组织)

1 第四十条 [一审审判组织]人民法院审理第一审民事案件,由审判员、人民陪审员共同组成合议庭或者由审判员组成合议庭。合议庭的成员人数,必须是单数。

适用简易程序审理的民事案件,由审判员一人独任审理。基层人民法院审理的基本事实清楚、权利义务关系明确的第一审民事案件,可以由审判员一人适用普通程序独任审理。

人民陪审员在参加审判活动时,除法律另有规定外,与审判员有同等的权利义务。

2 第四十一条 [二审和再审审判组织]人民法院审理第二审民事案件,由审判员组成合议庭。合议庭的成员人数,必须是单数。

中级人民法院对第一审适用简易程序审结或者不服裁定提起上诉的第二审民事案件,事实清楚、权利义务关系明确的,经双方当事人同意,可以由审判员一人独任审理。

发回重审的案件,原审人民法院应当按照第一审程序另行组成合议庭。

审理再审案件,原来是第一审的,按照第一审程序另行组成合议庭;原来是第二审的或者是上级人民法院提审的,按照第二审程序另行组成合议庭。

3 第四十二条 [不适用独任制的情形]人民法院审理下列民事案件,不得由审判员一人独任审理:

(一)涉及国家利益、社会公共利益的案件;

(二)涉及群体性纠纷,可能影响社会稳定的案件;

(三)人民群众广泛关注或者其他社会影响较大的案件;

(四)属于新类型或者疑难复杂的案件;

(五)法律规定应当组成合议庭审理的案件;

(六)其他不宜由审判员一人独任审理的案件。

《民事诉讼法》

第一百八十五条 [一审终审与独任审理]依照本章程序审理的案件,实行一审终审。选民资格案件或者重大、疑难的案件,由审判员组成合议庭审理;其他案件由审判员一人独任审理。

《民诉解释》

第三百六十七条 实现担保物权案件可以由审判员一人独任审查。担保财产标的额超过基层人民法院管辖范围的,应当组成合议庭进行审查。

第四百五十二条 适用公示催告程序审理案件,可由审判员一人独任审理;判决宣告票据无效的,应当组成合议庭审理。

4 第四十三条 [独任制向合议制转换]人民法院在审理过程中,发现案件不宜由审判员一人独任审理的,应当裁定转由合议庭审理。

当事人认为案件由审判员一人独任审理违反法律规定的,可以向人民法院提出异议。人民法院对当事人提出的异议应当审查,异议成立的,裁定转由合议庭审理;异议不成立的,裁定驳回。

《民诉解释》

第四十五条 在一个审判程序中参与过本案审判工作的审判人员,不得再参与该案其他程序的审判。

发回重审的案件,在一审法院作出裁判后又进入第二审程序的,原第二审程序中审判人员不受前款规定的限制。

专题三 诉

考点6 反诉

第五十四条 [诉讼请求的放弃、变更、承认、反驳及反诉]原告可以放弃或者变更诉讼请求。被告可以承认或者反驳诉讼请求,有权提起反诉。

第一百四十三条 [合并审理]原告增加诉讼请求,被告提出反诉,第三人提出与本案有关的诉讼请求,可以合并审理。

《民诉解释》

第二百三十二条 在案件受理后,法庭辩论结束前,原告增加诉讼请求,被告提出反诉,第三人提出与本案有关的诉讼请求,可以合并审理的,人民法院应当合并审理。

第二百三十三条 反诉的当事人应当限于本诉的当事人的范围。

反诉与本诉的诉讼请求基于相同法律关系、诉讼请求之间具有因果关系,或者反诉与本诉的诉讼请求基于相同事实的,人民法院应当合并审理。

反诉应由其他人民法院专属管辖,或者与本诉的诉讼标的及诉讼请求所依据的事实、理由无关联的,裁定不予受理,告知另行起诉。

第二百三十九条 人民法院准许本诉原告撤诉的,

应当对反诉继续审理;被告申请撤回反诉的,人民法院应予准许。

第二百五十一条　二审裁定撤销一审判决发回重审的案件,当事人申请变更、增加诉讼请求或者提出反诉,第三人提出与本案有关的诉讼请求的,依照民事诉讼法第一百四十三条规定处理。

第二百五十二条　再审裁定撤销原判决、裁定发回重审的案件,当事人申请变更、增加诉讼请求或者提出反诉,符合下列情形之一的,人民法院应当准许:
(一)原审未合法传唤缺席判决,影响当事人行使诉讼权利的;
(二)追加新的诉讼当事人的;
(三)诉讼标的物灭失或者发生变化致使原诉讼请求无法实现的;
(四)当事人申请变更、增加的诉讼请求或者提出的反诉,无法通过另诉解决的。

第三百二十六条　在第二审程序中,原审原告增加独立的诉讼请求或者原审被告提出反诉的,第二审人民法院可以根据当事人自愿的原则就新增加的诉讼请求或者反诉进行调解;调解不成的,告知当事人另行起诉。

双方当事人同意由第二审人民法院一并审理的,第二审人民法院可以一并裁判。

专题四　主管与管辖

考点9　级别管辖

第十九条　[中级法院管辖] 中级人民法院管辖下列第一审民事案件:
(一)重大涉外案件;
(二)在本辖区有重大影响的案件;
(三)最高人民法院确定由中级人民法院管辖的案件。

《民诉解释》

第一条　民事诉讼法第十九条第一项规定的重大涉外案件,包括争议标的额大的案件、案情复杂的案件,或者一方当事人人数众多等具有重大影响的案件。

第二条　专利纠纷案件由知识产权法院、最高人民法院确定的中级人民法院和基层人民法院管辖。

海事、海商案件由海事法院管辖。

第二百八十三条　公益诉讼案件由侵权行为地或者被告住所地中级人民法院管辖,但法律、司法解释另有规定的除外。

因污染海洋环境提起的公益诉讼,由污染发生地、损害结果地或者采取预防污染措施地海事法院管辖。

对同一侵权行为分别向两个以上人民法院提起公益诉讼的,由最先立案的人民法院管辖,必要时由它们的共同上级人民法院指定管辖。

第五百二十条　有下列情形之一,人民法院可以认定为涉外民事案件:
(一)当事人一方或者双方是外国人、无国籍人、外国企业或者组织的;
(二)当事人一方或者双方的经常居所地在中华人民共和国领域外的;
(三)标的物在中华人民共和国领域外的;
(四)产生、变更或者消灭民事关系的法律事实发生在中华人民共和国领域外的;
(五)可以认定为涉外民事案件的其他情形。

考点10　地域管辖

(一)一般地域管辖

1 第二十二条　[被告住所地、经常居住地法院管辖] 对公民提起的民事诉讼,由被告住所地人民法院管辖;被告住所地与经常居住地不一致的,由经常居住地人民法院管辖。

对法人或者其他组织提起的民事诉讼,由被告住所地人民法院管辖。

同一诉讼的几个被告住所地、经常居住地在两个以上人民法院辖区的,各该人民法院都有管辖权。

《民诉解释》

第三条　公民的住所地是指公民的户籍所在地,法人或者其他组织的住所地是指法人或者其他组织的主要办事机构所在地。

法人或者其他组织的主要办事机构所在地不能确定的,法人或者其他组织的注册或者登记地为住所地。

第四条　公民的经常居住地是指公民离开住所地至起诉时已连续居住一年以上的地方,但公民住院就医的地方除外。

第五条　对没有办事机构的个人合伙、合伙型联营体提起的诉讼,由被告注册登记地人民法院管辖。没有注册登记,几个被告又不在同一辖区的,被告所在地的人民法院都有管辖权。

第六条　被告被注销户籍的,依照民事诉讼法第二十三条规定确定管辖;原告、被告均被注销户籍的,由被告居住地人民法院管辖。

第七条　当事人的户籍迁出后尚未落户,有经常居住地的,由该地人民法院管辖;没有经常居住地的,由其原户籍所在地人民法院管辖。

第八条　双方当事人都被监禁或者被采取强制性教育措施的,由被告原住所地人民法院管辖。被告被监禁或者被采取强制性教育措施一年以上的,由被告被监禁地或者被采取强制性教育措施地人民法院管辖。

第二十一条　因财产保险合同纠纷提起的诉讼,如果保险标的物是运输工具或者运输中的货物,可以由运输工具登记注册地、运输目的地、保险事故发生地人民法院管辖。

因人身保险合同纠纷提起的诉讼,可以由被保险人住所地人民法院管辖。

2 第二十三条　[原告住所地、经常居住地法院管辖] 下列民事诉讼,由原告住所地人民法院管辖;原告住所地与经常居住地不一致的,由原告经常居住地人民法院管辖:
(一)对不在中华人民共和国领域内居住的人提起的

有关身份关系的诉讼；
（二）对下落不明或者宣告失踪的人提起的有关身份关系的诉讼；
（三）对被采取强制性教育措施的人提起的诉讼；
（四）对被监禁的人提起的诉讼。

《民诉解释》

第九条　追索赡养费、扶养费、抚养费案件的几个被告住所地不在同一辖区的，可以由原告住所地人民法院管辖。

第十条　不服指定监护或者变更监护关系的案件，可以由被监护人住所地人民法院管辖。

第十一条　双方当事人均为军人或者军队单位的民事案件由军事法院管辖。

第十二条　夫妻一方离开住所地超过一年，另一方起诉离婚的案件，可以由原告住所地人民法院管辖。

夫妻双方离开住所地超过一年，一方起诉离婚的案件，由被告经常居住地人民法院管辖；没有经常居住地的，由原告起诉时被告居住地人民法院管辖。

第十三条　在国内结婚并定居国外的华侨，如定居国法院以离婚诉讼须由婚姻缔结地法院管辖为由不予受理，当事人向人民法院提出离婚诉讼的，由婚姻缔结地或者一方在国内的最后居住地人民法院管辖。

第十四条　在国外结婚并定居国外的华侨，如定居国法院以离婚诉讼须由国籍所属国法院管辖为由不予受理，当事人向人民法院提出离婚诉讼的，由原一方原住所地或者在国内的最后居住地人民法院管辖。

第十五条　中国公民一方居住在国外，一方居住在国内，不论哪一方向人民法院提起离婚诉讼，国内一方住所地人民法院都有权管辖。国外一方在居住国法院起诉，国内一方向人民法院起诉的，受诉人民法院有权管辖。

第十六条　中国公民双方在国外但未定居，一方向人民法院起诉离婚的，应由原告或者被告原住所地人民法院管辖。

第十七条　已经离婚的中国公民，双方均定居国外，仅就国内财产分割提起诉讼的，由主要财产所在地人民法院管辖。

（二）特殊地管辖

1 第二十四条　[合同纠纷的地域管辖]因合同纠纷提起的诉讼，由被告住所地或者合同履行地人民法院管辖。

《民诉解释》

第十八条　合同约定履行地点的，以约定的履行地为合同履行地。

合同对履行地点没有约定或者约定不明确，争议标的为给付货币的，接收货币一方所在地为合同履行地；交付不动产的，不动产所在地为合同履行地；其他标的，履行义务一方所在地为合同履行地。即时结清的合同，交易行为地为合同履行地。

合同没有实际履行，当事人双方住所地都不在合同约定的履行地的，由被告住所地人民法院管辖。[2023年回忆~合同履行地]①

第十九条　财产租赁合同、融资租赁合同以租赁物使用地为合同履行地。合同对履行地有约定的，从其约定。

第二十条　以信息网络方式订立的买卖合同，通过信息网络交付标的的，以买受人住所地为合同履行地；通过其他方式交付标的的，收货地为合同履行地。合同对履行地有约定的，从其约定。

《民间借贷规定》

第三条　借贷双方就合同履行地未约定或者约定不明确，事后未达成补充协议，按照合同相关条款或者交易习惯仍不能确定的，以接受货币一方所在地为合同履行地。

2 第二十七条　[公司纠纷的地域管辖]因公司设立、确认股东资格、分配利润、解散等纠纷提起的诉讼，由公司住所地人民法院管辖。

《公司法》

第十条　公司以其主要办事机构所在地为住所。

《民诉解释》

第二十二条　因股东名册记载、请求变更公司登记、股东知情权、公司决议、公司合并、公司分立、公司减资、公司增资等纠纷提起的诉讼，依照民事诉讼法第二十七条规定确定管辖。

3 第二十九条　[侵权纠纷的地域管辖]因侵权行为提起的诉讼，由侵权行为地或者被告住所地人民法院管辖。[2012年真题~特殊地域管辖]

《民诉解释》

第二十四条　民事诉讼法第二十九条规定的侵权行为地，包括侵权行为实施地、侵权结果发生地。

第二十五条　信息网络侵权行为实施地包括实施被诉侵权行为的计算机等信息设备所在地，侵权结果发生地包括被侵权人住所地。

第二十六条　因产品、服务质量不合格造成他人财产、人身损害提起的诉讼，产品制造地、产品销售地、服务提供地、侵权行为地和被告住所地人民法院都有管辖权。

（三）专属管辖

第三十四条　[专属管辖]下列案件，由本条规定的人民法院专属管辖：

（一）因不动产纠纷提起的诉讼，由不动产所在地人民法院管辖；

（二）因港口作业中发生纠纷提起的诉讼，由港口所在地人民法院管辖；

（三）因继承遗产纠纷提起的诉讼，由被继承人死亡时住所地或者主要遗产所在地人民法院管辖。[2021年回忆~专属管辖]

《民事诉讼法》

第二百七十三条　[专属管辖]因在中华人民共和国履行中外合资经营企业合同、中外合作经营企业合同、中外合作勘探开发自然资源合同发生纠纷提起的诉讼，由中华人民共和国人民法院管辖。

---

① 主客观重点法条以灰底标注，并注明主观题考查年份及考点。

《民诉解释》

第二十八条 民事诉讼法第三十四条第一项规定的不动产纠纷是指因不动产的权利确认、分割、相邻关系等引起的物权纠纷。

农村土地承包经营合同纠纷、房屋租赁合同纠纷、建设工程施工合同纠纷、政策性房屋买卖合同纠纷，按照不动产纠纷确定管辖。

不动产已登记的，以不动产登记簿记载的所在地为不动产所在地；不动产未登记的，以不动产实际所在地为不动产所在地。[2023年回忆~专属管辖；2021年回忆~专属管辖]

第五百二十九条 涉外合同或者其他财产权益纠纷的当事人，可以书面协议选择被告住所地、合同履行地、合同签订地、原告住所地、标的物所在地、侵权行为地等与争议有实际联系地点的外国法院管辖。

根据民事诉讼法第三十四条和第二百七十三条（现为第二百七十九条）①规定，属于中华人民共和国法院专属管辖的案件，当事人不得协议选择外国法院管辖，但协议选择仲裁的除外。

(四)协议管辖

第三十五条 [协议管辖]合同或者其他财产权益纠纷的当事人可以书面协议选择被告住所地、合同履行地、合同签订地、原告住所地、标的物所在地等与争议有实际联系的地点的人民法院管辖，但不得违反本法对级别管辖和专属管辖的规定。[2020年回忆~协议管辖；2010年真题~协议管辖]

《民诉解释》

第二十九条 民事诉讼法第三十五条规定的书面协议，包括书面合同中的协议管辖条款或者诉讼前以书面形式达成的选择管辖的协议。

第三十条 根据管辖协议，起诉时能够确定管辖法院的，从其约定；不能确定的，依照民事诉讼法的相关规定确定管辖。

管辖协议约定两个以上与争议有实际联系的地点的人民法院管辖，原告可以向其中一个人民法院起诉。

第三十一条 经营者使用格式条款与消费者订立管辖协议，未采取合理方式提请消费者注意，消费者主张管辖协议无效的，人民法院应予支持。

第三十二条 管辖协议约定由一方当事人住所地人民法院管辖，协议签订后当事人住所地变更的，由签订管辖协议时的住所地人民法院管辖，但当事人另有约定的除外。

第三十三条 合同转让的，合同的管辖协议对合同受让人有效，但转让时受让人不知道有管辖协议，或者转让协议另有约定且原合同相对人同意的除外。

第三十四条 当事人因同居或者在解除婚姻、收养关系后发生财产争议，约定管辖的，可以适用民事诉讼法第三十五条规定确定管辖。

考点11 选择管辖与裁定管辖

(一)选择管辖

第三十六条 [选择管辖]两个以上人民法院都有管辖权的诉讼，原告可以向其中一个人民法院起诉；原告向两个以上有管辖权的人民法院起诉的，由最先立案的人民法院管辖。[2010年真题~协议管辖]

《民诉解释》

第三十六条 两个以上人民法院都有管辖权的诉讼，先立案的人民法院不得将案件移送给另一个有管辖权的人民法院。人民法院在立案前发现其他有管辖权的人民法院已先立案的，不得重复立案；立案后发现其他有管辖权的人民法院已先立案的，裁定将案件移送给先立案的人民法院。

(二)裁定管辖

1 第三十七条 [移送管辖]人民法院发现受理的案件不属于本院管辖的，应当移送有管辖权的人民法院，受移送的人民法院应当受理。受移送的人民法院认为受移送的案件依照规定不属于本院管辖的，应当报请上级人民法院指定管辖，不得再自行移送。

《民诉解释》

第三十五条 当事人在答辩期间届满后未应诉答辩，人民法院在一审开庭前，发现案件不属于本院管辖的，应当裁定移送有管辖权的人民法院。

第三十六条 两个以上人民法院都有管辖权的诉讼，先立案的人民法院不得将案件移送给另一个有管辖权的人民法院。人民法院在立案前发现其他有管辖权的人民法院已先立案的，不得重复立案；立案后发现其他有管辖权的人民法院已先立案的，裁定将案件移送给先立案的人民法院。

第三十七条 案件受理后，受诉人民法院的管辖权不受当事人住所地、经常居住地变更的影响。

第三十八条 有管辖权的人民法院受理案件后，不得以行政区域变更为由，将案件移送给变更后有管辖权的人民法院。判决后的上诉案件和依审判监督程序提审的案件，由原审人民法院的上级人民法院进行审判；上级人民法院指令再审、发回重审的案件，由原审人民法院再审或者重审。

第三十九条 人民法院对管辖异议审查后确定有管辖权的，不因当事人提起反诉、增加或者变更诉讼请求等改变管辖，但违反级别管辖、专属管辖规定的除外。

人民法院发回重审或者按第一审程序再审的案件，当事人提出管辖异议的，人民法院不予审查。

2 第三十八条 [指定管辖]有管辖权的人民法院由于特殊原因，不能行使管辖权的，由上级人民法院指定管辖。

人民法院之间因管辖权发生争议，由争议双方协商解决；协商解决不了的，报请它们的共同上级人民法院指定管辖。

《民诉解释》

第四十条 依照民事诉讼法第三十八条第二款规定，发生管辖权争议的两个人民法院因协商不成报请它

---

① 编者注，下同。

们的共同上级人民法院指定管辖时,双方为同属一个地、市辖区的基层人民法院的,由该地、市的中级人民法院及时指定管辖;同属一个省、自治区、直辖市的两个人民法院的,由该省、自治区、直辖市的高级人民法院及时指定管辖;双方为跨省、自治区、直辖市的人民法院,高级人民法院协商不成的,由最高人民法院及时指定管辖。

依照前款规定报请上级人民法院指定管辖时,应当逐级进行。

第四十一条 人民法院依照民事诉讼法第三十八条第二款规定指定管辖的,应当作出裁定。

对报请上级人民法院指定管辖的案件,下级人民法院应当中止审理。指定管辖裁定作出前,下级人民法院对案件作出判决、裁定的,上级人民法院应当在裁定指定管辖的同时,一并撤销下级人民法院的判决、裁定。

3 第三十九条 [管辖权的转移]上级人民法院有权审理下级人民法院管辖的第一审民事案件;确有必要将本院管辖的第一审民事案件交下级人民法院审理的,应当报请其上级人民法院批准。

下级人民法院对它所管辖的第一审民事案件,认为需要由上级人民法院审理的,可以报请上级人民法院审理。

《民诉解释》

第四十二条 下列第一审民事案件,人民法院依照民事诉讼法第三十九条第一款规定,可以在开庭前交下级人民法院审理:

(一)破产程序中有关债务人的诉讼案件;
(二)当事人人数众多且不方便诉讼的案件;
(三)最高人民法院确定的其他类型案件。

人民法院交下级人民法院审理前,应当报请其上级人民法院批准。上级人民法院批准后,人民法院应当裁定将案件交下级人民法院审理。

考点12 管辖权异议

第一百三十条 [对管辖权异议的审查和处理]人民法院受理案件后,当事人对管辖权有异议的,应当在提交答辩状期间提出。人民法院对当事人提出的异议,应当审查。异议成立的,裁定将案件移送有管辖权的人民法院;异议不成立的,裁定驳回。

当事人未提出管辖异议,并应诉答辩或者提出反诉的,视为受诉人民法院有管辖权,但违反级别管辖和专属管辖规定的除外。[2022年回忆~管辖权异议]

《民诉解释》

第二百二十三条 当事人在提交答辩状期间提出管辖异议,又针对起诉状的内容进行答辩的,人民法院应当依照民事诉讼法第一百三十条第一款的规定,对管辖异议进行审查。

当事人未提出管辖异议,就案件实体内容进行答辩、陈述或者反诉的,可以认定为民事诉讼法第一百三十条第二款规定的应诉答辩。

《民事级别管辖异议规定》

第一条 被告在提交答辩状期间提出管辖权异议,认为受诉人民法院违反级别管辖规定,案件应当由上级人民法院或者下级人民法院管辖的,受诉人民法院应当审查,并在受理异议之日起十五日内作出裁定:

(一)异议不成立的,裁定驳回;
(二)异议成立的,裁定移送有管辖权的人民法院。

第二条 在管辖权异议裁定作出前,原告申请撤回起诉,受诉人民法院作出准予撤回起诉裁定的,对管辖权异议不再审查,并在裁定书中一并写明。

第三条 提交答辩状期间届满后,原告增加诉讼请求金额致使案件标的额超过受诉人民法院级别管辖标准,被告提出管辖权异议,请求由上级人民法院管辖的,人民法院应当按照本规定第一条审查并作出裁定。

第四条 对于应由上级人民法院管辖的第一审民事案件,下级人民法院不得报请上级人民法院交其审理。

第五条 被告以受诉人民法院同时违反级别管辖和地域管辖规定为由提出管辖权异议的,受诉人民法院应当一并作出裁定。

第六条 当事人未依法提出管辖权异议,但受诉人民法院发现其没有级别管辖权的,应当将案件移送有管辖权的人民法院审理。

第七条 对人民法院就级别管辖异议作出的裁定,当事人不服提起上诉的,第二审人民法院应当依法审理并作出裁定。

第八条 对于将案件移送上级人民法院管辖的裁定,当事人未提出上诉,但受移送的上级人民法院认为确有错误的,可以依职权裁定撤销。

第九条 经最高人民法院批准的第一审民事案件级别管辖标准的规定,应当作为审理民事级别管辖异议案件的依据。

专题五 当事人

考点14 原告、被告和第三人

1 第五十一条 [当事人范围]公民、法人和其他组织可以作为民事诉讼的当事人。

法人由其法定代表人进行诉讼。其他组织由其主要负责人进行诉讼。

《民诉解释》

第五十条 法人的法定代表人以依法登记的为准,但法律另有规定的除外。依法不需要办理登记的法人,以其正职负责人为法定代表人;没有正职负责人的,以其主持工作的副职负责人为法定代表人。

法定代表人已经变更,但未完成登记,变更后的法定代表人要求代表法人参加诉讼的,人民法院可以准许。

其他组织,以其主要负责人为代表人。

第五十一条 在诉讼中,法人的法定代表人变更的,由新的法定代表人继续进行诉讼,并应向人民法院提交新的法定代表人身份证明书。原法定代表人进行的诉讼行为有效。

前款规定,适用于其他组织参加的诉讼。

第五十二条 民事诉讼法第五十一条规定的其他组织是指合法成立、有一定的组织机构和财产,但又不具备法人资格的组织,包括：

（一）依法登记领取营业执照的个人独资企业；

（二）依法登记领取营业执照的合伙企业；

（三）依法登记领取我国营业执照的中外合作经营企业、外资企业；

（四）依法成立的社会团体的分支机构、代表机构；

（五）依法设立并领取营业执照的法人的分支机构；

（六）依法设立并领取营业执照的商业银行、政策性银行和非银行金融机构的分支机构；

（七）经依法登记领取营业执照的乡镇企业、街道企业；

（八）其他符合本条规定条件的组织。

第五十三条 法人非依法设立的分支机构，或者虽依法设立,但没有领取营业执照的分支机构,以设立该分支机构的法人为当事人。

第五十四条 以挂靠形式从事民事活动,当事人请求由挂靠人和被挂靠人依法承担民事责任的,该挂靠人和被挂靠人为共同诉讼人。[2016年真题～原告、被告诉讼地位的确定]

第五十五条 在诉讼中,一方当事人死亡,需要等待继承人表明是否参加诉讼的,裁定中止诉讼。人民法院应当及时通知继承人作为当事人承担诉讼,被继承人已经进行的诉讼行为对承担诉讼的继承人有效。

第五十六条 法人或者其他组织的工作人员执行工作任务造成他人损害的,该法人或者其他组织为当事人。[2010年真题～原告、被告诉讼地位的确定；一审漏判的处理]

第五十七条 提供劳务一方因劳务造成他人损害,受害人提起诉讼的,以接受劳务一方为被告。

第六十一条 当事人之间的纠纷经人民调解委员会或者其他依法设立的调解组织调解达成协议后,一方当事人不履行调解协议,另一方当事人向人民法院提起诉讼的,应以对方当事人为被告。

第六十二条 下列情形,以行为人为当事人：

（一）法人或者其他组织应登记而未登记,行为人即以该法人或者其他组织名义进行民事活动的；

（二）行为人没有代理权、超越代理权或者代理权终止后以被代理人名义进行民事活动的,但相对人有理由相信行为人有代理权的除外；

（三）法人或者其他组织依法终止后行为人仍以其名义进行民事活动的。

第六十四条 企业法人解散的,依法清算并注销前,以该企业法人为当事人；未依法清算即被注销的,以该企业法人的股东、发起人或者出资人为当事人。

第六十八条 居民委员会、村民委员会或者村民小组与他人发生民事纠纷的,居民委员会、村民委员会或者有独立财产的村民小组为当事人。

第六十九条 对侵害死者遗体、遗骨以及姓名、肖像、名誉、荣誉、隐私等行为提起诉讼的,死者的近亲属为当事人。

② 第五十九条 [第三人]对当事人双方的诉讼标的,第三人认为有独立请求权的,有权提起诉讼。

对当事人双方的诉讼标的,第三人虽然没有独立请求权,但案件处理结果同他有法律上的利害关系的,可以申请参加诉讼,或者由人民法院通知他参加诉讼。人民法院判决承担民事责任的第三人,有当事人的诉讼权利义务。

前两款规定的第三人,因不能归责于本人的事由未参加诉讼,但有证据证明发生法律效力的判决、裁定、调解书的部分或者全部内容错误,损害其民事权益的,可以自知道或者应当知道其民事权益受到损害之日起六个月内,向作出该判决、裁定、调解书的人民法院提起诉讼。人民法院经审理,诉讼请求成立的,应当改变或者撤销原判决、裁定、调解书；诉讼请求不成立的,驳回诉讼请求。

《民诉解释》

第八十一条 根据民事诉讼法第五十九条的规定,有独立请求权的第三人有权向人民法院提出诉讼请求和事实、理由,成为当事人；无独立请求权的第三人,可以申请或者由人民法院通知参加诉讼。

第一审程序中未参加诉讼的第三人,申请参加第二审程序的,人民法院可以准许。

第八十二条 在一审诉讼中,无独立请求权的第三人无权提出管辖异议,无权放弃、变更诉讼请求或者申请撤诉,被判决承担民事责任的,有权提起上诉。

第一百二十七条 民事诉讼法第五十九条第三款、第二百一十二条以及本解释第三百七十二条、第三百八十二条、第三百九十九条、第四百二十条、第四百二十一条规定的六个月,民事诉讼法第二百三十条规定的一年,为不变期间,不适用诉讼时效中止、中断、延长的规定。

第二百九十条 第三人对已经发生法律效力的判决、裁定、调解书提起撤销之诉的,应当自知道或者应当知道其民事权益受到损害之日起六个月内,向作出生效判决、裁定、调解书的人民法院提出,并应当提供存在下列情形的证据材料：

（一）因不能归责于本人的事由未参加诉讼；

（二）发生法律效力的判决、裁定、调解书的全部或者部分内容错误；

（三）发生法律效力的判决、裁定、调解书内容错误损害其民事权益。

考点15 共同诉讼

第五十五条 [共同诉讼]当事人一方或者双方为二人以上,其诉讼标的是共同的,或者诉讼标的是同一种类、人民法院认为可以合并审理并经当事人同意的,为共同诉讼。

共同诉讼的一方当事人对诉讼标的有共同权利义务的,其中一人的诉讼行为经其他共同诉讼人承认的,对其他共同诉讼人发生效力；对诉讼标的没有共同权利义务的,其中一人的诉讼行为对其他共同诉讼人不发生效力。

《民诉解释》

第五十四条 以挂靠形式从事民事活动,当事人请求由挂靠人和被挂靠人依法承担民事责任的,该挂靠人和被挂靠人为共同诉讼人。[2016年真题～原告、被告诉讼地位的确定]

第五十八条 在劳务派遣期间,被派遣的工作人员因执行工作任务造成他人损害的,以接受劳务派遣的用工单位为当事人。当事人主张劳务派遣单位承担责任的,该劳务派遣单位为共同被告。

第五十九条 在诉讼中,个体工商户以营业执照上登记的经营者为当事人。有字号的,以营业执照上登记的字号为当事人,但应同时注明该字号经营者的基本信息。

营业执照上登记的经营者与实际经营者不一致的,以登记的经营者和实际经营者为共同诉讼人。

第六十条 在诉讼中,未依法登记领取营业执照的个人合伙的全体合伙人为共同诉讼人。个人合伙有依法核准登记的字号的,应在法律文书中注明登记的字号。全体合伙人可以推选代表人;被推选的代表人,应由全体合伙人出具推选书。

第六十三条 企业法人合并的,因合并前的民事活动发生纠纷,以合并后的企业为当事人;企业法人分立的,因分立前的民事活动发生纠纷,以分立后的企业为共同诉讼人。

第六十五条 借用业务介绍信、合同专用章、盖章的空白合同书或者银行账户的,出借单位和借用人为共同诉讼人。

第六十六条 因保证合同纠纷提起的诉讼,债权人向保证人和被保证人一并主张权利的,人民法院应当将保证人和被保证人列为共同被告。保证合同约定为一般保证,债权人仅起诉保证人的,人民法院应当通知被保证人作为共同被告参加诉讼;债权人仅起诉被保证人的,可以只列被保证人为被告。

==第六十七条 无民事行为能力人、限制民事行为能力人造成他人损害的,无民事行为能力人、限制民事行为能力人和其监护人为共同被告。[2011年真题~原告、被告诉讼地位的确定;必要共同诉讼]==

第七十条 在继承遗产的诉讼中,部分继承人起诉的,人民法院应通知其他继承人作为共同原告参加诉讼;被通知的继承人不愿意参加诉讼又未明确表示放弃实体权利的,人民法院仍应将其列为共同原告。

第七十一条 原告起诉被代理人和代理人,要求承担连带责任的,被代理人和代理人为共同被告。

原告起诉代理人和相对人,要求承担连带责任的,代理人和相对人为共同被告。

第七十二条 共有财产权受到他人侵害,部分共有权人起诉的,其他共有权人为共同诉讼人。

第七十三条 必须共同进行诉讼的当事人没有参加诉讼的,人民法院应当依照民事诉讼法第一百三十五条的规定,通知其参加;当事人也可以向人民法院申请追加。人民法院对当事人提出的申请,应当进行审查,申请理由不成立的,裁定驳回;申请理由成立的,书面通知被追加的当事人参加诉讼。

第七十四条 人民法院追加共同诉讼的当事人时,应当通知其他当事人。应当追加的原告,已明确表示放弃实体权利的,可不予追加;既不愿意参加诉讼,又不放弃实体权利的,仍追加为共同原告,其不参加诉讼,不影响人民法院对案件的审理和依法作出判决。

《民间借贷规定》

第四条 保证人为借款人提供连带责任保证,出借人仅起诉借款人的,人民法院可以不追加保证人为共同被告;出借人仅起诉保证人的,人民法院可以追加借款人为共同被告。

保证人为借款人提供一般保证,出借人仅起诉保证人的,人民法院应当追加借款人为共同被告;出借人仅起诉借款人的,人民法院可以不追加保证人为共同被告。

考点16 诉讼代表人

第五十六条 [**当事人人数确定的代表人诉讼**]当事人一方人数众多的共同诉讼,可以由当事人推选代表人进行诉讼。代表人的诉讼行为对其所代表的当事人发生效力,但代表人变更、放弃诉讼请求或者承认对方当事人的诉讼请求,进行和解,必须经被代表的当事人同意。

第五十七条 [**当事人人数不确定的代表人诉讼**]诉讼标的是同一种类、当事人一方人数众多在起诉时人数尚未确定的,人民法院可以发出公告,说明案件情况和诉讼请求,通知权利人在一定期间向人民法院登记。

向人民法院登记的权利人可以推选代表人进行诉讼;推选不出代表人的,人民法院可以与参加登记的权利人商定代表人。

代表人的诉讼行为对其所代表的当事人发生效力,但代表人变更、放弃诉讼请求或者承认对方当事人的诉讼请求,进行和解,必须经被代表的当事人同意。

人民法院作出的判决、裁定,对参加登记的全体权利人发生效力。未参加登记的权利人在诉讼时效期间提起诉讼的,适用该判决、裁定。

《民诉解释》

第七十五条 民事诉讼法第五十六条、第五十七条和第二百零六条规定的人数众多,一般指十人以上。

第七十六条 依照民事诉讼法第五十六条规定,当事人一方人数众多在起诉时确定的,可以由全体当事人推选共同的代表人,也可以由部分当事人推选自己的代表人;推选不出代表人的当事人,在必要的共同诉讼中可以自己参加诉讼,在普通的共同诉讼中可以另行起诉。

第七十七条 根据民事诉讼法第五十七条规定,当事人一方人数众多在起诉时不确定的,由当事人推选代表人。当事人推选不出的,可以由人民法院提出人选与当事人协商;协商不成的,也可以由人民法院在起诉的当事人中指定代表人。

第七十八条 民事诉讼法第五十六条和第五十七条规定的代表人为二至五人,每位代表人可以委托一至二人作为诉讼代理人。

第七十九条 依照民事诉讼法第五十七条规定受理的案件,人民法院可以发出公告,通知权利人向人民法院登记。公告期间根据案件的具体情况确定,但不得少于三十日。

第八十条 根据民事诉讼法第五十七条规定向人民法院登记的权利人,应当证明其与对方当事人的法律关系和所受到的损害。证明不了的,不予登记,权利人可以另行起诉。人民法院的裁判在登记的范围内执行。未参加登记的权利人提起诉讼,人民法院认定其请求成立的,裁定适用人民法院已作出的判决、裁定。

专题六 诉讼代理人

考点17 委托诉讼代理人
第六十一条 [委托诉讼代理人]当事人、法定代理人可以委托一至二人作为诉讼代理人。

下列人员可以被委托为诉讼代理人:
(一)律师、基层法律服务工作者;
(二)当事人的近亲属或者工作人员;
(三)当事人所在社区、单位以及有关社会团体推荐的公民。

第六十二条 [委托诉讼代理权的取得和权限]委托他人代为诉讼,必须向人民法院提交由委托人签名或者盖章的授权委托书。

授权委托书必须记明委托事项和权限。诉讼代理人代为承认、放弃、变更诉讼请求,进行和解,提起反诉或者上诉,必须有委托人的特别授权。

侨居在国外的中华人民共和国公民从国外寄交或者托交的授权委托书,必须经中华人民共和国驻该国的使领馆证明;没有使领馆的,由与中华人民共和国有外交关系的第三国驻该国的使领馆证明,再转由中华人民共和国驻该第三国使领馆证明,或者由当地的爱国华侨团体证明。

[2011年真题~委托诉讼代理人的权限]

第六十五条 [离婚诉讼代理的特别规定]离婚案件有诉讼代理人的,本人除不能表达意思以外,仍应出庭;确因特殊情况无法出庭的,必须向人民法院提交书面意见。

《民诉解释》
第八十八条 诉讼代理人除根据民事诉讼法第六十二条规定提交授权委托书外,还应当按照下列规定向人民法院提交相关材料:
(一)律师应当提交律师执业证、律师事务所证明材料;
(二)基层法律服务工作者应当提交法律服务工作者执业证、基层法律服务所出具的介绍信以及当事人一方位于本辖区内的证明材料;
(三)当事人的近亲属应当提交身份证件和与委托人有近亲属关系的证明材料;
(四)当事人的工作人员应当提交身份证件和与当事人有合法劳动人事关系的证明材料;
(五)当事人所在社区、单位推荐的公民应当提交身份证件、推荐材料和当事人属于该社区、单位的证明材料;
(六)有关社会团体推荐的公民应当提交身份证件和符合本解释第八十七条规定条件的证明材料。

第八十九条 当事人向人民法院提交的授权委托书,应当在开庭审理前送交人民法院。授权委托书仅写"全权代理"而无具体授权的,诉讼代理人无权代为承认、放弃、变更诉讼请求,进行和解,提出反诉或者提起上诉。

适用简易程序审理的案件,双方当事人同时到庭径行开庭审理的,可以当场口头委托诉讼代理人,由人民法院记入笔录。

第五百二十六条 涉外民事诉讼中的外籍当事人,可以委托本国人为诉讼代理人,也可以委托本国律师以非律师身份担任诉讼代理人;外国驻华使领馆官员,受本国公民的委托,可以以个人名义担任诉讼代理人,但在诉讼中不享有外交或者领事特权和豁免。

《民法典》
第一百六十五条 委托代理授权采用书面形式的,授权委托书应当载明代理人的姓名或者名称、代理事项、权限和期限,并由被代理人签名或者盖章。

考点18 法定诉讼代理人
第六十条 [法定诉讼代理人]无诉讼行为能力人由他的监护人作为法定代理人代为诉讼。法定代理人之间互相推诿代理责任的,由人民法院指定其中一人代为诉讼。

《民诉解释》
第八十三条 在诉讼中,无民事行为能力人、限制民事行为能力人的监护人是他的法定代理人。事先没有确定监护人的,可以由有监护资格的人协商确定;协商不成的,由人民法院在他们之中指定诉讼中的法定代理人。当事人没有民法典第二十七条、第二十八条规定的监护人的,可以指定民法典第三十二条规定的有关组织担任诉讼中的法定代理人。

专题七 民事证据

考点19 证据的种类(法定分类)
(一)种类划分
第六十六条 [证据的种类]证据包括:
(一)当事人的陈述;
(二)书证;
(三)物证;
(四)视听资料;
(五)电子数据;
(六)证人证言;
(七)鉴定意见;
(八)勘验笔录。

证据必须查证属实,才能作为认定事实的根据。

[2012年真题~书证的概念与特点、电子数据与视听资料的区别、本证与反证、直接证据与间接证据、原始证据与传来证据]

(二)书证与物证
第七十三条 [书证和物证]书证应当提交原件。物证应当提交原物。提交原件或者原物确有困难的,可以提交复制品、照片、副本、节录本。

提交外文书证,必须附有中文译本。

《民诉证据规定》
第二十一条 人民法院调查收集的书证,可以是原件,也可以是经核对无误的副本或者复制件。是副本或者复制件的,应当在调查笔录中说明来源和取证情况。

第二十二条 人民法院调查收集的物证应当是原物。被调查人提供原物确有困难的,可以提供复制品或者影像资料。提供复制品或者影像资料的,应当在调查笔录中说明取证情况。

第四十八条 控制书证的当事人无正当理由拒不提交书证的,人民法院可以认定对方当事人所主张的书证内容为真实。

控制书证的当事人存在《最高人民法院关于适用〈中华人民共和国民事诉讼法〉的解释》第一百一十三条规定情形,人民法院可以认定对方当事人主张以该书证证明的事实为真实。

《民诉解释》

第一百一十一条 民事诉讼法第七十三条规定的提交书证原件确有困难,包括下列情形:

(一)书证原件遗失、灭失或者毁损的;
(二)原件在对方当事人控制之下,经合法通知提交而拒不提交的;
(三)原件在他人控制之下,而其有权不提交的;
(四)原件因篇幅或者体积过大而不便提交的;
(五)承担举证明责任的当事人通过申请人民法院调查收集或者其他方式无法获得书证原件的。

前款规定情形,人民法院应当结合其他证据和案件具体情况,审查判断书证复制品等能否作为认定案件事实的根据。

第一百一十二条 书证在对方当事人控制之下的,承担举证明责任的当事人可以在举证期限届满前书面申请人民法院责令对方当事人提交。

申请理由成立的,人民法院应当责令对方当事人提交,因提交书证所产生的费用,由申请人负担。对方当事人无正当理由拒不提交的,人民法院可以认定申请人所主张的书证内容为真实。

第一百一十三条 持有书证的当事人以妨碍对方当事人使用为目的,毁灭有关书证或者实施其他致使书证不能使用行为的,人民法院可以依照民事诉讼法第一百一十四条规定,对其处以罚款、拘留。

第一百一十四条 国家机关或者其他依法具有社会管理职能的组织,在其职权范围内制作的文书所记载的事项推定为真实,但有相反证据足以推翻的除外。必要时,人民法院可以要求制作文书的机关或者组织对文书的真实性予以说明。[2016年真题~证据交换与质证]

第一百一十五条 单位向人民法院提出的证明材料,应当由单位负责人及制作证明材料的人员签名或者盖章,并加盖单位印章。人民法院就单位出具的证明材料,可以向单位及制作证明材料的人员进行调查核实。必要时,可以要求制作证明材料的人员出庭作证。

单位及制作证明材料的人员拒绝人民法院调查核实,或者制作证明材料的人员无正当理由拒绝出庭作证的,该证明材料不得作为认定案件事实的根据。

(三)视听资料和电子数据

第七十四条 [视听资料]人民法院对视听资料,应当辨别真伪,并结合本案的其他证据,审查确定能否作为认定事实的根据。

《民诉解释》

第一百一十六条 视听资料包括录音资料和影像资料。

电子数据是指通过电子邮件、电子数据交换、网上聊天记录、博客、微博客、手机短信、电子签名、域名等形成或者存储在电子介质中的信息。

存储在电子介质中的录音资料和影像资料,适用电子数据的规定。

《民诉证据规定》

第十四条 电子数据包括下列信息、电子文件:

(一)网页、博客、微博客等网络平台发布的信息;
(二)手机短信、电子邮件、即时通信、通讯群组等网络应用服务的通信信息;
(三)用户注册信息、身份认证信息、电子交易记录、通信记录、登录日志等信息;
(四)文档、图片、音频、视频、数字证书、计算机程序等电子文件;
(五)其他以数字化形式存储、处理、传输的能够证明案件事实的信息。

第十五条 当事人以视听资料作为证据的,应当提供存储该视听资料的原始载体。

当事人以电子数据作为证据的,应当提供原件。电子数据的制作者制作的与原件一致的副本,或者直接来源于电子数据的打印件或其他可以显示、识别的输出介质,视为电子数据的原件。[2022年回忆~电子数据]

第二十三条 人民法院调查收集视听资料、电子数据,应当要求被调查人提供原始载体。

提供原始载体确有困难的,可以提供复制件。提供复制件的,人民法院应当在调查笔录中说明其来源和制作经过。

人民法院对视听资料、电子数据采取证据保全措施的,适用前款规定。

(四)证人证言

(1)证人资格

第七十五条 [证人的义务]凡是知道案件情况的单位和个人,都有义务出庭作证。有关单位的负责人应当支持证人作证。

不能正确表达意思的人,不能作证。

《民诉证据规定》

第六十七条 不能正确表达意思的人,不能作为证人。

待证事实与其年龄、智力状况或者精神健康状况相适应的无民事行为能力人和限制民事行为能力人,可以作为证人。

(2)证人出庭

第七十六条 [证人不出庭作证的情形]经人民法院通知,证人应当出庭作证。有下列情形之一的,经人民法院许可,可以通过书面证言、视听传输技术或者视听资料等方式作证:

(一)因健康原因不能出庭的；
(二)因路途遥远,交通不便不能出庭的；
(三)因自然灾害等不可抗力不能出庭的；
(四)其他有正当理由不能出庭的。

《民诉解释》

第一百一十七条 当事人申请证人出庭作证的,应当在举证期限届满前提出。

符合本解释第九十六条第一款规定情形的,人民法院可以依职权通知证人出庭作证。

未经人民法院通知,证人不得出庭作证,但双方当事人同意并经人民法院准许的除外。

第一百一十九条 人民法院在证人出庭作证前应当告知其如实作证的义务以及作伪证的法律后果,并责令其签署保证书,但无民事行为能力人和限制民事行为能力人除外。

证人签署保证书适用本解释关于当事人签署保证书的规定。

第一百二十条 证人拒绝签署保证书的,不得作证,并自行承担相关费用。

《民诉证据规定》

第六十八条 人民法院应当要求证人出庭作证,接受审判人员和当事人的询问。证人在审理前的准备阶段或者人民法院调查、询问等双方当事人在场时陈述证言的,视为出庭作证。

双方当事人同意证人以其他方式作证并经人民法院准许的,证人可以不出庭作证。

无正当理由未出庭的证人以书面等方式提供的证言,不得作为认定案件事实的根据。

第七十三条 证人应当就其作证的事项进行连续陈述。

当事人及其法定代理人、诉讼代理人或者旁听人员干扰证人陈述的,人民法院应当及时制止,必要时可以依照民事诉讼法第一百一十条(现为第一百一十七条)的规定进行处罚。

第七十四条 审判人员可以对证人进行询问。当事人及其诉讼代理人经审判人员许可后可以询问证人。

询问证人时其他证人不得在场。

人民法院认为有必要的,可以要求证人之间进行对质。

第七十八条 当事人及其诉讼代理人对证人的询问与待证事实无关,或者存在威胁、侮辱证人或不适当引导等情形的,审判人员应当及时制止。必要时可以依照民事诉讼法第一百一十条(现为第一百一十七条)、第一百一十一条(现为第一百一十八条)的规定进行处罚。

证人故意作虚假陈述,诉讼参与人或者其他人以暴力、威胁、贿买等方法妨碍证人作证,或者在证人作证后以侮辱、诽谤、诬陷、恐吓、殴打等方式对证人打击报复的,人民法院应当根据情节,依照民事诉讼法第一百一十一条(现为第一百一十八条)的规定,对行为人进行处罚。

(3)出庭费用

第七十七条 [证人出庭作证费用的承担]证人因履行出庭作证义务而支出的交通、住宿、就餐等必要费用以及误工损失,由败诉一方当事人负担。当事人申请证人作证的,由该当事人先行垫付；当事人没有申请,人民法院通知证人作证的,由人民法院先行垫付。

《民诉解释》

第一百一十八条 民事诉讼法第七十七条规定的证人因履行出庭作证义务而支出的交通、住宿、就餐等必要费用,按照机关事业单位工作人员差旅费用和补贴标准计算；误工损失按照国家上年度职工日平均工资标准计算。

人民法院准许证人出庭作证申请的,应当通知申请人预缴证人出庭作证费用。

第一百二十条 证人拒绝签署保证书的,不得作证,并自行承担相关费用。

(五)鉴定意见

(1)申请鉴定

第七十九条 [申请鉴定]当事人可以就查明事实的专门性问题向人民法院申请鉴定。当事人申请鉴定的,由双方当事人协商确定具备资格的鉴定人；协商不成的,由人民法院指定。

当事人未申请鉴定,人民法院对专门性问题认为需要鉴定的,应当委托具备资格的鉴定人进行鉴定。

《民诉解释》

第一百二十一条 当事人申请鉴定,可以在举证期限届满前提出。申请鉴定的事项与待证事实无关联,或者对证明待证事实无意义的,人民法院不予准许。

人民法院准许当事人鉴定申请的,应当组织双方当事人协商确定具备相应资格的鉴定人。当事人协商不成的,由人民法院指定。

符合依职权调查收集证据条件的,人民法院应当依职权委托鉴定,在询问当事人的意见后,指定具备相应资格的鉴定人。

《民诉证据规定》

第三十条 人民法院在审理案件过程中认为待证事实需要通过鉴定意见证明的,应当向当事人释明,并指定提出鉴定申请的期间。

符合《民诉解释》第九十六条第一款规定情形的,人民法院应当依职权委托鉴定。〔2020年回忆~鉴定〕

第三十一条 当事人申请鉴定,应当在人民法院指定期间内提出,并预交鉴定费用。逾期不提出申请或者不预交鉴定费用的,视为放弃申请。

对需要鉴定的待证事实负有举证责任的当事人,在人民法院指定期间内无正当理由不提出鉴定申请或者不预交鉴定费用,或者拒不提供相关材料,致使待证事实无法查明的,应当承担举证不能的法律后果。

第三十二条 人民法院准许鉴定申请的,应当组织双方当事人协商确定具备相应资格的鉴定人。当事人协商不成的,由人民法院指定。

人民法院依职权委托鉴定的,可以在询问当事人的意见后,指定具备相应资格的鉴定人。

人民法院在确定鉴定人后应当出具委托书,委托书中应当载明鉴定事项、鉴定范围、鉴定目的和鉴定期限。〔2020年回忆~鉴定〕

第三十三条 鉴定开始之前，人民法院应当要求鉴定人签署承诺书。承诺书中应当载明鉴定人保证客观、公正、诚实地进行鉴定，保证出庭作证，如作虚假鉴定应当承担法律责任等内容。

鉴定人故意作虚假鉴定的，人民法院应当责令其退还鉴定费用，并根据情节，依照民事诉讼法第一百一十一条(现为第一百一十四条)的规定进行处罚。

第三十四条 人民法院应当组织当事人对鉴定材料进行质证。未经质证的材料，不得作为鉴定的根据。

经人民法院准许，鉴定人可以调取证据、勘验物证和现场、询问当事人或者证人。

(2)鉴定人出庭作证

第八十一条 [鉴定人出庭作证的义务] 当事人对鉴定意见有异议或者人民法院认为鉴定人有必要出庭的，鉴定人应当出庭作证。经人民法院通知，鉴定人拒不出庭作证的，鉴定意见不得作为认定事实的根据；支付鉴定费用的当事人可以要求返还鉴定费用。

《民诉解释》

第三十七条 人民法院收到鉴定书后，应当及时将副本送交当事人。

当事人对鉴定书的内容有异议的，应当在人民法院指定期间内以书面方式提出。

对于当事人的异议，人民法院应当要求鉴定人作出解释、说明或者补充。人民法院认为有必要的，可以要求鉴定人对当事人未提出异议的内容进行解释、说明或者补充。[2020年回忆~鉴定]

第三十八条 当事人在收到鉴定人的书面答复后仍有异议的，人民法院应当根据《诉讼费用交纳办法》第十一条的规定，通知有异议的当事人预交鉴定人出庭费用，并通知鉴定人出庭。有异议的当事人不预交鉴定人出庭费用的，视为放弃异议。

双方当事人对鉴定意见均有异议的，分摊预交鉴定人出庭费用。[2020年回忆~鉴定]

第三十九条 鉴定人出庭费用按照证人出庭作证费用的标准计算，由败诉的当事人负担。因鉴定意见不明确或者有瑕疵需要鉴定人出庭的，出庭费用由其自行负担。

人民法院委托鉴定时已经确定鉴定人出庭费用包含在鉴定费用中的，不再通知当事人预交。

第四十条 当事人申请重新鉴定，存在下列情形之一的，人民法院应当准许：

(一)鉴定人不具备相应资格的；
(二)鉴定程序严重违法的；
(三)鉴定意见明显依据不足的；
(四)鉴定意见不能作为证据使用的其他情形。

存在前款第一项至第三项情形的，鉴定人已经收取的鉴定费用应当退还。拒不退还的，依照本规定第八十一条第二款的规定处理。

对鉴定意见的瑕疵，可以通过补正、补充鉴定或者补充质证、重新质证等方法解决的，人民法院不予准许重新鉴定的申请。

重新鉴定的，原鉴定意见不得作为认定案件事实的根据。

(3)有专门知识的人出庭

第八十二条 [对鉴定意见的查证] 当事人可以申请人民法院通知有专门知识的人出庭，就鉴定人作出的鉴定意见或者专业问题提出意见。

《民诉解释》

第一百二十二条 当事人可以依照民事诉讼法第八十二条的规定，在举证期限届满前申请一至二名具有专门知识的人出庭，代表当事人对鉴定意见进行质证，或者对案件事实所涉及的专业问题提出意见。

具有专门知识的人在法庭上就专业问题提出的意见，视为当事人的陈述。

人民法院准许当事人申请的，相关费用由提出申请的当事人负担。

第一百二十三条 人民法院可以对出庭的具有专门知识的人进行询问。经法庭准许，当事人可以对出庭的具有专门知识的人进行询问，当事人各自申请的具有专门知识的人可以就案件中的有关问题进行对质。

具有专门知识的人不得参与专业问题之外的法庭审理活动。

(六)勘验笔录

第八十三条 [勘验笔录] 勘验物证或者现场，勘验人必须出示人民法院的证件，并邀请当地基层组织或者当事人所在单位派人参加。当事人或者当事人的成年家属应当到场，拒不到场的，不影响勘验的进行。

有关单位和个人根据人民法院的通知，有义务保护现场，协助勘验工作。

勘验人应当将勘验情况和结果制作笔录，由勘验人、当事人和被邀参加人签名或者盖章。

《民诉解释》

第一百二十四条 人民法院认为有必要的，可以根据当事人的申请或者依职权对物证或者现场进行勘验。勘验时应当保护他人的隐私和尊严。

人民法院可以要求鉴定人参与勘验。必要时，可以要求鉴定人在勘验中进行鉴定。

考点21 证据保全

(一)诉讼中证据保全

第八十四条 [证据保全] 在证据可能灭失或者以后难以取得的情况下，当事人可以在诉讼过程中向人民法院申请保全证据，人民法院也可以主动采取保全措施。

因情况紧急，在证据可能灭失或者以后难以取得的情况下，利害关系人可以在提起诉讼或者申请仲裁前向证据所在地、被申请人住所地或者对案件有管辖权的人民法院申请保全证据。

证据保全的其他程序，参照适用本法第九章保全的有关规定。

《民诉解释》

第九十八条 当事人根据民事诉讼法第八十四条第

一款规定申请证据保全的,可以在举证期限届满前书面提出。

证据保全可能对他人造成损失的,人民法院应当责令申请人提供相应的担保。

《民诉证据规定》

第二十五条　当事人或者利害关系人根据民事诉讼法第八十一条(现为第八十四条)的规定申请证据保全的,申请书应当载明需要保全的证据的基本情况、申请保全的理由以及采取何种保全措施等内容。

当事人根据民事诉讼法第八十一条(现为第八十四条)第一款的规定申请证据保全的,应当在举证期限届满前向人民法院提出。

法律、司法解释对诉前证据保全有规定的,依照其规定办理。

第二十七条　人民法院进行证据保全,可以要求当事人或者诉讼代理人到场。

根据当事人的申请和具体情况,人民法院可以采取查封、扣押、录音、录像、复制、鉴定、勘验等方法进行证据保全,并制作笔录。

在符合证据保全目的的情况下,人民法院应当选择对证据持有人利益影响最小的保全措施。

(二)诉前证据保全

第一百零四条　[诉前保全] 利害关系人因情况紧急,不立即申请保全将会使其合法权益受到难以弥补的损害的,可以在提起诉讼或者申请仲裁前向被保全财产所在地、被申请人住所地或者对案件有管辖权的人民法院申请采取保全措施。申请人应当提供担保,不提供担保的,裁定驳回申请。

人民法院接受申请后,必须在四十八小时内作出裁定;裁定采取保全措施的,应当立即开始执行。

申请人在人民法院采取保全措施后三十日内不依法提起诉讼或者申请仲裁的,人民法院应当解除保全。

《民诉解释》

第二十七条　当事人申请诉前保全后没有在法定期间起诉或者申请仲裁,给申请人、利害关系人造成损失引起的诉讼,由采取保全措施的人民法院管辖。

当事人申请诉前保全后在法定期间内起诉或者申请仲裁,被申请人、利害关系人因保全受到损失提起的诉讼,由受理起诉的人民法院或采取保全措施的人民法院管辖。

第一百六十条　当事人向采取诉前保全措施以外的其他有管辖权的人民法院起诉的,采取诉前保全措施的人民法院应当将保全手续移送受理案件的人民法院。诉前保全的裁定视为受移送人民法院作出的裁定。

专题八　民事诉讼中的证明

考点22 证明对象

(一)免证事实

《民诉解释》

第九十三条　下列事实,当事人无须举证证明:

(一)自然规律以及定理、定律;

(二)众所周知的事实;

(三)根据法律规定推定的事实;

(四)根据已知的事实和日常生活经验法则推定出的另一事实;

(五)已为人民法院发生法律效力的裁判所确认的事实;

(六)已为仲裁机构生效裁决所确认的事实;

(七)已为有效公证文书所证明的事实。

前款第二项至第四项规定的事实,当事人有相反证据足以反驳的除外;第五项至第七项规定的事实,当事人有相反证据足以推翻的除外。

(二)自认

《民诉解释》

第九十二条　一方当事人在法庭审理中,或者在起诉状、答辩状、代理词等书面材料中,对于己不利的事实明确表示承认的,另一方当事人无需举证证明。

对于涉及身份关系、国家利益、社会公共利益等应当由人民法院依职权调查的事实,不适用前款自认的规定。

自认的事实与查明的事实不符的,人民法院不予确认。

《民诉证据规定》

第三条　在诉讼过程中,一方当事人陈述的于己不利的事实,或者对于己不利的事实明确表示承认的,另一方当事人无需举证证明。

在证据交换、询问、调查过程中,或者在起诉状、答辩状、代理词等书面材料中,当事人明确承认于己不利的事实的,适用前款规定。

第四条　一方当事人对于另一方当事人主张的于己不利的事实既不承认也不否认,经审判人员说明并询问后,其仍然不明确表示肯定或者否定的,视为对该事实的承认。

第五条　当事人委托诉讼代理人参加诉讼的,除授权委托书明确排除的事项外,诉讼代理人的自认视为当事人的自认。

当事人在场对诉讼代理人的自认明确否认的,不视为自认。

第六条　普通共同诉讼中,共同诉讼人中一人或者数人作出的自认,对作出自认的当事人发生效力。

必要共同诉讼中,共同诉讼人中一人或者数人作出自认而其他共同诉讼人予以否认的,不发生自认的效力。其他共同诉讼人既不承认也不否认,经审判人员说明并询问后仍然不明确表示意见的,视为全体共同诉讼人的自认。

第七条　一方当事人对于另一方当事人主张的于己不利的事实有所限制或者附加条件予以承认的,由人民法院综合案件情况决定是否构成自认。

第八条　《最高人民法院关于适用〈中华人民共和国民事诉讼法〉的解释》第九十六条第一款规定的事实,不适用有关自认的规定。

自认的事实与已经查明的事实不符的,人民法院不予确认。

第九条 有下列情形之一,当事人在法庭辩论终结前撤销自认的,人民法院应当准许:
(一)经对方当事人同意的;
(二)自认是在受胁迫或者重大误解情况下作出的。
人民法院准许当事人撤销自认的,应当作出口头或者书面裁定。

考点23 证明责任与证明标准
(一)证明责任
第六十七条第一款 [举证责任]当事人对自己提出的主张,有责任提供证据。[2016年真题~证明责任的分配]

《民诉解释》
第九十条 当事人对自己提出的诉讼请求所依据的事实或者反驳对方诉讼请求所依据的事实,应当提供证据加以证明,但法律另有规定的除外。
在作出判决前,当事人未能提供证据或者证据不足以证明其事实主张的,由负有举证证明责任的当事人承担不利的后果。[2021年回忆~证明责任的分配]

第九十一条 人民法院应当依照下列原则确定举证证明责任的承担,但法律另有规定的除外:
(一)主张法律关系存在的当事人,应当对产生该法律关系的基本事实承担举证证明责任;
(二)主张法律关系变更、消灭或者权利受到妨害的当事人,应当对该法律关系变更、消灭或者权利受到妨害的基本事实承担举证证明责任。[2021年回忆~证明责任的分配]

《民法典》
第一千一百九十九条 [教育机构对无民事行为能力人受到人身损害的过错推定责任]无民事行为能力人在幼儿园、学校或者其他教育机构学习、生活期间受到人身损害的,幼儿园、学校或者其他教育机构应当承担侵权责任;但是,能够证明尽到教育、管理职责的,不承担侵权责任。

第一千二百一十八条 [医疗损害责任归责原则]患者在诊疗活动中受到损害,医疗机构或者其医务人员有过错的,由医疗机构承担赔偿责任。

第一千二百二十二条 [医疗机构过错推定的情形]患者在诊疗活动中受到损害,有下列情形之一的,推定医疗机构有过错:
(一)违反法律、行政法规、规章以及其他有关诊疗规范的规定;
(二)隐匿或者拒绝提供与纠纷有关的病历资料;
(三)遗失、伪造、篡改或者违法销毁病历资料。

第一千二百三十条 [环境污染、生态破坏侵权举证责任]因污染环境、破坏生态发生纠纷,行为人应当就法律规定的不承担责任或者减轻责任的情形及其行为与损害之间不存在因果关系承担举证责任。

第一千二百四十五条 [饲养动物损害责任一般规定]饲养的动物造成他人损害的,动物饲养人或者管理人应当承担侵权责任;但是,能够证明损害是因被侵权人故意或者重大过失造成的,可以不承担或者减轻责任。

第一千二百五十三条 [建筑物、构筑物或者其他设施及其搁置物、悬挂物脱落、坠落致害责任]建筑物、构筑物或者其他设施及其搁置物、悬挂物发生脱落、坠落造成他人损害,所有人、管理人或者使用人不能证明自己没有过错的,应当承担侵权责任。所有人、管理人或者使用人赔偿后,有其他责任人的,有权向其他责任人追偿。[2017年真题~原告、被告地位的确定;共同诉讼人诉讼地位的确定,证明责任的特殊分配]

(二)证明标准
《民诉解释》
第一百零八条 对负有举证证明责任的当事人提供的证据,人民法院经审查并结合相关事实,确信待证事实的存在具有高度可能性的,应当认定该事实存在。
对一方当事人为反驳负有举证证明责任的当事人所主张事实而提供的证据,人民法院经审查并结合相关事实,认为待证事实真伪不明的,应当认定该事实不存在。
法律对于待证事实所应达到的证明标准另有规定的,从其规定。

第一百零九条 当事人对欺诈、胁迫、恶意串通事实的证明,以及对口头遗嘱或者赠与事实的证明,人民法院确信该待证事实存在的可能性能够排除合理怀疑的,应当认定该事实存在。

考点24 证明程序之一:举证责任
第六十八条 [举证期限及逾期后果]当事人对自己提出的主张应当及时提供证据。
人民法院根据当事人的主张和案件审理情况,确定当事人应当提供的证据及其期限。当事人在该期限内提供证据确有困难的,可以向人民法院申请延长期限,人民法院根据当事人的申请适当延长。当事人逾期提供证据的,人民法院应当责令其说明理由;拒不说明理由或者理由不成立的,人民法院根据不同情形可以不予采纳该证据,或者采纳该证据但予以训诫、罚款。

《民诉解释》
第九十九条 人民法院应当在审理前的准备阶段确定当事人的举证期限。举证期限可以由当事人协商,并经人民法院准许。
人民法院确定举证期限,第一审普通程序案件不得少于十五日,当事人提供新的证据的第二审案件不得少于十日。
举证期限届满后,当事人对已经提供的证据,申请提供反驳证据或者对证据来源、形式等方面的瑕疵进行补正的,人民法院可以酌情再次确定举证期限,该期限不受前款规定的限制。

第一百条 当事人申请延长举证期限的,应当在举证期限届满前向人民法院提出书面申请。
申请理由成立的,人民法院应当准许,适当延长举证期限,并通知其他当事人。延长的举证期限适用于其他当事人。
申请理由不成立的,人民法院不予准许,并通知申请人。

第一百零一条 当事人逾期提供证据的,人民法院应当责令其说明理由,必要时可以要求其提供相应的证据。

当事人因客观原因逾期提供证据,或者对方当事人对逾期提供证据未提出异议的,视为未逾期。

第一百零二条 当事人因故意或者重大过失逾期提供的证据,人民法院不予采纳。但该证据与案件基本事实有关的,人民法院应当采纳,并依照民事诉讼法第六十八条、第一百一十八条第一款的规定予以训诫、罚款。

当事人非因故意或者重大过失逾期提供的证据,人民法院应当采纳,并对当事人予以训诫。

当事人一方要求另一方赔偿因逾期提供证据致使其增加的交通、住宿、就餐、误工、证人出庭作证等必要费用的,人民法院可予支持。

考点25 证明程序之二:法院调查收集证据

第六十七条第二款 [法院调查收集证据]当事人及其诉讼代理人因客观原因不能自行收集的证据,或者人民法院认为审理案件需要的证据,人民法院应当调查收集。

《民诉解释》

第九十四条 民事诉讼法第六十七条第二款规定的当事人及其诉讼代理人因客观原因不能自行收集的证据包括:

(一)证据由国家有关部门保存,当事人及其诉讼代理人无权查阅调取的;
(二)涉及国家秘密、商业秘密或个人隐私的;
(三)当事人及其诉讼代理人因客观原因不能自行收集的其他证据。

当事人及其诉讼代理人因客观原因不能自行收集的证据,可以在举证期限届满前书面申请人民法院调查收集。

第九十六条 民事诉讼法第六十七条第二款规定的人民法院认为审理案件需要的证据包括:

(一)涉及可能损害国家利益、社会公共利益的;
(二)涉及身份关系的;
(三)涉及民事诉讼法第五十八条规定诉讼的;
(四)当事人有恶意串通损害他人合法权益可能的;
(五)涉及依职权追加当事人、中止诉讼、终结诉讼、回避等程序性事项的。

除前款规定外,人民法院调查收集证据,应当依照当事人的申请进行。

第九十七条 人民法院调查收集证据,应当由两人以上共同进行。调查材料要由调查人、被调查人、记录人签名、捺印或者盖章。

《民诉证据规定》

第二十条 当事人及其诉讼代理人申请人民法院调查收集证据,应当在举证期限届满前提交书面申请。

申请书应当载明被调查人的姓名或者单位名称、住所地等基本情况、所要调查收集的证据名称或者内容、需要由人民法院调查收集证据的原因及其要证明的事实以及明确的线索。

考点26 证明程序之三:质证与证据的认定

第七十一条 [证据的公开与质证]证据应当在法庭上出示,并由当事人互相质证。对涉及国家秘密、商业秘密和个人隐私的证据应当保密,需要在法庭出示的,不得在公开开庭时出示。

《民诉解释》

第一百零三条 证据应当在法庭上出示,由当事人互相质证。未经当事人质证的证据,不得作为认定案件事实的根据。

当事人在审理前的准备阶段认可的证据,经审判人员在庭审中说明后,视为质证过的证据。

涉及国家秘密、商业秘密、个人隐私或者法律规定应当保密的证据,不得公开质证。[2016年真题~证据交换与质证]

第一百零四条 人民法院应当组织当事人围绕证据的真实性、合法性以及与待证事实的关联性进行质证,并针对证据有无证明力和证明力大小进行说明和辩论。

能够反映案件真实情况、与待证事实相关联、来源和形式符合法律规定的证据,应当作为认定案件事实的根据。

第一百零五条 人民法院应当按照法定程序,全面、客观地审核证据,依照法律规定,运用逻辑推理和日常生活经验法则,对证据有无证明力和证明力大小进行判断,并公开判断的理由和结果。

第一百零六条 对以严重侵害他人合法权益、违反法律禁止性规定或者严重违背公序良俗的方法形成或者获取的证据,不得作为认定案件事实的根据。

第一百零七条 在诉讼中,当事人为达成调解协议或者和解协议作出妥协而认可的事实,不得在后续的诉讼中作为对其不利的根据,但法律另有规定或者当事人均同意的除外。

第一百零八条 对负有举证证明责任的当事人提供的证据,人民法院经审查并结合相关事实,确信待证事实的存在具有高度可能性的,应当认定该事实存在。

对一方当事人为反驳负有举证证明责任的当事人所主张事实而提供的证据,人民法院经审查并结合相关事实,认为待证事实真伪不明的,应当认定该事实不存在。

法律对于待证事实所应达到的证明标准另有规定的,从其规定。[2022年回忆~证据的审核认定]

第一百零九条 当事人对欺诈、胁迫、恶意串通事实的证明,以及对口头遗嘱或者赠与事实的证明,人民法院确信该待证事实存在的可能性能够排除合理怀疑的,应当认定该事实存在。[2022年回忆~证据的审查认定]

第一百一十条 人民法院认为有必要的,可以要求当事人本人到庭,就案件有关事实接受询问。在询问当事人之前,可以要求其签署保证书。

保证书应当载明据实陈述、如有虚假陈述愿意接受处罚等内容。当事人应当在保证书上签名或者捺印。

负有举证证明责任的当事人拒绝到庭、拒绝接受询问或者拒绝签署保证书,待证事实又欠缺其他证据证明的,人民法院对其主张的事实不予认定。

《民诉证据规定》

第六十条 当事人在审理前的准备阶段或者人民法院调查、询问过程中发表过质证意见的证据,视为质证过的证据。

当事人要求以书面方式发表质证意见,人民法院在听取对方当事人意见后认为有必要的,可以准许。人民法院应当及时将书面质证意见送交对方当事人。

第六十一条 对书证、物证、视听资料进行质证时,当事人应当出示证据的原件或者原物。但有下列情形之一的除外:

(一)出示原件或者原物确有困难并经人民法院准许出示复制件或者复制品的;

(二)原件或者原物已不存在,但有证据证明复制件、复制品与原件或者原物一致的。

第六十二条 质证一般按下列顺序进行:

(一)原告出示证据,被告、第三人与原告进行质证;

(二)被告出示证据,原告、第三人与被告进行质证;

(三)第三人出示证据,原告、被告与第三人进行质证。

人民法院根据当事人申请调查收集的证据,审判人员对调查收集证据的情况进行说明后,由提出申请的当事人与对方当事人、第三人进行质证。

人民法院依职权调查收集的证据,由审判人员对调查收集证据的情况进行说明后,听取当事人的意见。

第九十条 下列证据不能单独作为认定案件事实的根据:

(一)当事人的陈述;

(二)无民事行为能力人或者限制民事行为能力人所作的与其年龄、智力状况或精神健康状况不相当的证言;

(三)与一方当事人或者其代理人有利害关系的证人陈述的证言;

(四)存有疑点的视听资料、电子数据;

(五)无法与原件、原物核对的复制件、复制品。

专题九 人民法院调解

考点27 法院调解

❶ 第九十六条 [法院调解原则]人民法院审理民事案件,根据当事人自愿的原则,在事实清楚的基础上,分清是非,进行调解。

《民诉解释》

第一百四十二条 人民法院受理案件后,经审查,认为法律关系明确、事实清楚的,在征得当事人双方同意后,可以径行调解。

第一百四十三条 适用特别程序、督促程序、公示催告程序的案件,婚姻等身份关系确认案件以及其他根据案件性质不能进行调解的案件,不得调解。

第一百四十四条 人民法院审理民事案件,发现当事人之间恶意串通,企图通过和解、调解方式侵害他人合法权益的,应当依照民事诉讼法第一百一十五条的规定处理。

第一百四十五条 人民法院审理民事案件,应当根据自愿、合法的原则进行调解。当事人一方或者双方坚持不愿调解的,应当及时裁判。

人民法院审理离婚案件,应当进行调解,但不应久调不决。

第一百四十六条 人民法院审理民事案件,调解过程不公开,但当事人同意公开的除外。

调解协议内容不公开,但为保护国家利益、社会公共利益、他人合法权益,人民法院认为确有必要公开的除外。

主持调解以及参与调解的人员,对调解过程以及调解过程中获悉的国家秘密、商业秘密、个人隐私和其他不宜公开的信息,应当保守秘密,但为保护国家利益、社会公共利益、他人合法权益的除外。

❷ 第九十九条 [调解协议的达成]调解达成协议,必须双方自愿,不得强迫。调解协议的内容不得违反法律规定。

《民事调解工作规定》

第六条 当事人可以自行提出调解方案,主持调解的人员也可以提出调解方案供当事人协商时参考。

第七条 调解协议内容超出诉讼请求的,人民法院可以准许。

第八条 人民法院对于调解协议约定一方不履行协议应当承担民事责任的,应予准许。

调解协议约定一方不履行协议,另一方可以请求人民法院对案件作出裁判的条款,人民法院不予准许。

第十条 调解协议具有下列情形之一的,人民法院不予确认:

(一)侵害国家利益、社会公共利益的;

(二)侵害案外人利益的;

(三)违背当事人真实意思的;

(四)违反法律、行政法规禁止性规定的。

《民诉解释》

第一百四十八条 当事人自行和解或者调解达成协议后,请求人民法院按照和解协议或者调解协议的内容制作判决书的,人民法院不予准许。

无民事行为能力人的离婚案件,由其法定代理人进行诉讼。法定代理人与对方达成协议要求发给判决书的,可根据协议内容制作判决书。

❸ 第一百条 [调解书的制作、送达和效力]调解达成协议,人民法院应当制作调解书。调解书应当写明诉讼请求、案件的事实和调解结果。

调解书由审判人员、书记员署名,加盖人民法院印章,送达双方当事人。

调解书经双方当事人签收后,即具有法律效力。

《民事调解工作规定》

第九条 调解协议约定一方提供担保或者案外人同意为当事人提供担保的,人民法院应当准许。

案外人提供担保的,人民法院制作调解书应当列明担保人,并将调解书送交担保人。担保人不签收调解书的,不影响调解书生效。

当事人或者案外人提供的担保符合民法典规定的条件时生效。

第十一条　当事人不能对诉讼费用如何承担达成协议的,不影响调解协议的效力。人民法院可以直接决定当事人承担诉讼费用的比例,并将决定记入调解书。

第十二条　对调解书的内容既不享有权利又不承担义务的当事人不签收调解书的,不影响调解书的效力。

第十三条　当事人以民事调解书与调解协议的原意不一致为由提出异议,人民法院审查后认为异议成立的,应当根据调解协议裁定补正民事调解书的相关内容。

第十四条　当事人就部分诉讼请求达成调解协议的,人民法院可以就此先行确认并制作调解书。

当事人就主要诉讼请求达成调解协议,请求人民法院对未达成协议的诉讼请求提出处理意见并表示接受该处理结果的,人民法院的处理意见是调解协议的一部分内容,制作调解书的记入调解书。

第十五条　调解书确定的担保条款条件或者承担民事责任的条件成就时,当事人申请执行的,人民法院应当依法执行。

不履行调解协议的当事人按照前款规定承担了调解书确定的民事责任后,对方当事人又要求其承担民事诉讼法第二百五十三条(现为第二百六十四条)规定的迟延履行责任的,人民法院不予支持。

第十六条　调解书约定给付特定标的物的,调解协议达成前该物上已经存在的第三人的物权和优先权不受影响。第三人在执行过程中对执行标的物提出异议的,应当按照民事诉讼法第二百二十七条(现为第二百三十八条)规定处理。

第十七条　人民法院对刑事附带民事诉讼案件进行调解,依照本规定执行。

第十八条　本规定实施前人民法院已经受理的案件,在本规定施行后尚未审结的,依照本规定执行。

第十九条　本规定实施前最高人民法院的有关司法解释与本规定不一致的,适用本规定。

《民诉解释》

第一百三十三条　调解书应当直接送达当事人本人,不适用留置送达。当事人本人因故不能签收的,可由其指定的代收人签收。

第一百四十九条　调解书需经当事人签收后才发生法律效力的,应当以最后收到调解书的当事人签收的日期为调解书生效日期。

4 第一百零一条　[不需要制作调解书的案件]下列案件调解达成协议,人民法院可以不制作调解书:

(一)调解和好的离婚案件;
(二)调解维持收养关系的案件;
(三)能够即时履行的案件;
(四)其他不需要制作调解书的案件。

对不需要制作调解书的协议,应当记入笔录,由双方当事人、审判人员、书记员签名或者盖章后,即具有法律效力。

《民诉解释》

第一百五十一条　根据民事诉讼法第一百零一条第一款第四项规定,当事人各方同意在调解协议上签名或者盖章后即发生法律效力的,经人民法院审查确认后,应当记入笔录或者将调解协议附卷,并由当事人、审判人员、书记员签名或者盖章后即具有法律效力。

前款规定情形,当事人请求制作调解书的,人民法院审查确认后可以制作调解书送交当事人。当事人拒收调解书的,不影响调解协议的效力。

5 第一百零二条　[调解不成或调解后反悔的处理]调解未达成协议或者调解书送达前一方反悔的,人民法院应当及时判决。

《民事调解工作规定》

第十五条　调解书确定的担保条款条件或者承担民事责任的条件成就时,当事人申请执行的,人民法院应当依法执行。

不履行调解协议的当事人按照前款规定承担了调解书确定的民事责任后,对方当事人又要求其承担民事诉讼法第二百五十三条(现为第二百六十四条)规定的迟延履行责任的,人民法院不予支持。

第十六条　调解书约定给付特定标的物的,调解协议达成前该物上已经存在的第三人的物权和优先权不受影响。第三人在执行过程中对执行标的物提出异议的,应当按照民事诉讼法第二百二十七条(现为第二百三十八条)规定处理。

《民诉解释》

第一百四十五条　人民法院审理民事案件,应当根据自愿、合法的原则进行调解。当事人一方或者双方坚持不愿调解的,应当及时裁判。

人民法院审理离婚案件,应当进行调解,但不应久调不决。

第一百四十七条　人民法院调解案件时,当事人不能出庭的,经其特别授权,可由其委托代理人参加调解,达成的调解协议,可由委托代理人签名。

离婚案件当事人确因特殊情况无法出庭参加调解的,除本人不能表达意志以外,应当出具书面意见。

第一百四十八条　当事人自行和解或者调解达成协议后,请求人民法院按照和解协议或者调解协议的内容制作判决书的,人民法院不予准许。

无民事行为能力人的离婚案件,由其法定代理人进行诉讼。法定代理人与对方达成协议要求发给判决书的,可根据协议内容制作判决书。

第一百五十条　人民法院调解民事案件,需由无独立请求权的第三人承担责任的,应当经其同意。该第三人在调解书送达前反悔的,人民法院应当及时裁判。

专题十　期间、送达

考点29　期间

第八十五条　[期间的种类和计算]期间包括法定期间和人民法院指定的期间。

期间以时、日、月、年计算。期间开始的时和日,不计算在期间内。

期间届满的最后一日是法定节假日的,以法定节假日后的第一日为期间届满的日期。

期间不包括在途时间,诉讼文书在期满前交邮的,不算过期。

第八十六条　[期间的耽误和顺延] 当事人因不可抗拒的事由或者其他正当理由耽误期限的,在障碍消除后的十日内,可以申请顺延期限,是否准许,由人民法院决定。

《民诉解释》

第一百二十五条　依照民事诉讼法第八十五条第二款规定,民事诉讼中以时起算的期间从次时起算;以日、月、年计算的期间从次日起算。

第一百二十六条　民事诉讼法第一百二十六条规定的立案期限,因起诉状内容欠缺通知原告补正的,从补正后交人民法院的次日起算。由上级人民法院转交下级人民法院立案的案件,从受诉人民法院收到起诉状的次日起算。

第一百二十七条　民事诉讼法第五十九条第三款、第二百一十二条(现为第二百一十六条)以及本解释第三百七十二条、第三百八十二条、第三百九十九条、第四百二十条、第四百二十一条规定的六个月,民事诉讼法第二百三十条(现为第二百三十四条)规定的一年,为不变期间,不适用诉讼时效中止、中断、延长的规定。

第一百二十八条　再审案件按照第一审程序或者第二审程序审理的,适用民事诉讼法第一百五十二条、第一百八十三条规定的审限。审限自再审立案的次日起算。

第一百二十九条　对申请再审案件,人民法院应当自受理之日起三个月内审查完毕,但公告期间、当事人和解期间等不计入审查期限。有特殊情况需要延长的,由本院院长批准。

考点30　送达

❶ 第八十八条　[直接送达] 送达诉讼文书,应当直接送交受送达人。受送达人是公民的,本人不在交他的同住成年家属签收;受送达人是法人或者其他组织的,应当由法人的法定代表人、其他组织的主要负责人或者该法人、组织负责收件的人签收;受送达人有诉讼代理人的,可以送交其代理人签收;受送达人已向人民法院指定代收人的,送交代收人签收。

受送达人的同住成年家属,法人或者其他组织的负责收件的人,诉讼代理人或者代收人在送达回证上签收的日期为送达日期。

《民诉解释》

第一百三十一条　人民法院直接送达诉讼文书的,可以通知当事人到人民法院领取。当事人到达人民法院,拒绝签署送达回证的,视为送达。审判人员、书记员应当在送达回证上注明送达情况并签名。

人民法院可以在当事人住所地以外向当事人直接送达诉讼文书。当事人拒绝签署送达回证的,采用拍照、录像等方式记录送达过程即视为送达。审判人员、书记员应当在送达回证上注明送达情况并签名。

❷ 第八十九条　[留置送达] 受送达人或者他的同住成年家属拒绝接收诉讼文书的,送达人可以邀请有关基层组织或者所在单位的代表到场,说明情况,在送达回证上记明拒收事由和日期,由送达人、见证人签名或者盖章,把诉讼文书留在受送达人的住所;也可以把诉讼文书留在受送达人的住所,并采用拍照、录像等方式记录送达过程,即视为送达。

《民诉解释》

第一百三十条　向法人或者其他组织送达诉讼文书,应当由法人的法定代表人、该组织的主要负责人或者办公室、收发室、值班室等负责收件的人签收或者盖章,拒绝签收或者盖章的,适用留置送达。

民事诉讼法第八十九条规定的有关基层组织和所在单位的代表,可以是受送达人住所地的居民委员会、村民委员会的工作人员以及受送达人所在单位的工作人员。

第一百三十二条　受送达人有诉讼代理人的,人民法院既可以向受送达人送达,也可以向其诉讼代理人送达。受送达人指定诉讼代理人为代收人的,向诉讼代理人送达时,适用留置送达。

第一百三十三条　调解书应当直接送达当事人本人,不适用留置送达。当事人本人因故不能签收的,可由其指定的代收人签收。

❸ 第九十条　[电子送达] 经受送达人同意,人民法院可以采用能够确认其收悉的电子方式送达诉讼文书。通过电子方式送达的判决书、裁定书、调解书,受送达人提出需要纸质文书的,人民法院应当提供。

采用前款方式送达的,以送达信息到达受送达人特定系统的日期为送达日期。

《民诉解释》

第一百三十五条　电子送达可以采用传真、电子邮件、移动通信等即时收悉的特定系统作为送达媒介。

民事诉讼法第九十条第二款规定的到达受送达人特定系统的日期,为人民法院对应系统显示发送成功的日期,但受送达人证明到达其特定系统的日期与人民法院对应系统显示发送成功的日期不一致的,以受送达人证明到达其特定系统的日期为准。

第一百三十六条　受送达人同意采用电子方式送达的,应当在送达地址确认书中予以确认。

❹ 第九十一条　[委托送达与邮寄送达] 直接送达诉讼文书有困难的,可以委托其他人民法院代为送达,或者邮寄送达。邮寄送达的,以回执上注明的收件日期为送达日期。

❺ 第九十五条　[公告送达] 受送达人下落不明,或者用本节规定的其他方式无法送达的,公告送达。自发出公告之日起,经过三十日,即视为送达。

公告送达,应当在案卷中记明原因和经过。

《民诉解释》

第一百三十八条　公告送达可以在法院的公告栏和受送达人住所地张贴公告,也可以在报纸、信息网络等媒体上刊登公告，发出公告日期以最后张贴或者刊登的日期为准。对公告送达方式有特殊要求的，应当按要求的方式进行。公告期满，即视为送达。

人民法院在受送达人住所地张贴公告的，应当采取拍照、录像等方式记录张贴过程。

第一百三十九条 公告送达应当说明公告送达的原因；公告送达起诉状或者上诉状副本的，应当说明起诉或者上诉要点，受送达人答辩期限及逾期不答辩的法律后果；公告送达传票，应当说明出庭的时间和地点及逾期不出庭的法律后果；公告送达判决书、裁定书的，应当说明裁判主要内容，当事人有权上诉的，还应当说明上诉权利、上诉期限和上诉的人民法院。

第一百四十条 适用简易程序的案件，不适用公告送达。

专题十一 保全和先予执行

考点31 保全制度

(一)保全的种类及适用

1 第一百零三条 [诉讼保全]人民法院对于可能因当事人一方的行为或者其他原因，使判决难以执行或者造成当事人其他损害的案件，根据对方当事人的申请，可以裁定对其财产进行保全、责令其作出一定行为或者禁止其作出一定行为；当事人没有提出申请的，人民法院在必要时也可以裁定采取保全措施。

人民法院采取保全措施，可以责令申请人提供担保，申请人不提供担保的，裁定驳回申请。

人民法院接受申请后，对情况紧急的，必须在四十八小时内作出裁定；裁定采取保全措施的，应当立即开始执行。

《民诉解释》

第一百五十二条 人民法院依照民事诉讼法第一百零三条、第一百零四条规定，在采取诉前保全、诉讼保全措施时，责令利害关系人或者当事人提供担保的，应当书面通知。

利害关系人申请诉前保全的，应当提供担保。申请诉前财产保全的，应当提供相当于请求保全数额的担保；情况特殊的，人民法院可以酌情处理。申请诉前行为保全的，担保的数额由人民法院根据案件的具体情况决定。

在诉讼中，人民法院依申请或者依职权采取保全措施的，应当根据案件的具体情况，决定当事人是否应当提供担保以及担保的数额。

《财产保全案件规定》

第四条 人民法院接受财产保全申请后，应当在五日内作出裁定；需要提供担保的，应当在提供担保后五日内作出裁定；裁定采取保全措施的，应当在五日内开始执行。对情况紧急的，必须在四十八小时内作出裁定；裁定采取保全措施的，应当立即开始执行。

《公司法解释(二)》

第三条 股东提起解散公司诉讼时，向人民法院申请财产保全或者证据保全的，在股东提供担保且不影响公司正常经营的情形下，人民法院可予以保全。

2 第一百零四条 [诉前保全]利害关系人因情况紧急，不立即申请保全将会使其合法权益受到难以弥补的损害的，可以在提起诉讼或者申请仲裁前向被保全财产所在地、被申请人住所地或者对案件有管辖权的人民法院申请采取保全措施。申请人应当提供担保，不提供担保的，裁定驳回申请。

人民法院接受申请后，必须在四十八小时内作出裁定；裁定采取保全措施的，应当立即开始执行。

申请人在人民法院采取保全措施后三十日内不依法提起诉讼或者申请仲裁的，人民法院应当解除保全。

《民诉解释》

第二十七条 当事人申请诉前保全后没有在法定期间起诉或者申请仲裁，给被申请人、利害关系人造成损失引起的诉讼，由采取保全措施的人民法院管辖。

当事人申请诉前保全后在法定期间内起诉或者申请仲裁，被申请人、利害关系人因保全受到损失提起的诉讼，由受理起诉的人民法院或者采取保全措施的人民法院管辖。

第一百六十条 当事人向采取诉前保全措施以外的其他有管辖权的人民法院起诉的，采取诉前保全措施的人民法院应当将保全手续移送受理案件的人民法院。诉前保全的裁定视为受移送人民法院作出的裁定。

(二)保全措施

第一百零六条 [财产保全的措施]财产保全采取查封、扣押、冻结或者法律规定的其他方法。人民法院保全财产后，应当立即通知被保全财产的人。

财产已被查封、冻结的，不得重复查封、冻结。

《民诉解释》

第一百五十三条 人民法院对季节性商品、鲜活、易腐烂变质以及其他不宜长期保存的物品采取保全措施时，可以责令当事人及时处理，由人民法院保存价款；必要时，人民法院可予以变卖，保存价款。

第一百五十四条 人民法院在财产保全中采取查封、扣押、冻结财产措施时，应当妥善保管被查封、扣押、冻结的财产。不宜由人民法院保管的，人民法院可以指定被保全人负责保管；不宜由被保全人保管的，可以委托他人或者申请保全人保管。

查封、扣押、冻结担保物权人占有的担保财产，一般由担保物权人保管；由人民法院保管的，质权、留置权不因采取保全措施而消灭。

第一百五十五条 由人民法院指定被保全人保管的财产，如果继续使用对该财产的价值无重大影响，可以允许被保全人继续使用；由人民法院保管或者委托他人、申请保全人保管的财产，人民法院和其他保管人不得使用。

第一百五十六条 人民法院采取财产保全的方法和措施，依照执行程序相关规定办理。

第一百五十七条 人民法院对抵押物、质押物、留置物可以采取财产保全措施，但不影响抵押权人、质权人、留置权人的优先受偿权。

第一百五十八条 人民法院对债务人到期应得的收

益，可以采取财产保全措施，限制其支取，通知有关单位协助执行。

第一百五十九条 债务人的财产不能满足保全请求，但对他人有到期债权的，人民法院可以依债权人的申请裁定该他人不得对本案债务人清偿。该他人要求偿付的，由人民法院提存财物或者价款。

第一百六十一条 对当事人不服一审判决提起上诉的案件，在第二审人民法院接到报送的案件之前，当事人有转移、隐匿、出卖或者毁损财产等行为，必须采取保全措施的，由第一审人民法院依当事人申请或者依职权采取。第一审人民法院的保全裁定，应当及时报送第二审人民法院。

第一百六十二条 第二审人民法院裁定对第一审人民法院采取的保全措施予以续保或者采取新的保全措施的，可以自行实施，也可以委托第一审人民法院实施。

再审人民法院裁定对原保全措施予以续保或采取新的保全措施的，可以自行实施，也可以委托原审人民法院或者执行法院实施。

第一百六十三条 法律文书生效后，进入执行程序前，债权人因对方当事人转移财产等紧急情况，不申请保全将可能导致生效法律文书不能执行或者难以执行的，可以向执行法院申请采取保全措施。债权人在法律文书指定的履行期间届满后五日内不申请执行的，人民法院应当解除保全。

第一百六十四条 对申请保全人或者他人提供的担保财产，人民法院应当依法办理查封、扣押、冻结等手续。

(三)保全的解除

第一百零七条 [保全的解除]财产纠纷案件，被申请人提供担保的，人民法院应当裁定解除保全。

《民诉解释》

第一百六十五条 人民法院裁定采取保全措施后，除作出保全裁定的人民法院自行解除或者其上级人民法院决定解除外，在保全期限内，任何单位不得解除保全措施。

第一百六十六条 裁定采取保全措施后，有下列情形之一的，人民法院应当作出解除保全裁定：

(一)保全错误的；
(二)申请人撤回保全申请的；
(三)申请人的起诉或者诉讼请求被生效裁判驳回的；
(四)人民法院认为应当解除保全的其他情形。

解除以登记方式实施的保全措施的，应当向登记机关发出协助执行通知书。

第一百六十七条 财产保全的被保全人提供其他等值担保财产且有利于执行的，人民法院可以裁定变更保全标的物为被保全人提供的担保财产。

第一百六十八条 保全裁定未经人民法院依法撤销或者解除，进入执行程序后，自动转为执行中的查封、扣押、冻结措施，期限连续计算，执行法院无需重新制作裁定书，但查封、扣押、冻结期限届满的除外。

考点32 先予执行

第一百零九条 [先予执行的范围]人民法院对下列案件，根据当事人的申请，可以裁定先予执行：

(一)追索赡养费、扶养费、抚育费、抚恤金、医疗费用的；
(二)追索劳动报酬的；
(三)因情况紧急需要先予执行的。

第一百一十条 [先予执行的条件]人民法院裁定先予执行的，应当符合下列条件：

(一)当事人之间权利义务关系明确，不先予执行将严重影响申请人的生活或者生产经营的；
(二)被申请人有履行能力。

人民法院可以责令申请人提供担保，申请人不提供担保的，驳回申请。申请人败诉的，应当赔偿被申请人因先予执行遭受的财产损失。

第一百一十一条 [对保全或先予执行不服的救济程序]当事人对保全或者先予执行的裁定不服的，可以申请复议一次。复议期间不停止裁定的执行。

《民诉解释》

第一百六十九条 民事诉讼法规定的先予执行，人民法院应当在受理案件后终审判决作出前采取。先予执行应当限于当事人诉讼请求的范围，并以当事人的生活、生产经营的急需为限。

第一百七十条 民事诉讼法第一百零九条第三项规定的情况紧急，包括：

(一)需要立即停止侵害、排除妨碍的；
(二)需要立即制止某项行为的；
(三)追索恢复生产、经营急需的保险理赔费的；
(四)需要立即返还社会保险金、社会救助资金的；
(五)不立即返还款项，将严重影响权利人生活和生产经营的。

第一百七十一条 当事人对保全或者先予执行裁定不服的，可以自收到裁定书之日起五日内向作出裁定的人民法院申请复议。人民法院应当在收到复议申请后十日内审查。裁定正确的，驳回当事人的申请；裁定不当的，变更或者撤销原裁定。

第一百七十二条 利害关系人对保全或者先予执行的裁定不服申请复议的，由作出裁定的人民法院依照民事诉讼法第一百一十一条规定处理。

第一百七十三条 人民法院先予执行后，根据发生法律效力的判决，申请人应当返还因先予执行所取得的利益的，适用民事诉讼法第二百四十条(现为第二百四十四条)的规定。

专题十二 对妨害民事诉讼行为的强制措施

考点33 对妨害民事诉讼行为的强制措施

第一百一十二条 [拘传的适用]人民法院对必须到庭的被告，经两次传票传唤，无正当理由拒不到庭的，可以拘传。

第一百一十五条 [虚假诉讼的认定]当事人之间恶意串通，企图通过诉讼、调解等方式侵害国家利益、社会公共利益或者他人合法权益的，人民法院应当驳回其请求，并根据情节轻重予以罚款、拘留；构成犯罪的，依法追究刑事责任。

当事人单方捏造民事案件基本事实，向人民法院提起诉讼，企图侵害国家利益、社会公共利益或者他人合法权益的，适用前款规定。

第一百一十六条 [对恶意串通,通过诉讼、仲裁、调解等方式逃避履行法律文书确定的义务的强制措施]被执行人与他人恶意串通，通过诉讼、仲裁、调解等方式逃避履行法律文书确定的义务的，人民法院应当根据情节轻重予以罚款、拘留；构成犯罪的，依法追究刑事责任。

第一百一十七条 [对拒不履行协助义务的单位的强制措施]有义务协助调查、执行的单位有下列行为之一的，人民法院除责令其履行协助义务外，并可以予以罚款：

（一）有关单位拒绝或者妨碍人民法院调查取证的；

（二）有关单位接到人民法院协助执行通知书后，拒不协助查询、扣押、冻结、划拨、变价财产的；

（三）有关单位接到人民法院协助执行通知书后，拒不协助扣留被执行人的收入、办理有关财产权证照转移手续、转交有关票证、证照或者其他财产的；

（四）其他拒绝协助执行的。

人民法院对有前款规定的行为之一的单位，可以对其主要负责人或者直接责任人员予以罚款；对仍不履行协助义务的，可以予以拘留；并可以向监察机关或者有关机关提出予以纪律处分的司法建议。

第一百一十八条 [罚款金额和拘留期限]对个人的罚款金额，为人民币十万元以下。对单位的罚款金额，为人民币五万元以上一百万元以下。

拘留的期限，为十五日以下。

被拘留的人，由人民法院交公安机关看管。在拘留期间，被拘留人承认并改正错误的，人民法院可以决定提前解除拘留。

第一百一十九条 [拘传、罚款、拘留的批准]拘传、罚款、拘留必须经院长批准。

拘传应当发拘传票。

罚款、拘留应当用决定书。对决定不服的，可以向上一级人民法院申请复议一次。复议期间不停止执行。

《民诉解释》

第一百七十四条 民事诉讼法第一百一十二条规定的必须到庭的被告，是指负有赡养、抚育、扶养义务且不到庭就无法查清案情的被告。

人民法院对必须到庭才能查清案件基本事实的原告，经两次传票传唤，无正当理由拒不到庭的，可以拘传。

第一百八十四条 对同一妨害民事诉讼行为的罚款、拘留不得连续适用。发生新的妨害民事诉讼行为的，人民法院可以重新予以罚款、拘留。

第一百八十五条 被罚款、拘留的人不服罚款、拘留决定申请复议的，应当自收到决定书之日起三日内提出。上级人民法院应当在收到复议申请后五日内作出决定，并将复议结果通知下级人民法院和当事人。

第一百九十一条 单位有民事诉讼法第一百一十五条或者第一百一十六条规定行为的，人民法院应当对该单位进行罚款，并可以对其主要负责人或者直接责任人员予以罚款、拘留；构成犯罪的，依法追究刑事责任。

专题十三 普通程序

考点34 起诉与受理

1 第一百二十二条 [起诉的实质要件]起诉必须符合下列条件：

（一）原告是与本案有直接利害关系的公民、法人和其他组织；

（二）有明确的被告；

（三）有具体的诉讼请求和事实、理由；

（四）属于人民法院受理民事诉讼的范围和受诉人民法院管辖。〔2022年回忆~起诉的实质要件；2011年真题~起诉条件和方式〕

《民诉解释》

第二百零八条 人民法院接到当事人提交的民事起诉状时，对符合民事诉讼法第一百二十二条的规定，且不属于第一百二十七条规定情形的，应当登记立案；对当场不能判定是否符合起诉条件的，应当接收起诉材料，并出具注明收到日期的书面凭证。

需要补充必要相关材料的，人民法院应当及时告知当事人。在补齐相关材料后，应当在七日内决定是否立案。

立案后发现不符合起诉条件或者属于民事诉讼法第一百二十七条规定情形的，裁定驳回起诉。

第二百零九条 原告提供被告的姓名或者名称、住所等信息具体明确，足以使被告与他人相区别的，可以认定为有明确的被告。

起诉状列写被告信息不足以认定明确的被告的，人民法院可以告知原告补正。原告补正后仍不能确定明确的被告的，人民法院裁定不予受理。

2 第一百二十四条 [起诉状的内容]起诉状应当记明下列事项：

（一）原告的姓名、性别、年龄、民族、职业、工作单位、住所、联系方式，法人或者其他组织的名称、住所和法定代表人或者主要负责人的姓名、职务、联系方式；

（二）被告的姓名、性别、工作单位、住所等信息，法人或者其他组织的名称、住所等信息；

（三）诉讼请求和所根据的事实与理由；

（四）证据和证据来源，证人姓名和住所。

《民诉解释》

第二百一十条 原告在起诉状中有谩骂和人身攻击之辞的，人民法院应当告知其修改后提起诉讼。

3 第一百二十六条 [起诉权和受理程序]人民法院应当保障当事人依照法律规定享有的起诉权利。对符合本法第一百二十二条的起诉,必须受理。符合起诉条件的,应当在七日内立案,并通知当事人;不符合起诉条件的,应当在七日内作出裁定书,不予受理;原告对裁定不服的,可以提起上诉。

《民诉解释》

第一百二十六条 民事诉讼法第一百二十六条规定的立案期限,因起诉状内容欠缺通知原告补正的,从补正后交人民法院的次日起算。由上级人民法院转交下级人民法院立案的案件,从受诉人民法院收到起诉状的次日起算。

❹ **第一百二十七条** [对特殊情形的处理]人民法院对下列起诉,分别情形,予以处理:

(一)依照行政诉讼法的规定,属于行政诉讼受案范围的,告知原告提起行政诉讼;

(二)依照法律规定,双方当事人达成书面仲裁协议申请仲裁、不得向人民法院起诉的,告知原告向仲裁机构申请仲裁;

(三)依照法律规定,应当由其他机关处理的争议,告知原告向有关机关申请解决;

(四)对不属于本院管辖的案件,告知原告向有管辖权的人民法院起诉;

(五)对判决、裁定、调解书已经发生法律效力的案件,当事人又起诉的,告知原告申请再审,但人民法院准许撤诉的裁定除外;

(六)依照法律规定,在一定期限内不得起诉的案件,在不得起诉的期限内起诉的,不予受理;

(七)判决不准离婚和调解和好的离婚案件,判决、调解维持收养关系的案件,没有新情况、新理由,原告在六个月内又起诉的,不予受理。

《民诉解释》

第二百一十一条 对本院没有管辖权的案件,告知原告向有管辖权的人民法院起诉;原告坚持起诉的,裁定不予受理;立案后发现本院没有管辖权的,应当将案件移送有管辖权的人民法院。

第二百一十二条 裁定不予受理、驳回起诉的案件,原告再次起诉,符合起诉条件且不属于民事诉讼法第一百二十七条规定情形的,人民法院应当受理。

第二百一十三条 原告应当预交而未预交案件受理费,人民法院应当通知其预交,通知后仍不预交或者申请减、缓、免未获批准而仍不预交的,裁定按撤诉处理。

第二百一十四条 原告撤诉或者人民法院按撤诉处理后,原告以同一诉讼请求再次起诉的,人民法院应予受理。

原告撤诉或者按撤诉处理的离婚案件,没有新情况、新理由,六个月内又起诉的,比照民事诉讼法第一百二十七条第七项的规定不予受理。[2023年回忆~原告撤诉的后果]

第二百一十五条 依照民事诉讼法第一百二十七条第二项的规定,当事人在书面合同中订有仲裁条款,或者在发生纠纷后达成书面仲裁协议,一方向人民法院起诉的,人民法院应当告知原告向仲裁机构申请仲裁,其坚持

起诉的,裁定不予受理,但仲裁条款或者仲裁协议不成立、无效、失效、内容不明无法执行的除外。

第二百一十六条 在人民法院首次开庭前,被告以书面仲裁协议为由对受理民事案件提出异议的,人民法院应当进行审查。

经审查符合下列情形之一的,人民法院应当裁定驳回起诉:

(一)仲裁机构或者人民法院已经确认仲裁协议有效的;

(二)当事人没有在仲裁庭首次开庭前对仲裁协议的效力提出异议的;

(三)仲裁协议符合仲裁法第十六条规定且不具有仲裁法第十七条规定情形的。[2022年回忆~对受理民事案件提出异议的审查]

第二百一十七条 夫妻一方下落不明,另一方诉至人民法院,只要求离婚,不申请宣告下落不明人失踪或者死亡的案件,人民法院应当受理,对下落不明人公告送达诉讼文书。

第二百一十八条 赡养费、扶养费、抚养费案件,裁判发生法律效力后,因新情况、新理由,一方当事人再行起诉要求增加或者减少费用的,人民法院应作为新案受理。

第二百一十九条 当事人超过诉讼时效期间起诉的,人民法院应予受理。受理后对方当事人提出诉讼时效抗辩,人民法院经审理认为抗辩事由成立的,判决驳回原告的诉讼请求。

第二百四十七条 当事人就已经提起诉讼的事项在诉讼过程中或者裁判生效后再次起诉,同时符合下列条件的,构成重复起诉:

(一)后诉与前诉的当事人相同;

(二)后诉与前诉的诉讼标的相同;

(三)后诉与前诉的诉讼请求相同,或者后诉的诉讼请求实质上否定前诉裁判结果。

当事人重复起诉的,裁定不予受理;已经受理的,裁定驳回起诉,但法律、司法解释另有规定的除外。[2019年回忆~重复起诉;2018年回忆~重复起诉]

❺ **第一百三十五条** [当事人的追加]必须共同进行诉讼的当事人没有参加诉讼的,人民法院应当通知其参加诉讼。

《民诉解释》

第七十三条 必须共同进行诉讼的当事人没有参加诉讼的,人民法院应当依照民事诉讼法第一百三十五条的规定,通知其参加;当事人也可以向人民法院申请追加。人民法院对当事人提出的申请,应当进行审查,申请理由不成立的,裁定驳回;申请理由成立的,书面通知被追加的当事人参加诉讼。

第七十四条 人民法院追加共同诉讼的当事人时,应当通知其他当事人。应当追加的原告,已明确表示放弃实体权利的,可不予追加;既不愿意参加诉讼,又不放弃实体权利的,仍应追加为共同原告,其不参加诉讼,不影响人民法院对案件的审理和依法作出判决。

第二百二十一条 基于同一事实发生的纠纷,当事人分别向同一人民法院起诉的,人民法院可以合并审理。

第二百二十二条 原告在起诉状中直接列写第三人的,视为其申请人民法院追加该第三人参加诉讼。是否通知第三人参加诉讼,由人民法院审查决定。

考点35 开庭审理

1 第一百四十三条 ［合并审理］原告增加诉讼请求,被告提出反诉,第三人提出与本案有关的诉讼请求,可以合并审理。

《民诉解释》

第二百三十二条 在案件受理后,法庭辩论结束前,原告增加诉讼请求,被告提出反诉,第三人提出与本案有关的诉讼请求,可以合并审理的,人民法院应当合并审理。

第二百三十三条 反诉的当事人应当限于本诉的当事人的范围。

反诉与本诉的诉讼请求基于相同法律关系、诉讼请求之间具有因果关系,或者反诉与本诉的诉讼请求基于相同事实的,人民法院应当合并审理。

反诉应由其他人民法院专属管辖,或者与本诉的诉讼标的及诉讼请求所依据的事实、理由无关联的,裁定不予受理,告知另行起诉。

2 第一百五十二条 ［一审审限］人民法院适用普通程序审理的案件,应当在立案之日起六个月内审结。有特殊情况需要延长的,经本院院长批准,可以延长六个月;还需要延长的,报请上级人民法院批准。

考点36 撤诉和缺席判决

1 第一百四十六条 ［原告不到庭和中途退庭的处理］原告经传票传唤,无正当理由拒不到庭的,或者未经法庭许可中途退庭的,可以按撤诉处理;被告反诉的,可以缺席判决。

《民诉解释》

第二百三十四条 无民事行为能力人的离婚诉讼,当事人的法定代理人应当到庭;法定代理人不能到庭的,人民法院应当在查清事实的基础上,依法作出判决。

第二百三十五条 无民事行为能力的当事人的法定代理人,经传票传唤无正当理由拒不到庭的,属于原告方的,比照民事诉讼法第一百四十六条的规定,按撤诉处理;属于被告方的,比照民事诉讼法第一百四十七条的规定,缺席判决。必要时,人民法院可以拘传其到庭。

第二百三十六条 有独立请求权的第三人经人民法院传票传唤无正当理由拒不到庭的,或者未经法庭许可中途退庭的,比照民事诉讼法第一百四十六条的规定,按撤诉处理。

2 第一百四十七条 ［被告不到庭和中途退庭的处理］被告经传票传唤,无正当理由拒不到庭的,或者未经法庭许可中途退庭的,可以缺席判决。

《民诉解释》

第二百四十条 无独立请求权的第三人经人民法院传票传唤无正当理由拒不到庭的,或者未经法庭许可中途退庭的,不影响案件的审理。

第二百四十一条 被告经传票传唤无正当理由拒不到庭,或者未经法庭许可中途退庭的,人民法院应当按期开庭或继续开庭审理,对到庭的当事人诉讼请求、双方的诉辩理由以及已经提交的证据及其他诉讼材料进行审理后,可以依法缺席判决。

3 第一百四十八条 ［原告申请撤诉的处理］宣判前,原告申请撤诉的,是否准许,由人民法院裁定。

人民法院裁定不准许撤诉的,原告经传票传唤,无正当理由拒不到庭的,可以缺席判决。

《民诉解释》

第二百三十七条 有独立请求权的第三人参加诉讼后,原告申请撤诉,人民法院在准许原告撤诉后,有独立请求权的第三人作为另案原告,原案原告、被告作为另案被告,诉讼继续进行。

第二百三十八条 当事人申请撤诉或者依法可以按撤诉处理的案件,如果当事人有违反法律的行为需要依法处理的,人民法院可以不准许撤诉或者不按撤诉处理。

法庭辩论终结后原告申请撤诉,被告不同意的,人民法院可以不予准许。〔2023年回忆~原告申请撤诉〕

第二百三十九条 人民法院准许本诉原告撤诉的,应当对反诉继续审理;被告申请撤回反诉的,人民法院应予准许。

考点37 诉讼阻碍(延期审理、诉讼中止与终结)

第一百四十九条 ［延期审理］有下列情形之一的,可以延期开庭审理:

(一)必须到庭的当事人和其他诉讼参与人有正当理由没有到庭的;

(二)当事人临时提出回避申请的;

(三)需要通知新的证人到庭,调取新的证据,重新鉴定、勘验,或者需要补充调查的;

(四)其他应当延期的情形。

第一百五十三条 ［诉讼中止］有下列情形之一的,中止诉讼:

(一)一方当事人死亡,需要等待继承人表明是否参加诉讼的;

(二)一方当事人丧失诉讼行为能力,尚未确定法定代理人的;

(三)作为一方当事人的法人或者其他组织终止,尚未确定权利义务承受人的;

(四)一方当事人因不可抗拒的事由,不能参加诉讼的;

(五)本案必须以另一案的审理结果为依据,而另一案尚未审结的;

(六)其他应当中止诉讼的情形。

中止诉讼的原因消除后,恢复诉讼。

第一百五十四条 ［诉讼终结］有下列情形之一的,终结诉讼:

(一)原告死亡,没有继承人,或者继承人放弃诉讼权利的;

(二)被告死亡,没有遗产,也没有应当承担义务的人的;
(三)离婚案件一方当事人死亡的;
(四)追索赡养费、扶养费、抚养费以及解除收养关系案件的一方当事人死亡的。

《民诉解释》
第二百四十六条　裁定中止诉讼的原因消除,恢复诉讼程序时,不必撤销原裁定,从人民法院通知或者准许当事人双方继续进行诉讼时起,中止诉讼的裁定即失去效力。

《企业破产法》
第二十条　[民事诉讼或仲裁的变化]人民法院受理破产申请后,已经开始而尚未终结的有关债务人的民事诉讼或者仲裁应当中止;在管理人接管债务人的财产后,该诉讼或者仲裁继续进行。[2018年回忆~管辖权转移的情形、指定管辖]

考点38　一审判决、裁定与决定

1 第一百五十一条　[宣告判决]人民法院对公开审理或者不公开审理的案件,一律公开宣告判决。

当庭宣判的,应当在十日内发送判决书;定期宣判的,宣判后立即发给判决书。

宣告判决时,必须告知当事人上诉权利、上诉期限和上诉的法院。

宣告离婚判决,必须告知当事人在判决发生法律效力前不得另行结婚。

《民诉解释》
第一百四十一条　人民法院在定期宣判时,当事人拒不签收判决书、裁定书的,应视为送达,并在宣判笔录中记明。

2 第一百五十七条　[裁定]裁定适用于下列范围:
(一)不予受理;
(二)对管辖权有异议的;
(三)驳回起诉;
(四)保全和先予执行;
(五)准许或者不准许撤诉;
(六)中止或者终结诉讼;
(七)补正判决书中的笔误;
(八)中止或者终结执行;
(九)撤销或者不予执行仲裁裁决;
(十)不予执行公证机关赋予强制执行效力的债权文书;
(十一)其他需要裁定解决的事项。

对前款第一项至第三项裁定,可以上诉。

裁定书应当写明裁定结果和作出该裁定的理由。裁定书由审判人员、书记员署名,加盖人民法院印章。口头裁定的,记入笔录。

《民诉解释》
第二百四十七条　当事人就已经提起诉讼的事项在诉讼过程中或者裁判生效后再次起诉,同时符合下列条件的,构成重复起诉:

(一)后诉与前诉的当事人相同;
(二)后诉与前诉的诉讼标的相同;
(三)后诉与前诉的诉讼请求相同,或者后诉的诉讼请求实质上否定前诉裁判结果。

当事人重复起诉的,裁定不予受理;已经受理的,裁定驳回起诉,但法律、司法解释另有规定的除外。

3 第一百五十八条　[一审裁判的生效]最高人民法院的判决、裁定,以及依法不准上诉或者超过上诉期没有上诉的判决、裁定,是发生法律效力的判决、裁定。

《民诉解释》
第二百四十八条　裁判发生法律效力后,发生新的事实,当事人再次提起诉讼的,人民法院应当依法受理。

第二百四十九条　在诉讼中,争议的民事权利义务转移的,不影响当事人的诉讼主体资格和诉讼地位。人民法院作出的发生法律效力的判决、裁定对受让人具有拘束力。

受让人申请以无独立请求权的第三人身份参加诉讼的,人民法院可予准许。受让人申请替代当事人承担诉讼的,人民法院可以根据案件的具体情况决定是否准许;不予准许的,可以追加其为无独立请求权的第三人。

第二百五十条　依照本解释第二百四十九条规定,人民法院准许受让人替代当事人承担诉讼的,裁定变更当事人。

变更当事人后,诉讼程序以受让人为当事人继续进行,原当事人应当退出诉讼。原当事人已经完成的诉讼行为对受让人具有拘束力。

4 第一百五十九条　[判决、裁定的公开]公众可以查阅发生法律效力的判决书、裁定书,但涉及国家秘密、商业秘密和个人隐私的内容除外。

专题十四　简易程序

考点39　简易程序

1 第一百六十条　[简易程序的适用范围]基层人民法院和它派出的法庭审理事实清楚、权利义务关系明确、争议不大的简单的民事案件,适用本章规定。

基层人民法院和它派出的法庭审理前款规定以外的民事案件,当事人双方也可以约定适用简易程序。

《民诉解释》
第二百五十六条　民事诉讼法第一百六十条规定的简单民事案件中的事实清楚,是指当事人对争议的事实陈述基本一致,并能提供相应的证据,无须人民法院调查收集证据即可查明事实;权利义务关系明确是指能明确区分谁是责任的承担者,谁是权利的享有者;争议不大是指当事人对案件的是非、责任承担以及诉讼标的争执无原则分歧。

第二百五十七条　下列案件,不适用简易程序:
(一)起诉时被告下落不明的;
(二)发回重审的;
(三)当事人一方人数众多的;
(四)适用审判监督程序的;

（五）涉及国家利益、社会公共利益的；
（六）第三人起诉请求改变或者撤销生效判决、裁定、调解书的；
（七）其他不宜适用简易程序的案件。

第二百六十四条　当事人双方根据民事诉讼法第一百六十条第二款规定约定适用简易程序的，应当在开庭前提出。口头提出的，记入笔录，由双方当事人签名或者捺印确认。

本解释第二百五十七条规定的案件，当事人约定适用简易程序的，人民法院不予准许。

2 第一百六十二条　[简易程序的传唤方式]基层人民法院和它派出的法庭审理简单的民事案件，可以用简便方式传唤当事人和证人、送达诉讼文书、审理案件，但应当保障当事人陈述意见的权利。

《民诉解释》

第二百六十一条第一、二款　适用简易程序审理案件，人民法院可以依照民事诉讼法第九十条、第一百六十二条的规定采取捎口信、电话、短信、传真、电子邮件等简便方式传唤双方当事人、通知证人和送达诉讼文书。

以简便方式送达的开庭通知，未经当事人确认或者没有其他证据证明当事人已经收到的，人民法院不得缺席判决。

第二百六十六条　适用简易程序案件的举证期限由人民法院确定，也可以由当事人协商一致并经人民法院准许，但不得超过十五日。被告要求书面答辩的，人民法院可以在征得其同意的基础上，合理确定答辩期间。

人民法院应当将举证期限和开庭日期告知双方当事人，并向当事人说明逾期举证以及拒不到庭的法律后果，由双方当事人在笔录和开庭传票的送达回证上签名或者捺印。

当事人双方均表示不需要举证期限、答辩期间的，人民法院可以立即开庭审理或者确定开庭日期。

第二百六十七条　适用简易程序审理案件，可以简便方式进行审理前的准备。

第二百六十八条　对没有委托律师、基层法律服务工作者代理诉讼的当事人，人民法院在庭审过程中可以对回避、自认、举证证明责任等相关内容向其作必要的解释或者说明，并在庭审过程中适当提示当事人正确行使诉讼权利、履行诉讼义务。

3 第一百六十三条　[简易程序的独任审理]简单的民事案件由审判员一人独任审理，并不受本法第一百三十九条、第一百四十一条、第一百四十四条规定的限制。

《民诉解释》

第二百五十九条　当事人双方可就开庭方式向人民法院提出申请，由人民法院决定是否准许。经当事人双方同意，可以采用视听传输技术等方式开庭。

第二百六十一条第三款　适用简易程序审理案件，由审判员独任审判，书记员担任记录。

第二百六十二条　人民法庭制作的判决书、裁定书、调解书，必须加盖基层人民法院印章，不得用人民法庭印章代替基层人民法院的印章。

第二百七十条　适用简易程序审理的案件，有下列情形之一的，人民法院在制作判决书、裁定书、调解书时，对认定事实或者裁判理由部分可以适当简化：

（一）当事人达成调解协议并需要制作民事调解书的；
（二）一方当事人明确表示承认对方全部或者部分诉讼请求的；
（三）涉及商业秘密、个人隐私的案件，当事人一方要求简化裁判文书中的相关内容，人民法院认为理由正当的；
（四）当事人双方同意简化的。

4 第一百六十四条　[简易程序的审限]人民法院适用简易程序审理案件，应当在立案之日起三个月内审结。有特殊情况需要延长的，经本院院长批准，可以延长一个月。

《民诉解释》

第二百五十八条　适用简易程序审理的案件，审理期限到期后，有特殊情况需要延长的，经本院院长批准，可以延长审理期限。延长后的审理期限累计不得超过四个月。

人民法院发现案件不宜适用简易程序，需要转为普通程序审理的，应当在审理期限届满前作出裁定并将审判人员及相关事项书面通知双方当事人。

案件转为普通程序审理的，审理期限自人民法院立案之日计算。

5 第一百七十七条　[简易程序转为普通程序]人民法院在审理过程中，发现案件不宜适用简易程序的，裁定转为普通程序。

《民诉解释》

第二百六十条　已经按照普通程序审理的案件，在开庭后不得转为简易程序审理。

第二百六十九条　当事人就案件适用简易程序提出异议，人民法院经审查，异议成立的，裁定转为普通程序；异议不成立的，裁定驳回。裁定以口头方式作出的，应当记入笔录。

转为普通程序的，人民法院应当将审判人员及相关事项以书面形式通知双方当事人。

转为普通程序前，双方当事人已确认的事实，可以不再进行举证、质证。

考点40 小额诉讼程序

1 第一百六十五条　[小额诉讼程序]基层人民法院和它派出的法庭审理事实清楚、权利义务关系明确、争议不大的简单金钱给付民事案件，标的额为各省、自治区、直辖市上年度就业人员年平均工资百分之五十以下的，适用小额诉讼的程序审理，实行一审终审。

基层人民法院和它派出的法庭审理前款规定的民事案件，标的额超过各省、自治区、直辖市上年度就业人员年平均工资百分之五十但在二倍以下的，当事人双方也可以约定适用小额诉讼的程序。

《民诉解释》

第二百七十一条 人民法院审理小额诉讼案件,适用民事诉讼法第一百六十五条的规定,实行一审终审。

第二百七十二条 民事诉讼法第一百六十五条规定的各省、自治区、直辖市上年度就业人员年平均工资,是指已经公布的各省、自治区、直辖市上一年度就业人员年平均工资。在上一年度就业人员年平均工资公布前,以已经公布的最近年度就业人员年平均工资为准。

第二百七十三条 海事法院可以适用小额诉讼的程序审理海事、海商案件。案件标的额应当以实际受理案件的海事法院或者其派出法庭所在的省、自治区、直辖市上年度就业人员年平均工资为基数计算。

第二百七十四条 人民法院受理小额诉讼案件,应当向当事人告知该类案件的审判组织、一审终审、审理期限、诉讼费用交纳标准等相关事项。

第二百七十五条 小额诉讼案件的举证期限由人民法院确定,也可以由当事人协商一致并经人民法院准许,但一般不超过七日。

被告要求书面答辩的,人民法院可以在征得其同意的基础上合理确定答辩期间,但最长不得超过十五日。

当事人到庭后表示不需要举证期限和答辩期间的,人民法院可立即开庭审理。

第二百七十六条 当事人对小额诉讼案件提出管辖异议的,人民法院应当作出裁定。裁定一经作出即生效。

第二百七十七条 人民法院受理小额诉讼案件后,发现起诉不符合民事诉讼法第一百二十二条规定的起诉条件的,裁定驳回起诉。裁定一经作出即生效。

第二百八十条 小额诉讼案件的裁判文书可以简化,主要记载当事人基本信息、诉讼请求、裁判主文等内容。

第二百八十一条 人民法院审理小额诉讼案件,本解释没有规定的,适用简易程序的其他规定。

第四百二十四条 对小额诉讼案件的判决、裁定,当事人以民事诉讼法第二百零七条(现为第二百一十一条)规定的事由向原审人民法院申请再审的,人民法院应当受理。申请再审事由成立的,应当裁定再审,组成合议庭进行审理。作出的再审判决、裁定,当事人不得上诉。

当事人以不应按小额诉讼案件审理为由向原审人民法院申请再审的,人民法院应当受理。理由成立的,应当裁定再审,组成合议庭审理。作出的再审判决、裁定,当事人可以上诉。

2 第一百六十六条 [不适用小额诉讼程序的案件]人民法院审理下列民事案件,不适用小额诉讼的程序:

(一)人身关系、财产确权案件;

(二)涉外案件;

(三)需要评估、鉴定或者对诉前评估、鉴定结果有异议的案件;

(四)一方当事人下落不明的案件;

(五)当事人提出反诉的案件;

(六)其他不宜适用小额诉讼的程序审理的案件。

第一百六十七条 [小额诉讼的审理方式]人民法院适用小额诉讼的程序审理案件,可以一次开庭审结并且当庭宣判。

第一百六十八条 [小额诉讼的审限]人民法院适用小额诉讼的程序审理案件,应当在立案之日起两个月内审结。有特殊情况需要延长的,经本院院长批准,可以延长一个月。

第一百六十九条 [小额诉讼程序转化及当事人异议权]人民法院在审理过程中,发现案件不宜适用小额诉讼的程序的,应当适用简易程序的其他规定审理或者裁定转为普通程序。

当事人认为案件适用小额诉讼的程序审理违反法律规定的,可以向人民法院提出异议。人民法院对当事人提出的异议应当审查,异议成立的,应当适用简易程序的其他规定审理或者裁定转为普通程序;异议不成立的,裁定驳回。

《民诉解释》

第二百七十八条 因当事人申请增加或者变更诉讼请求、提出反诉、追加当事人等,致使案件不符合小额诉讼案件条件的,应当适用简易程序的其他规定审理。

前款规定案件,应当适用普通程序审理的,裁定转为普通程序。

适用简易程序的其他规定或者普通程序审理前,双方当事人已确认的事实,可以不再进行举证、质证。

第二百七十九条 当事人对按照小额诉讼案件审理有异议的,应当在开庭前提出。人民法院经审查,异议成立的,适用简易程序的其他规定审理或者裁定转为普通程序;异议不成立的,裁定驳回。裁定以口头方式作出的,应当记入笔录。

专题十五 第二审程序

考点41 上诉的提起与受理

1 第一百七十一条 [上诉权]当事人不服地方人民法院第一审判决的,有权在判决书送达之日起十五日内向上一级人民法院提起上诉。

当事人不服地方人民法院第一审裁定的,有权在裁定书送达之日起十日内向上一级人民法院提起上诉。

《民诉解释》

第二百四十四条 可以上诉的判决书、裁定书不能同时送达双方当事人的,上诉期从各自收到判决书、裁定书之日计算。

第三百一十五条 双方当事人和第三人都提起上诉的,均列为上诉人。人民法院可以依职权确定第二审程序中当事人的诉讼地位。

第三百一十七条 必要共同诉讼人的一人或者部分人提起上诉的,按下列情形分别处理:

(一)上诉仅对与对方当事人之间权利义务分担有意见,不涉及其他共同诉讼人利益的,对方当事人为被上诉人,未上诉的同一方当事人依原审诉讼地位列明;

(二)上诉仅对共同诉讼人之间权利义务分担有意

见,不涉及对方当事人利益的,未上诉的同一方当事人为被上诉人,对方当事人依原审诉讼地位列明;

(三)上诉对双方当事人之间以及共同诉讼人之间权利义务承担有意见的,未提起上诉的其他当事人均为被上诉人。

第三百一十九条　无民事行为能力人、限制民事行为能力人的法定代理人,可以代理当事人提起上诉。

第三百二十条　上诉案件的当事人死亡或者终止的,人民法院依法通知其权利义务承继人参加诉讼。

需要终结诉讼的,适用民事诉讼法第一百五十四条规定。

2 第一百七十三条　[上诉的提起]上诉状应当通过原审人民法院提出,并按照对方当事人或者代表人的人数提出副本。

当事人直接向第二审人民法院上诉的,第二审人民法院应当在五日内将上诉状移交原审人民法院。

《民诉解释》

第三百一十六条　民事诉讼法第一百七十三条、第一百七十四条规定的对方当事人包括被上诉人和原审其他当事人。

3 第一百七十四条　[上诉的受理]原审人民法院收到上诉状,应当在五日内将上诉状副本送达对方当事人,对方当事人在收到之日起十五日内提出答辩状。人民法院应当在收到答辩状之日起五日内将副本送达上诉人。对方当事人不提出答辩状的,不影响人民法院审理。

原审人民法院收到上诉状、答辩状,应当在五日内连同全部案卷和证据,报送第二审人民法院。

考点42 二审审理程序

1 第一百七十五条　[二审的审理范围]第二审人民法院应当对上诉请求的有关事实和适用法律进行审查。

《民诉解释》

第三百二十一条　第二审人民法院应当围绕当事人的上诉请求进行审理。

当事人没有提出请求的,不予审理,但一审判决违反法律禁止性规定,或者损害国家利益、社会公共利益、他人合法权益的除外。

第三百二十四条　对当事人在第一审程序中已经提出的诉讼请求,原审人民法院未作审理、判决的,第二审人民法院可以根据当事人自愿的原则进行调解;调解不成的,发回重审。

第三百二十五条　必须参加诉讼的当事人或者有独立请求权的第三人,在第一审程序中未参加诉讼,第二审人民法院可以根据当事人自愿的原则予以调解;调解不成的,发回重审。

第三百二十六条　在第二审程序中,原审原告增加独立的诉讼请求或者原审被告提出反诉的,第二审人民法院可以根据当事人自愿的原则就新增加的诉讼请求或者反诉进行调解;调解不成的,告知当事人另行起诉。

双方当事人同意由第二审人民法院一并审理的,第二审人民法院可以一并裁判。

第三百二十七条　一审判决不准离婚的案件,上诉后,第二审人民法院认为应当判决离婚的,可以根据当事人自愿的原则,与子女抚养、财产问题一并调解;调解不成的,发回重审。

双方当事人同意由第二审人民法院一并审理的,第二审人民法院可以一并裁判。

2 第一百七十六条　[二审的审理方式和地点]第二审人民法院对上诉案件应当开庭审理。经过阅卷、调查和询问当事人,对没有提出新的事实、证据或者理由,人民法院认为不需要开庭审理的,可以不开庭审理。

第二审人民法院审理上诉案件,可以在本院进行,也可以到案件发生地或者原审人民法院所在地进行。

《民诉解释》

第三百二十二条　开庭审理的上诉案件,第二审人民法院可以依照民事诉讼法第一百三十六条第四项规定进行审理前的准备。

第三百三十一条　第二审人民法院对下列上诉案件,依照民事诉讼法第一百七十六条规定可以不开庭审理:

(一)不服不予受理、管辖权异议和驳回起诉裁定的;

(二)当事人提出的上诉请求明显不能成立的;

(三)原判决、裁定认定事实清楚,但适用法律错误的;

(四)原判决严重违反法定程序,需要发回重审的。

考点43 二审的判决与裁定

1 第一百七十七条　[二审裁判]第二审人民法院对上诉案件,经过审理,按照下列情形,分别处理:

(一)原判决、裁定认定事实清楚,适用法律正确的,以判决、裁定方式驳回上诉,维持原判决、裁定;

(二)原判决、裁定认定事实错误或者适用法律错误的,以判决、裁定方式依法改判、撤销或者变更;

(三)原判决认定基本事实不清的,裁定撤销原判决,发回原审人民法院重审,或者查清事实后改判;

(四)原判决遗漏当事人或者违法缺席判决等严重违反法定程序的,裁定撤销原判决,发回原审人民法院重审。

原审人民法院对发回重审的案件作出判决后,当事人提起上诉的,第二审人民法院不得再次发回重审。[2017年真题~必要共同诉讼当事人、送达、缺席判决、上诉案件的裁判;2012年真题~上诉案件的裁判;2010年真题~上诉案件的调解]

《民诉解释》

第二百五十一条　二审裁定撤销一审判决发回重审的案件,当事人申请变更、增加诉讼请求或者提出反诉,第三人提出与本案有关的诉讼请求的,依照民事诉讼法第一百四十三条规定处理。

第三百二十三条　下列情形,可以认定为民事诉讼法第一百七十七条第一款第四项规定的严重违反法定程序:

(一)审判组织的组成不合法的;

(二)应当回避的审判人员未回避的;

(三)无诉讼行为能力人未经法定代理人代为诉讼的;

(四)违法剥夺当事人辩论权利的。

第三百二十八条 人民法院依照第二审程序审理案件,认为依法不应由人民法院受理的,可以由第二审人民法院直接裁定撤销原裁判,驳回起诉。

第三百二十九条 人民法院依照第二审程序审理案件,认为第一审人民法院受理案件违反专属管辖规定的,应当裁定撤销原裁判并移送有管辖权的人民法院。

第三百三十条 第二审人民法院查明第一审人民法院作出的不予受理裁定有错误的,应当在撤销原裁定的同时,指令第一审人民法院立案受理;查明第一审人民法院作出的驳回起诉裁定有错误的,应当在撤销原裁定的同时,指令第一审人民法院审理。

第三百三十二条 原判决、裁定认定事实或者适用法律虽有瑕疵,但裁判结果正确的,第二审人民法院可以在判决、裁定中纠正瑕疵后,依照民事诉讼法第一百七十七条第一款第一项规定予以维持。

第三百三十三条 民事诉讼法第一百七十七条第一款第三项规定的基本事实,是指用以确定当事人主体资格、案件性质、民事权利义务等对原判决、裁定的结果有实质性影响的事实。

第三百三十四条 在第二审程序中,作为当事人的法人或者其他组织分立的,人民法院可以直接将分立后的法人或者其他组织列为共同诉讼人;合并的,将合并后的法人或者其他组织列为当事人。

2 第一百八十条 [上诉的撤回]第二审人民法院判决宣告前,上诉人申请撤回上诉的,是否准许,由第二审人民法院裁定。

《民诉解释》

第三百三十五条 在第二审程序中,当事人申请撤回上诉,人民法院经审查认为一审判决确有错误,或者当事人之间恶意串通损害国家利益、社会公共利益、他人合法权益的,不应准许。

第三百三十六条 在第二审程序中,原审原告申请撤回起诉,经其他当事人同意,且不损害国家利益、社会公共利益、他人合法权益的,人民法院可以准许。准许撤诉的,应当一并裁定撤销一审裁判。

原审原告在第二审程序中撤回起诉后重复起诉的,人民法院不予受理。

第三百三十七条 当事人在第二审程序中达成和解协议的,人民法院可以根据当事人的请求,对双方达成的和解协议进行审查并制作调解书送达当事人;因和解而申请撤诉,经审查符合撤诉条件的,人民法院应予准许。

专题十六 审判监督程序

考点44 再审的启动

(一)法院启动再审

第二百零九条 [人民法院决定再审]各级人民法院院长对本院已经发生法律效力的判决、裁定、调解书,发现确有错误,认为需要再审的,应当提交审判委员会讨论决定。

最高人民法院对地方各级人民法院已经发生法律效力的判决、裁定、调解书,上级人民法院对下级人民法院已经发生法律效力的判决、裁定、调解书,发现确有错误的,有权提审或者指令下级人民法院再审。

《审判监督程序解释》

第二十一条 当事人未申请再审、人民检察院未抗诉的案件,人民法院发现原判决、裁定、调解协议有损害国家利益、社会公共利益等确有错误情形的,应当依照民事诉讼法第一百九十八条(现为第二百零九条)的规定提起再审。

(二)检察院启动再审

第二百一十九条 [人民检察院提起抗诉]最高人民检察院对各级人民法院已经发生法律效力的判决、裁定,上级人民检察院对下级人民法院已经发生法律效力的判决、裁定,发现有本法第二百一十一条规定情形之一的,或者发现调解书损害国家利益、社会公共利益的,应当提出抗诉。

地方各级人民检察院对同级人民法院已经发生法律效力的判决、裁定,发现有本法第二百一十一条规定情形之一的,或者发现调解书损害国家利益、社会公共利益的,可以向同级人民法院提出检察建议,并报上级人民检察院备案;也可以提请上级人民检察院向同级人民法院提出抗诉。

各级人民检察院对审判监督程序以外的其他审判程序中审判人员的违法行为,有权向同级人民法院提出检察建议。

《民诉解释》

第四百一十一条 人民检察院依法对损害国家利益、社会公共利益的发生法律效力的判决、裁定、调解书提出抗诉,或者经人民检察院检察委员会讨论决定提出再审检察建议的,人民法院应予受理。

第四百一十二条 人民检察院对已经发生法律效力的判决以及不予受理、驳回起诉的裁定依法提出抗诉的,人民法院应予受理,但适用特别程序、督促程序、公示催告程序、破产程序以及解除婚姻关系的判决、裁定等不适用审判监督程序的判决、裁定除外。

(三)当事人申请再审

1 第二百一十一条 [当事人申请再审]当事人对已经发生法律效力的判决、裁定,认为有错误的,可以向上一级人民法院申请再审;当事人一方人数众多或者当事人双方为公民的案件,也可以向原审人民法院申请再审。当事人申请再审的,不停止判决、裁定的执行。[2016年真题~申请再审的条件;2010年真题~申请再审的管辖法院]

《民诉解释》

第三百七十三条 当事人死亡或者终止的,其权利义务承继者可以根据民事诉讼法第二百零六条(现为第二百一十条)、第二百零八条(现为第二百一十二条)的规定申请再审。

判决、调解书生效后,当事人将判决、调解书确认的债权转让,债权受让人对该判决、调解书不服申请再审的,人民法院不予受理。

第三百七十四条 民事诉讼法第二百零六条(现为第二百一十条)规定的人数众多的一方当事人,包括公民、法人和其他组织。

民事诉讼法第二百六条规定的当事人双方为公民的案件,是指原告和被告均为公民的案件。

第三百七十七条 当事人一方人数众多或者当事人双方为公民的案件,当事人分别向原审人民法院和上一级人民法院申请再审且不能协商一致的,由原审人民法院受理。

第三百七十九条 当事人认为发生法律效力的不予受理、驳回起诉的裁定错误的,可以申请再审。

❷ 第二百一十一条 [再审事由]当事人的申请符合下列情形之一的,人民法院应当再审:
(一)有新的证据,足以推翻原判决、裁定的;
(二)原判决、裁定认定的基本事实缺乏证据证明的;
(三)原判决、裁定认定事实的主要证据是伪造的;
(四)原判决、裁定认定事实的主要证据未经质证的;
(五)对审理案件需要的主要证据,当事人因客观原因不能自行收集,书面申请人民法院调查收集,人民法院未调查收集的;
(六)原判决、裁定适用法律确有错误的;
(七)审判组织的组成不合法或者依法应当回避的审判人员没有回避的;
(八)无诉讼行为能力人未经法定代理人代为诉讼或者应当参加诉讼的当事人,因不能归责于本人或者其诉讼代理人的事由,未参加诉讼的;
(九)违反法律规定,剥夺当事人辩论权利的;
(十)未经传票传唤,缺席判决的;
(十一)原判决、裁定遗漏或者超出诉讼请求的;
(十二)据以作出原判决、裁定的法律文书被撤销或者变更的;
(十三)审判人员审理该案件时有贪污受贿,徇私舞弊,枉法裁判行为的。〔2010年真题~**申请再审的事实和理由、再审的审判程序**〕

《民诉解释》

第三百八十五条 再审申请人提供的新的证据,能够证明原判决、裁定认定基本事实或者裁判结果错误的,应当认定为民事诉讼法第二百零七条(现为第二百一十一条)第一项规定的情形。

对于符合前款规定的证据,人民法院应当责令再审申请人说明其逾期提供证据的理由;拒不说明理由或者理由不成立的,依照民事诉讼法第六十八条第二款和本解释第一百零二条的规定处理。〔2010年真题~**申请再审的事实和理由、再审的审判程序**〕

第三百八十六条 再审申请人证明其提交的新的证据符合下列情形之一的,可以认定逾期提供证据的理由成立:
(一)在原审庭审结束前已经存在,因客观原因于庭

审结束后才发现的;
(二)在原审庭审结束前已经发现,但因客观原因无法取得或者在规定的期限内不能提供的;
(三)在原审庭审结束后形成,无法据此另行提起诉讼的。

再审申请人提交的证据在原审中已经提供,原审人民法院未组织质证且未作为裁判根据的,视为逾期提供证据的理由成立,但原审人民法院依照民事诉讼法第六十八条规定不予采纳的除外。

第三百八十七条 当事人对原判决、裁定认定事实的主要证据在原审中拒绝发表质证意见或者质证中未对证据发表质证意见的,不属于民事诉讼法第二百零七条(现为第二百一十一条)第四项规定的未经质证的情形。

第三百八十八条 有下列情形之一,导致判决、裁定结果错误的,应当认定为民事诉讼法第二百零七条(现为第二百一十一条)第六项规定的原判决、裁定适用法律确有错误:
(一)适用的法律与案件性质明显不符的;
(二)确定民事责任明显违背当事人约定或者法律规定的;
(三)适用已经失效或者尚未施行的法律的;
(四)违反法律溯及力规定的;
(五)违反法律适用规则的;
(六)明显违背立法原意的。

第三百八十九条 原审开庭过程中有下列情形之一的,应当认定为民事诉讼法第二百零七条(现为第二百一十一条)第九项规定的剥夺当事人辩论权利:
(一)不允许当事人发表辩论意见的;
(二)应当开庭审理而未开庭审理的;
(三)违反法律规定送达起诉状副本或者上诉状副本,致使当事人无法行使辩论权利的;
(四)违法剥夺当事人辩论权利的其他情形。

第三百九十条 民事诉讼法第二百零七条(现为第二百一十一条)第十一项规定的诉讼请求,包括一审诉讼请求、二审上诉请求,但当事人未对一审判决、裁定遗漏或者超出诉讼请求提起上诉的除外。

第三百九十一条 民事诉讼法第二百零七条(现为第二百一十一条)第十二项规定的法律文书包括:
(一)发生法律效力的判决书、裁定书、调解书;
(二)发生法律效力的仲裁裁决书;
(三)具有强制执行效力的公证债权文书。

第三百九十二条 民事诉讼法第二百零七条(现为第二百一十一条)第十三项规定的审判人员审理该案件时有贪污受贿、徇私舞弊、枉法裁判行为,是指已经由生效刑事法律文书或者纪律处分决定所确认的行为。

❸ 第二百一十二条 [调解书的再审]当事人对已经发生法律效力的调解书,提出证据证明调解违反自愿原则或者调解协议的内容违反法律的,可以申请再审。经人民法院审查属实的,应当再审。

《民诉解释》

第三百八十二条 当事人对已经发生法律效力的调

解书申请再审,应当在调解书发生法律效力后六个月内提出。

4 第二百一十三条 [不得申请再审的案件]当事人对已经发生法律效力的解除婚姻关系的判决、调解书,不得申请再审。

《民诉解释》

第三百七十八条 适用特别程序、督促程序、公示催告程序、破产程序等非讼程序审理的案件,当事人不得申请再审。

第三百八十条 当事人就离婚案件中的财产分割问题申请再审,如涉及判决中已分割的财产,人民法院应当依照民事诉讼法第二百零七条的规定进行审查,符合再审条件的,应当裁定再审;如涉及判决中未作处理的夫妻共同财产,应当告知当事人另行起诉。

第三百八十一条 当事人申请再审,有下列情形之一的,人民法院不予受理:
(一)再审申请被驳回后再次提出申请的;
(二)对再审判决、裁定提出申请的;
(三)在人民检察院对当事人的申请作出不予提出再审检察建议或者抗诉决定后又提出申请的。
前款第一项、第二项规定情形,人民法院应当告知当事人可以向人民检察院申请再审检察建议或者抗诉,但因人民检察院提出再审检察建议或者抗诉而再审作出的判决、裁定除外。

5 第二百一十六条 [当事人申请再审的期限]当事人申请再审,应当在判决、裁定发生法律效力后六个月内提出;有本法第二百一十一条第一项、第三项、第十二项、第十三项规定情形的,自知道或者应当知道之日起六个月内提出。

《民诉解释》

第一百二十七条 民事诉讼法第五十九条第三款、第二百一十二条(现为第二百一十六条)以及本解释第三百七十二条、第三百八十二条、第三百九十九条、第四百二十条、第四百二十一条规定的六个月,民事诉讼法第二百三十条(现为第二百三十四条)规定的一年,为不变期间,不适用诉讼时效中止、中断、延长的规定。

(四)当事人申请检察建议或抗诉

第二百二十条 [当事人申请再审检察建议及抗诉的条件]有下列情形之一的,当事人可以向人民检察院申请检察建议或者抗诉:
(一)人民法院驳回再审申请的;
(二)人民法院逾期未对再审申请作出裁定的;
(三)再审判决、裁定有明显错误的。
人民检察院对当事人的申请应当在三个月内进行审查,作出提出或者不予提出检察建议或者抗诉的决定。当事人不得再次向人民检察院申请检察建议或者抗诉。

《民诉解释》

第四百一十三条 人民检察院依照民事诉讼法第二百一十六条(现为第二百二十条)第一款第三项规定对有明显错误的再审判决、裁定提出抗诉或者再审检察建议的,人民法院应予受理。

第四百一十四条 地方各级人民检察院依当事人的申请对生效判决、裁定向同级人民法院提出再审检察建议,符合下列条件的,应当受理:
(一)再审检察建议书和原当事人申请书及相关证据材料已经提交;
(二)建议再审的对象为依照民事诉讼法和本解释规定可以进行再审的判决、裁定;
(三)再审检察建议书列明该判决、裁定有民事诉讼法第二百一十五条(现为第二百一十九条)第二款规定情形;
(四)符合民事诉讼法第二百一十六条(现为第二百二十条)第一款第一项、第二项规定情形;
(五)再审检察建议经该人民检察院检察委员会讨论决定。
不符合前款规定的,人民法院可以建议人民检察院予以补正或者撤回;不予补正或者撤回的,应当函告人民检察院不予受理。

考点45 再审审理程序

1 第二百一十五条第二款 [再审案件管辖法院]因当事人申请裁定再审的案件由中级人民法院以上的人民法院审理,但当事人依照本法第二百一十条的规定选择向基层人民法院申请再审的除外。最高人民法院、高级人民法院裁定再审的案件,由本院再审或者交其他人民法院再审,也可以交原审人民法院再审。

《审判监督程序解释》

第十八条 上一级人民法院经审查认为申请再审事由成立的,一般由本院提审。最高人民法院、高级人民法院也可以指定与原审人民法院同级的其他人民法院再审,或者指令原审人民法院再审。

第十九条 上一级人民法院可以根据案件的影响程度以及案件参与人等情况,决定是否指定再审。需要指定再审的,应当考虑便利当事人行使诉讼权利以及便利人民法院审理等因素。
接受指定再审的人民法院,应当按照民事诉讼法第二百零七条(现为第二百一十八条)第一款规定的程序审理。

第二十条 有下列情形之一的,不得指令原审人民法院再审:
(一)原审人民法院对该案无管辖权的;
(二)审判人员在审理该案件时有贪污受贿,徇私舞弊,枉法裁判行为的;
(三)原判决、裁定系经原审人民法院审判委员会讨论作出的;
(四)其他不宜指令原审人民法院再审的。

2 第二百一十七条 [中止原判决的执行及例外]按照审判监督程序决定再审的案件,裁定中止原判决、裁定、调解书的执行,但追索赡养费、扶养费、抚养费、抚恤金、医疗费用、劳动报酬等案件,可以不中止执行。

《民诉解释》

第三百九十四条 人民法院对已经发生法律效力的

判决、裁定、调解书依法决定再审,依照民事诉讼法第二百一十三条(现为第二百一十七条)规定,需要中止执行的,应当在再审裁定中同时写明中止原判决、裁定、调解书的执行;情况紧急的,可以将中止执行裁定口头通知负责执行的人民法院,并在通知后十日内发出裁定书。

③ 第二百一十八条　[再审案件的审理程序] 人民法院按照审判监督程序再审的案件,发生法律效力的判决、裁定是由第一审法院作出的,按照第一审程序审理,所作的判决、裁定,当事人可以上诉;发生法律效力的判决、裁定是由第二审法院作出的,按照第二审程序审理,所作的判决、裁定,是发生法律效力的判决、裁定;上级人民法院按照审判监督程序提审的,按照第二审程序审理,所作的判决、裁定是发生法律效力的判决、裁定。

人民法院审理再审案件,应当另行组成合议庭。
[2016年真题~再审审理的审判程序、再审案件审理范围;2010年真题~申请再审的事实和理由、再审的审判程序]

《民诉解释》

第一百二十八条　再审案件按照第一审程序或者第二审程序审理的,适用民事诉讼法第一百五十二条、第一百八十三条规定的审限。审限自再审立案的次日起算。

第一百二十九条　对申请再审案件,人民法院应当自受理之日起三个月内审查完毕,但公告期间、当事人和解期间等不计入审查期限。有特殊情况需要延长的,由本院院长批准。

第四百条　再审申请审查期间,有下列情形之一的,裁定终结审查:
(一)再审申请人死亡或者终止,无权利义务承继者或者权利义务承继者声明放弃再审申请的;
(二)在给付之诉中,负有给付义务的被申请人死亡或者终止,无可供执行的财产,也没有应当承担义务的人的;
(三)当事人达成和解协议且已履行完毕,但当事人在和解协议中声明不放弃申请再审权利的除外;
(四)他人未经授权以当事人名义申请再审的;
(五)原审或者上一级人民法院已经裁定再审的;
(六)有本解释第三百八十一条第一款规定情形的。

第四百零一条　人民法院审理再审案件应当组成合议庭开庭审理,但按照第二审程序审理,有特殊情况或者双方当事人已经通过其他方式充分表达意见,且书面同意不开庭审理的除外。

符合缺席判决条件的,可以缺席判决。

第四百零三条　人民法院审理再审案件应当围绕再审请求进行。当事人的再审请求超出原审诉讼请求的,不予审理;符合另案诉讼条件的,告知当事人可以另行起诉。

被申请人及原审其他当事人在庭审辩论结束前提出的再审请求,符合民事诉讼法第二百一十二条(现为第二百一十六条)规定的,人民法院应当一并审理。

人民法院经再审,发现已经发生法律效力的判决、裁定损害国家利益、社会公共利益、他人合法权益的,应当一并审理。[2016年真题~再审审理的审判程序、再审案件审理范围]

第四百零四条　再审审理期间,有下列情形之一的,可以裁定终结再审程序:
(一)再审申请人在再审期间撤回再审请求,人民法院准许的;
(二)再审申请人经传票传唤,无正当理由拒不到庭的,或者未经法庭许可中途退庭,按撤回再审请求处理的;
(三)人民检察院撤回抗诉的;
(四)有本解释第四百条第一项至第四项规定情形的。

因人民检察院提出抗诉裁定再审的案件,申请抗诉的当事人有前款规定的情形,且不损害国家利益、社会公共利益或者他人合法权益的,人民法院应当裁定终结再审程序。

再审程序终结后,人民法院裁定中止执行的原生效判决自动恢复执行。

第四百零五条　人民法院经再审审理认为,原判决、裁定认定事实清楚、适用法律正确的,应予维持;原判决、裁定认定事实、适用法律虽有瑕疵,但裁判结果正确的,应当在再审判决、裁定中纠正瑕疵后予以维持。

原判决、裁定认定事实、适用法律错误,导致裁判结果错误的,应当依法改判、撤销或者变更。

第四百零六条　按照第二审程序再审的案件,人民法院经审理认为不符合民事诉讼法规定的起诉条件或者符合民事诉讼法第一百二十七条规定不予受理情形的,应当裁定撤销一、二审判决,驳回起诉。

第四百零七条　人民法院对调解书裁定再审后,按照下列情形分别处理:
(一)当事人提出的调解违反自愿原则的事由不成立,且调解书的内容不违反法律强制性规定的,裁定驳回再审申请;
(二)人民检察院抗诉或者再审检察建议所主张的损害国家利益、社会公共利益的理由不成立的,裁定终结再审程序。

前款规定情形,人民法院裁定中止执行的调解书需要继续执行的,自动恢复执行。

第四百零八条　一审原告在再审审理程序中申请撤回起诉,经其他当事人同意,且不损害国家利益、社会公共利益、他人合法权益的,人民法院可以准许。裁定准许撤诉的,应当一并撤销原判决。

一审原告在再审审理程序中撤回起诉后重复起诉的,人民法院不予受理。

第四百零九条　当事人提交新的证据致使再审改判,因再审申请人或者申请检察监督当事人的过错未能在原审程序中及时举证,被申请人等当事人请求补偿其增加的交通、住宿、就餐、误工等必要费用的,人民法院应予支持。

第四百一十条　部分当事人到庭并达成调解协议,其他当事人未作出书面表示的,人民法院应当在判决中对该事实作出表述;调解协议内容不违反法律规定,且不损害其他当事人合法权益的,可以在判决主文中予以确认。

4 第二百二十二条 [抗诉案件裁定再审的期限及审理法院]人民检察院提出抗诉的案件,接受抗诉的人民法院应当自收到抗诉书之日起三十日内作出再审的裁定;有本法第二百一十一条第一项至第五项规定情形之一的,可以交下一级人民法院再审,但经该下一级人民法院再审的除外。

《民诉解释》
第四百一十五条 人民检察院依当事人的申请对生效判决、裁定提出抗诉,符合下列条件的,人民法院应当在三十日内裁定再审:
(一)抗诉书和原审当事人申请书及相关证据材料已经提交;
(二)抗诉对象为依照民事诉讼法和本解释规定可以进行再审的判决、裁定;
(三)抗诉书列明该判决、裁定有民事诉讼法第二百一十五条(现为第二百一十九条)第一款规定情形;
(四)符合民事诉讼法第二百一十六条(现为第二百二十条)第一款第一项、第二项规定情形。
不符合前款规定的,人民法院可以建议人民检察院予以补正或者撤回;不予补正或者撤回的,人民法院可以裁定不予受理。

第四百一十六条 当事人的再审申请被上级人民法院裁定驳回后,人民检察院对原判决、裁定、调解书提出抗诉,抗诉事由符合民事诉讼法第二百零七条(现为第二百一十一条)第一项至第五项规定情形之一的,受理抗诉的人民法院可以交由下一级人民法院再审。

第四百一十七条 人民法院收到再审检察建议后,应当组成合议庭,在三个月内进行审查,发现原判决、裁定、调解书确有错误,需要再审的,依照民事诉讼法第二百零五条(现为第二百零九条)规定裁定再审,并通知当事人;经审查,决定不予再审的,应当书面回复人民检察院。

第四百一十八条 人民法院审理因人民检察院抗诉或者检察建议裁定再审的案件,不受此前已经作出的驳回当事人再审申请裁定的影响。

专题十七 公益诉讼与第三人撤销之诉

考点46 公益诉讼

第五十八条 [公益诉讼]对污染环境、侵害众多消费者合法权益等损害社会公共利益的行为,法律规定的机关和有关组织可以向人民法院提起诉讼。
人民检察院在履行职责中发现破坏生态环境和资源保护、食品药品安全领域侵害众多消费者合法权益等损害社会公共利益的行为,在没有前款规定的机关和组织或者前款规定的机关和组织不提起诉讼的情况下,可以向人民法院提起诉讼。前款规定的机关或者组织提起诉讼的,人民检察院可以支持起诉。

《民诉解释》
第二百八十二条 环境保护法、消费者权益保护法等法律规定的机关和有关组织对污染环境、侵害众多消费者合法权益等损害社会公共利益的行为,根据民事诉讼法第五十八条规定提起公益诉讼,符合下列条件的,人民法院应当受理:
(一)有明确的被告;
(二)有具体的诉讼请求;
(三)有社会公共利益受到损害的初步证据;
(四)属于人民法院受理民事诉讼的范围和受诉人民法院管辖。

第二百八十三条 公益诉讼案件由侵权行为地或者被告住所地中级人民法院管辖,但法律、司法解释另有规定的除外。
因污染海洋环境提起的公益诉讼,由污染发生地、损害结果地或者采取预防污染措施地海事法院管辖。
对同一侵权行为分别向两个以上人民法院提起公益诉讼的,由最先立案的人民法院管辖,必要时由它们的共同上级人民法院指定管辖。

第二百八十四条 人民法院受理公益诉讼案件后,应当在十日内书面告知相关行政主管部门。

第二百八十五条 人民法院受理公益诉讼案件后,依法可以提起诉讼的其他机关和有关组织,可以在开庭前向人民法院申请参加诉讼。人民法院准许参加诉讼的,列为共同原告。

第二百八十六条 人民法院受理公益诉讼案件,不影响同一侵权行为的受害人根据民事诉讼法第一百二十二条规定提起诉讼。

第二百八十七条 对公益诉讼案件,当事人可以和解,人民法院可以调解。
当事人达成和解或者调解协议后,人民法院应当将和解或者调解协议进行公告。公告期间不得少于三十日。
公告期满后,人民法院经审查,和解或者调解协议不违反社会公共利益的,应当出具调解书;和解或者调解协议违反社会公共利益的,不予出具调解书,继续对案件进行审理并依法作出裁判。

第二百八十八条 公益诉讼案件的原告在法庭辩论终结后申请撤诉的,人民法院不予准许。

第二百八十九条 公益诉讼案件的裁判发生法律效力后,其他依法具有原告资格的机关和有关组织就同一侵权行为另行提起公益诉讼的,人民法院裁定不予受理,但法律、司法解释另有规定的除外。

考点47 第三人撤销之诉

第五十九条第三款 [第三人撤销之诉]前两款规定的第三人,因不能归责于本人的事由未参加诉讼,但有证据证明发生法律效力的判决、裁定、调解书的部分或者全部内容错误,损害其民事权益的,可以自知道或者应当知道其民事权益受到损害之日起六个月内,向作出该判决、裁定、调解书的人民法院提起诉讼。人民法院经审理,诉讼请求成立的,应当改变或者撤销原判决、裁定、调解书;诉讼请求不成立的,驳回诉讼请求。[2019年回忆~不合理转移财产情形下的债权人撤销权]

《民诉解释》

第八十二条 在一审诉讼中,无独立请求权的第三人无权提出管辖异议,无权放弃、变更诉讼请求或者申请撤诉,被判决承担民事责任的,有权提起上诉。

第二百九十二条 人民法院对第三人撤销之诉案件,应当组成合议庭开庭审理。

第二百九十五条 对下列情形提起第三人撤销之诉的,人民法院不予受理:
(一)适用特别程序、督促程序、公示催告程序、破产程序等非讼程序处理的案件;
(二)婚姻无效、撤销或者解除婚姻关系等判决、裁定、调解书中涉及身份关系的内容;
(三)民事诉讼法第五十七条规定的未参加登记的权利人对代表人诉讼案件的生效裁判;
(四)民事诉讼法第五十八条规定的损害社会公共利益行为的受害人对公益诉讼案件的生效裁判。

第二百九十六条 第三人提起撤销之诉,人民法院应当将该第三人列为原告,生效判决、裁定、调解书的当事人列为被告,但生效判决、裁定、调解书中没有承担责任的无独立请求权的第三人列为第三人。

第二百九十七条 受理第三人撤销之诉案件后,原告提供相应担保,请求中止执行的,人民法院可以准许。

第二百九十八条 对第三人撤销或者部分撤销发生法律效力的判决、裁定、调解书内容的请求,人民法院经审理,按下列情形分别处理:
(一)请求成立且确认其民事权利的主张全部或部分成立的,改变原判决、裁定、调解书内容的错误部分;
(二)请求成立,但确认其全部或部分民事权利的主张不成立,或者未提出确认其民事权利请求的,撤销原判决、裁定、调解书内容的错误部分;
(三)请求不成立的,驳回诉讼请求。

对前款规定裁判不服的,当事人可以上诉。
原判决、裁定、调解书的内容未改变或者未撤销的部分继续有效。

第二百九十九条 第三人撤销之诉案件审理期间,人民法院对生效判决、裁定、调解书裁定再审的,受理第三人撤销之诉的人民法院应当裁定将第三人的诉讼请求并入再审程序。但有证据证明原审当事人之间恶意串通损害第三人合法权益的,人民法院应当先行审理第三人撤销之诉案件,裁定中止再审诉讼。

第三百条 第三人诉讼请求并入再审程序审理的,按照下列情形分别处理:
(一)按照第一审程序审理的,人民法院应当对第三人的诉讼请求一并审理,所作的判决可以上诉;
(二)按照第二审程序审理的,人民法院可以调解,调解达不成协议的,应当裁定撤销原判决、裁定,发回一审法院重审,重审时应当列明第三人。

第三百零一条 第三人提起撤销之诉后,未中止生效判决、裁定、调解书执行的,执行法院对第三人依照民事诉讼法第二百三十四条(现为第二百三十八条)规定提出的执行异议,应予审查。第三人不服驳回执行异议裁定,申请对原判决、裁定、调解书再审的,人民法院不予受理。

案外人对人民法院驳回其执行异议裁定不服,认为原判决、裁定、调解书内容错误损害其合法权益的,应当根据民事诉讼法第二百三十四条(现为第二百三十八条)规定申请再审,提起第三人撤销之诉的,人民法院不予受理。
〔2015年真题~第三人撤销之诉与案外人申请再审的关系〕

专题十八 特别程序

考点48 特别程序

(一)特别程序的适用

第一百八十四条 [特别程序的适用范围]人民法院审理选民资格案件、宣告失踪或者宣告死亡案件、指定遗产管理人案件、认定公民无民事行为能力或者限制民事行为能力案件、认定财产无主案件、确认调解协议案件和实现担保物权案件,适用本章规定。本章没有规定的,适用本法和其他法律的有关规定。

第一百八十五条 [一审终审与独任审理]依照本章程序审理的案件,实行一审终审。选民资格案件或者重大、疑难的案件,由审判员组成合议庭审理;其他案件由审判员一人独任审理。

第一百八十六条 [特别程序的转换]人民法院在依照本章程序审理案件的过程中,发现本案属于民事权益争议的,应当裁定终结特别程序,并告知利害关系人可以另行起诉。

第一百八十七条 [特别程序的审限]人民法院适用特别程序审理的案件,应当在立案之日起三十日内或者公告期满后三十日内审结。有特殊情况需要延长的,由本院院长批准。但审理选民资格的案件除外。

(二)选民资格案件

第一百八十八条 [起诉与管辖]公民不服选举委员会对选民资格的申诉所作的处理决定,可以在选举日的五日以前向选区所在地基层人民法院起诉。

第一百八十九条 [审理、审限及判决]人民法院受理选民资格案件后,必须在选举日前审结。

审理时,起诉人、选举委员会的代表和有关公民必须参加。

人民法院的判决书,应当在选举日前送达选举委员会和起诉人,并通知有关公民。

(三)宣告失踪、死亡案件

第一百九十条 [宣告失踪案件的提起]公民下落不明满二年,利害关系人申请宣告其失踪的,向下落不明人住所地基层人民法院提出。

申请书应当写明失踪的事实、时间和请求,并附有公安机关或者其他有关机关关于该公民下落不明的书面证明。

第一百九十一条 [宣告死亡案件的提起]公民下落不明满四年,或者因意外事件下落不明满二年,或者因意外事件下落不明,经有关机关证明该公民不可能生存,利害关系人申请宣告其死亡的,向下落不明人住所地基层人民法院提出。

申请书应当写明下落不明的事实、时间和请求,并附有公安机关或者其他有关机关关于该公民下落不明的书面证明。

《民诉解释》

第三百四十一条 宣告失踪或者宣告死亡案件,人民法院可以根据申请人的请求,清理下落不明人的财产,并指定案件审理期间的财产管理人。公告期满后,人民法院判决宣告失踪的,应当同时依照民法典第四十二条的规定指定失踪人的财产代管人。

第三百四十二条 失踪人的财产代管人经人民法院指定后,代管人申请变更代管的,比照民事诉讼法特别程序的有关规定进行审理。申请理由成立的,裁定撤销申请人的代管人身份,同时另行指定财产代管人;申请理由不成立的,裁定驳回申请。

失踪人的其他利害关系人申请变更代管的,人民法院应当告知其以原指定的代管人为被告起诉,并按普通程序进行审理。

第三百四十三条 人民法院判决宣告公民失踪后,利害关系人向人民法院申请宣告失踪人死亡,自失踪之日起满四年的,人民法院应当受理,宣告失踪的判决即是该公民失踪的证明,审理中仍应依照民事诉讼法第一百九十二条规定进行公告。

第三百四十四条 符合法律规定的多个利害关系人提出宣告失踪、宣告死亡申请的,列为共同申请人。

第三百四十五条 寻找下落不明人的公告应当记载下列内容:

(一)被申请人应当在规定期间内向受理法院申报其具体地址及其联系方式。否则,被申请人将被宣告失踪、宣告死亡;

(二)凡知悉被申请人生存现状的人,应当在公告期间内将其所知道情况向受理法院报告。

(四)指定遗产管理人案件

第一百九十四条 [指定遗产管理人的管辖]对遗产管理人的确定有争议,利害关系人申请指定遗产管理人的,向被继承人死亡时住所地或者主要遗产所在地基层人民法院提出。

申请书应当写明被继承人死亡的时间、申请事由和具体请求,并附有被继承人死亡的相关证据。

第一百九十五条 [遗产管理人的指定原则]人民法院受理申请后,应当审查核实,并按照有利于遗产管理的原则,判决指定遗产管理人。

第一百九十六条 [遗产管理人的变更]被指定的遗产管理人死亡、终止、丧失民事行为能力或者存在其他无法继续履行遗产管理职责情形的,人民法院可以根据利害关系人或者本人的申请另行指定遗产管理人。

第一百九十七条 [遗产管理人的另行指定]遗产管理人违反遗产管理职责,严重侵害继承人、受遗赠人或者债权人合法权益的,人民法院可以根据利害关系人的申请,撤销其遗产管理人资格,并依法指定新的遗产管理人。

(五)确认调解协议案件

1 第二百零五条 [调解协议的司法确认]经依法设立的调解组织调解达成调解协议,申请司法确认的,由双方当事人自调解协议生效之日起三十日内,共同向下列人民法院提出:

(一)人民法院邀请调解组织开展先行调解的,向作出邀请的人民法院提出;

(二)调解组织自行开展调解的,向当事人住所地、标的物所在地、调解组织所在地的基层人民法院提出;调解协议所涉纠纷应当由中级人民法院管辖的,向相应的中级人民法院提出。

《民诉解释》

第三百五十一条 申请司法确认调解协议的,双方当事人应当本人或者由符合民事诉讼法第六十一条规定的代理人依照民事诉讼法第二百零一条(现为第二百零五条)的规定提出申请。

第三百五十二条 调解组织自行开展的调解,有两个以上调解组织参与的,符合民事诉讼法第二百零一条(现为第二百零五条)规定的各调解组织所在地人民法院均有管辖权。

双方当事人可以共同向符合民事诉讼法第二百零一条(现为第二百零五条)规定的其中一个有管辖权的人民法院提出申请;双方当事人共同向两个以上有管辖权的人民法院提出申请的,由最先立案的人民法院管辖。

第三百五十三条 当事人申请司法确认调解协议,可以采用书面形式或者口头形式。当事人口头申请的,人民法院应当记入笔录,并由当事人签名、捺印或者盖章。

第三百五十四条 当事人申请司法确认调解协议,应当向人民法院提交调解协议、调解组织主持调解的证明,以及与调解协议相关的财产权利证明等材料,并提供双方当事人的身份、住所、联系方式等基本信息。

当事人未提交上述材料的,人民法院应当要求当事人限期补交。

2 第二百零六条 [审查及裁定]人民法院受理申请后,经审查,符合法律规定的,裁定调解协议有效,一方当事人拒绝履行或者未全部履行的,对方当事人可以向人民法院申请执行;不符合法律规定的,裁定驳回申请,当事人可以通过调解方式变更原调解协议或者达成新的调解协议,也可以向人民法院提起诉讼。

《民诉解释》

第三百五十五条 当事人申请司法确认调解协议,有下列情形之一的,人民法院裁定不予受理:

(一)不属于人民法院受理范围的;

(二)不属于收到申请的人民法院管辖的;

(三)申请确认婚姻关系、亲子关系、收养关系等身份关系无效、有效或者解除的;

(四)涉及适用其他特别程序、公示催告程序、破产程序审理的;

(五)调解协议内容涉及物权、知识产权确权的。

人民法院受理申请后,发现有上述不予受理情形的,应当裁定驳回当事人的申请。

第三百五十六条　人民法院审查相关情况时,应当通知双方当事人共同到场对案件进行核实。

人民法院经审查,认为当事人的陈述或者提供的证明材料不充分、不完备或者有疑义的,可以要求当事人限期补充陈述或者补充证明材料。必要时,人民法院可以向调解组织核实有关情况。

第三百五十七条　确认调解协议的裁定作出前,当事人撤回申请的,人民法院可以裁定准许。

当事人无正当理由未在限期内补充陈述、补充证明材料或者拒不接受询问的,人民法院可以按撤回申请处理。

第三百五十八条　经审查,调解协议有下列情形之一的,人民法院应当裁定驳回申请:

(一)违反法律强制性规定的;
(二)损害国家利益、社会公共利益、他人合法权益的;
(三)违背公序良俗的;
(四)违反自愿原则的;
(五)内容不明确的;
(六)其他不能进行司法确认的情形。

(六)实现担保物权案件

1 第二百零七条　[实现担保物权案件的提起]申请实现担保物权,由担保物权人以及其他有权请求实现担保物权的人依照民法典等法律,向担保财产所在地或者担保物权登记地基层人民法院提出。

《民诉解释》

第三百五十九条　民事诉讼法第二百零三条(现为第二百零七条)规定的担保物权人,包括抵押权人、质权人、留置权人;其他有权请求实现担保物权的人,包括抵押人、出质人、财产被留置的债务人或者所有权人等。

第三百六十条　实现票据、仓单、提单等有权利凭证的权利质权案件,可以由权利凭证持有人住所地人民法院管辖;无权利凭证的权利质权,由出质登记地人民法院管辖。

第三百六十一条　实现担保物权案件属于海事法院等专门人民法院管辖的,由专门人民法院管辖。

第三百六十二条　同一债权的担保物有多个且所在地不同,申请人分别向有管辖权的人民法院申请实现担保物权的,人民法院应当依法受理。

第三百六十三条　依照民法典第三百九十二条的规定,被担保的债权既有物的担保又有人的担保,当事人对实现担保物权的顺序有约定,实现担保物权的申请违反该约定的,人民法院裁定不予受理;没有约定或者约定不明的,人民法院应当受理。

第三百六十四条　同一财产上设立多个担保物权,登记在先的担保物权尚未实现的,不影响后顺位的担保

物权人向人民法院申请实现担保物权。

2 第二百零八条　[审查及裁定]人民法院受理申请后,经审查,符合法律规定的,裁定拍卖、变卖担保财产,当事人依据该裁定可以向人民法院申请执行;不符合法律规定的,裁定驳回申请,当事人可以向人民法院提起诉讼。

《民诉解释》

第三百六十七条　实现担保物权案件可以由审判员一人独任审查。担保财产标的额超过基层人民法院管辖范围的,应当组成合议庭进行审查。

第三百六十八条　人民法院审查实现担保物权案件,可以询问申请人、被申请人、利害关系人,必要时可以依职权调查相关事实。

第三百六十九条　人民法院应当就主合同的效力、期限、履行情况,担保物权是否有效设立、担保财产的范围、被担保的债权范围、被担保的债权是否已届清偿期等担保物权实现的条件,以及是否损害他人合法权益等内容进行审查。

被申请人或者利害关系人提出异议的,人民法院应当一并审查。〔2019年回忆~名义股东处分股权后,实际出资人的救济〕

第三百七十条　人民法院审查后,按下列情形分别处理:

(一)当事人对实现担保物权无实质性争议且实现担保物权条件成就的,裁定准许拍卖、变卖担保财产;
(二)当事人对实现担保物权有部分实质性争议的,可以就无争议部分裁定准许拍卖、变卖担保财产;
(三)当事人对实现担保物权有实质性争议的,裁定驳回申请,并告知申请人向人民法院提起诉讼。

第三百七十一条　人民法院受理申请后,申请人对担保财产提出保全申请的,可以按照民事诉讼法关于诉讼保全的规定办理。

第三百七十二条　适用特别程序作出的判决、裁定,当事人、利害关系人认为有错误的,可以向作出该判决、裁定的人民法院提出异议。人民法院经审查,异议成立或者部分成立的,作出新的判决、裁定撤销或者改变原判决、裁定;异议不成立的,裁定驳回。

对人民法院作出的确认调解协议、准许实现担保物权的裁定,当事人有异议的,应当自收到裁定之日起十五日内提出;利害关系人有异议的,自知道或者应当知道其民事权益受到侵害之日起六个月内提出。

专题十九　督促程序

考点49　督促程序

1 第二百二十五条　[支付令的申请]债权人请求债务人给付金钱、有价证券,符合下列条件的,可以向有管辖权的基层人民法院申请支付令:

(一)债权人与债务人没有其他债务纠纷的;
(二)支付令能够送达债务人的。

申请书应当写明请求给付金钱或者有价证券的数量

和所根据的事实、证据。

《民诉解释》

第四百二十九条　向债务人本人送达支付令，债务人拒绝接收的，人民法院可以留置送达。

❷ 第二百二十七条　[审理]人民法院受理申请后，经审查债权人提供的事实、证据，对债权债务关系明确、合法的，应当在受理之日起十五日内向债务人发出支付令；申请不成立的，裁定予以驳回。

债务人应当自收到支付令之日起十五日内清偿债务，或者向人民法院提出书面异议。

债务人在前款规定的期间不提出异议又不履行支付令的，债权人可以向人民法院申请执行。

❸ 第二百二十八条　[支付令的异议及失效的处理]人民法院收到债务人提出的书面异议后，经审查，异议成立的，应当裁定终结督促程序，支付令自行失效。

支付令失效的，转入诉讼程序，但申请支付令的一方当事人不同意提起诉讼的除外。

《民诉解释》

第四百三十条　有下列情形之一的，人民法院应当裁定终结督促程序，已发出支付令的，支付令自行失效：

（一）人民法院受理支付令申请后，债权人就同一债权债务关系又提起诉讼的；

（二）人民法院发出支付令之日起三十日内无法送达债务人的；

（三）债务人收到支付令前，债权人撤回申请的。

第四百三十一条　债务人在收到支付令后，未在法定期间提出书面异议，而向其他人民法院起诉的，不影响支付令的效力。

债务人超过法定期间提出异议的，视为未提出异议。

第四百三十二条　债权人基于同一债权债务关系，在同一支付令申请中向债务人提出多项支付请求，债务人仅就其中一项或者几项请求提出异议的，不影响其他各项请求的效力。

第四百三十三条　债权人基于同一债权债务关系，就可分之债向多个债务人提出支付请求，多个债务人中的一人或者几人提出异议的，不影响其他请求的效力。

第四百三十四条　对设有担保的债务的主债务人发出的支付令，对担保人没有拘束力。

债权人就担保关系单独提起诉讼的，支付令自人民法院受理案件之日起失效。

第四百三十六条　债务人对债务本身没有异议，只是提出缺乏清偿能力、延缓债务清偿期限、变更债务清偿方式等异议的，不影响支付令的效力。

人民法院经审查认为异议不成立的，裁定驳回。

债务人的口头异议无效。

第四百三十七条　人民法院作出终结督促程序或者驳回异议裁定前，债务人请求撤回异议的，应当裁定准许。

债务人对撤回异议反悔的，人民法院不予支持。

第四百三十八条　支付令失效后，申请支付令的一方当事人不同意提起诉讼的，应当自收到终结督促程序裁定之日起七日内向受理申请的人民法院提出。

申请支付令的一方当事人不同意提起诉讼的，不影响其向其他有管辖权的人民法院提起诉讼。

第四百三十九条　支付令失效后，申请支付令的一方当事人自收到终结督促程序裁定之日起七日内未向受理申请的人民法院表明不同意提起诉讼的，视为向受理申请的人民法院起诉。

债权人提出支付令申请的时间，即为向人民法院起诉的时间。

专题二十　公示催告程序

考点50　公示催告程序

❶ 第二百二十九条　[公示催告程序的提起]按照规定可以背书转让的票据持有人，因票据被盗、遗失或者灭失，可以向票据支付地的基层人民法院申请公示催告。依照法律规定可以申请公示催告的其他事项，适用本章规定。

申请人应当向人民法院递交申请书，写明票面金额、发票人、持票人、背书人等票据主要内容和申请的理由、事实。

❷ 第二百三十条　[受理、止付通知与公告]人民法院决定受理申请，应当同时通知支付人停止支付，并在三日内发出公告，催促利害关系人申报权利。公示催告的期间，由人民法院根据情况决定，但不得少于六十日。

《民诉解释》

第四百四十七条　公告期间不得少于六十日，且公示催告期间届满日不得早于票据付款日后十五日。

第四百五十三条　公示催告申请人撤回申请，应在公示催告前提出；公示催告期间申请撤回的，人民法院可以径行裁定终结公示催告程序。

❸ 第二百三十一条　[止付通知和公告的效力]支付人收到人民法院停止支付的通知，应当停止支付，至公示催告程序终结。

公示催告期间，转让票据权利的行为无效。

❹ 第二百三十二条　[利害关系人申报权利]利害关系人应当在公示催告期间向人民法院申报。

人民法院收到利害关系人的申报后，应当裁定终结公示催告程序，并通知申请人和支付人。

申请人或者申报人可以向人民法院起诉。

《民诉解释》

第四百四十八条　在申报期届满后、判决作出之前，利害关系人申报权利的，应当适用民事诉讼法第二百二十八条(现为第二百三十二条)第二款、第三款规定处理。

❺ 第二百三十三条　[除权判决]没有人申报的，人民法院应当根据申请人的申请，作出判决，宣告票据无效。判决应当公告，并通知支付人。自判决公告之日起，申请人有权向支付人请求支付。

第二百三十四条　[除权判决的撤销]利害关系人因正当理由不能在判决前向人民法院申报的，自知道或者应当知道判决公告之日起一年内，可以向作出判决的人民法院起诉。

专题二十一　执行程序

考点51 执行程序

(一)执行依据及管辖

第二百三十五条　[**执行依据及管辖**]发生法律效力的民事判决、裁定,以及刑事判决、裁定中的财产部分,由第一审人民法院或者与第一审人民法院同级的被执行的财产所在地人民法院执行。

法律规定由人民法院执行的其他法律文书,由被执行人住所地或者被执行的财产所在地人民法院执行。

《民诉解释》

第四百六十条　发生法律效力的实现担保物权裁定、确认调解协议裁定、支付令,由作出裁定、支付令的人民法院或者与其同级的被执行财产所在地的人民法院执行。

认定财产无主的判决,由作出判决的人民法院将无主财产收归国家或者集体所有。

(二)对违法的执行行为的异议

第二百三十六条　[**对违法的执行行为的异议**]当事人、利害关系人认为执行行为违反法律规定的,可以向负责执行的人民法院提出书面异议。当事人、利害关系人提出书面异议的,人民法院应当自收到书面异议之日起十五日内审查,理由成立的,裁定撤销或者改正;理由不成立的,裁定驳回。当事人、利害关系人对裁定不服的,可以自裁定送达之日起十日内向上一级人民法院申请复议。

《执行程序解释》

第六条　当事人、利害关系人依照民事诉讼法第二百二十五条(现为第二百三十六条)规定申请复议的,应当采取书面形式。

第九条　执行异议审查和复议期间,不停止执行。

被执行人、利害关系人提供充分、有效的担保请求停止相应处分措施的,人民法院可以准许;申请执行人提供充分、有效的担保请求继续执行的,应当继续执行。

《执行异议和复议规定》

第五条　有下列情形之一的,当事人以外的自然人、法人和非法人组织,可以作为利害关系人提出执行行为异议:

(一)认为人民法院的执行行为违法,妨碍其轮候查封、扣押、冻结的债权受偿的;

(二)认为人民法院的拍卖措施违法,妨碍其参与公平竞价的;

(三)认为人民法院的拍卖、变卖或者以物抵债措施违法,侵害其对执行标的的优先购买权的;

(四)认为人民法院要求协助执行的事项超出其协助范围或者违反法律规定的;

(五)认为其他合法权益受到人民法院违法执行行为侵害的。

第六条第一款　当事人、利害关系人依照民事诉讼法第二百二十五条(现为第二百三十六条)规定提出异议的,应当在执行程序终结之前提出,但对终结执行措施提出异议的除外。

第十一条　人民法院审查执行异议或者复议案件,应当依法组成合议庭。

指令重新审查的执行异议案件,应当另行组成合议庭。

办理执行实施案件的人员不得参与相关执行异议和复议案件的审查。

第十二条　人民法院对执行异议和复议案件实行书面审查。案情复杂、争议较大的,应当进行听证。

第十三条　执行异议、复议案件审查期间,异议人、复议申请人申请撤回异议、复议申请的,是否准许由人民法院裁定。

第十五条　当事人、利害关系人对同一执行行为有多个异议事由,但未在异议审查过程中一并提出,撤回异议或者被裁定驳回异议后,再次就该执行行为提出异议的,人民法院不予受理。

案外人撤回异议或者被裁定驳回异议后,再次就同一执行标的提出异议的,人民法院不予受理。

第二十八条　金钱债权执行中,买受人对登记在被执行人名下的不动产提出异议,符合下列情形且其权利能够排除执行的,人民法院应予支持:

(一)在人民法院查封之前已签订合法有效的书面买卖合同;

(二)在人民法院查封之前已合法占有该不动产;

(三)已支付全部价款,或者已按照合同约定支付部分价款且将剩余价款按照人民法院的要求交付执行;

(四)非因买受人自身原因未办理过户登记。

第二十九条　金钱债权执行中,买受人对登记在被执行的房地产开发企业名下的商品房提出异议,符合下列情形且其权利能够排除执行的,人民法院应予支持:

(一)在人民法院查封之前已签订合法有效的书面买卖合同;

(二)所购商品房系用于居住且买受人名下无其他用于居住的房屋;

(三)已支付的价款超过合同约定总价款的百分之五十。

第三十条　金钱债权执行中,对被查封的办理了受让物权预告登记的不动产,受让人提出停止处分异议的,人民法院应予支持;符合物权登记条件,受让人提出排除执行异议的,应予支持。〔2022年回忆~执行行为异议〕

(三)案外人执行标的异议与执行异议之诉

第二百三十八条　[**案外人异议**]执行过程中,案外人对执行标的提出书面异议的,人民法院应当自收到书面异议之日起十五日内审查,理由成立的,裁定中止对该标的的执行;理由不成立的,裁定驳回。案外人、当事人对裁定不服,认为原判决、裁定错误的,依照审判监督程序办理;与原判决、裁定无关的,可以自裁定送达之日起十五日内向人民法院提起诉讼。〔2019年回忆~名义股东处分股权后实际出资人的救济;2015年真题~执行程序中的一般制度、第三人撤销之诉与案外人申请再审的关系〕

《民诉解释》

第三百零二条 根据民事诉讼法第二百三十四条(现为第二百三十八条)规定,案外人、当事人对执行异议裁定不服,自裁定送达之日起十五日内向人民法院提起执行异议之诉的,由执行法院管辖。

第三百零三条 案外人提起执行异议之诉,除符合民事诉讼法第一百二十二条规定外,还应当具备下列条件:

(一)案外人的执行异议申请已经被人民法院裁定驳回;

(二)有明确的排除对执行标的执行的诉讼请求,且诉讼请求与原判决、裁定无关;

(三)自执行异议裁定送达之日起十五日内提起。

人民法院应当在收到起诉状之日起十五日内决定是否立案。

第三百零四条 申请执行人提起执行异议之诉,除符合民事诉讼法第一百二十二条规定外,还应当具备下列条件:

(一)依案外人执行异议申请,人民法院裁定中止执行;

(二)有明确的对执行标的继续执行的诉讼请求,且诉讼请求与原判决、裁定无关;

(三)自执行异议裁定送达之日起十五日内提起。

人民法院应当在收到起诉状之日起十五日内决定是否立案。

第三百零五条 案外人提起执行异议之诉的,以申请执行人为被告。被执行人反对案外人异议的,被执行人为共同被告;被执行人不反对案外人异议的,可以列被执行人为第三人。

第三百零六条 申请执行人提起执行异议之诉的,以案外人为被告。被执行人反对申请执行人主张的,以案外人和被执行人为共同被告;被执行人不反对申请执行人主张的,可以列被执行人为第三人。

第三百零七条 申请执行人对中止执行裁定未提起执行异议之诉,被执行人提起执行异议之诉的,人民法院告知其另行起诉。

第三百零八条 人民法院审理执行异议之诉案件,适用普通程序。

第三百零九条 案外人或者申请执行人提起执行异议之诉的,案外人应当就其对执行标的享有足以排除强制执行的民事权益承担举证证明责任。

第三百一十条 对案外人提起的执行异议之诉,人民法院经审理,按照下列情形分别处理:

(一)案外人就执行标的享有足以排除强制执行的民事权益的,判决不得对该执行标的执行;

(二)案外人就执行标的不享有足以排除强制执行的民事权益的,判决驳回诉讼请求。

案外人同时提出确认其权利的诉讼请求的,人民法院可以在判决中一并作出裁判。

第三百一十一条 对申请执行人提起的执行异议之诉,人民法院经审理,按照下列情形分别处理:

(一)案外人就执行标的不享有足以排除强制执行的民事权益的,判决准许执行该执行标的;

(二)案外人就执行标的享有足以排除强制执行的民事权益的,判决驳回诉讼请求。

第三百一十二条 对案外人执行异议之诉,人民法院判决不得对执行标的执行的,执行异议裁定失效。

对申请执行人执行异议之诉,人民法院判决准许对该执行标的执行的,执行异议裁定失效,执行法院可以根据申请执行人的申请或者依职权恢复执行。

第三百一十三条 案外人执行异议之诉审理期间,人民法院不得对执行标的进行处分。申请执行人请求人民法院继续执行并提供相应担保的,人民法院可以准许。

被执行人与案外人恶意串通,通过执行异议、执行异议之诉妨害执行的,人民法院应当依照民事诉讼法第一百一十六条规定处理。申请执行人因此受到损害的,可以提起诉讼要求被执行人、案外人赔偿。

第三百一十四条 人民法院对执行标的裁定中止执行后,申请执行人在法律规定的期间内未提起执行异议之诉的,人民法院应当自起诉期限届满之日起七日内解除对该执行标的采取的执行措施。

第四百二十一条 根据民事诉讼法第二百三十四条(现为第二百三十八条)规定,案外人对驳回其执行异议的裁定不服,认为原判决、裁定、调解书内容错误损害其民事权益的,可以自执行异议裁定送达之日起六个月内,向作出原判决、裁定、调解书的人民法院申请再审。

第四百二十二条 根据民事诉讼法第二百三十四条(现为第二百三十八条)规定,人民法院裁定再审后,案外人属于必要的共同诉讼当事人的,依照本解释第四百二十条第二款规定处理。

案外人不是必要的共同诉讼当事人的,人民法院仅审理原判决、裁定、调解书对其民事权益造成损害的内容。经审理,再审请求成立的,撤销或者改变原判决、裁定、调解书;再审请求不成立的,维持原判决、裁定、调解书。

第四百六十二条 根据民事诉讼法第二百三十四条(现为第二百三十八条)规定,案外人对执行标的提出异议的,应当在该执行标的的执行程序终结前提出。

第四百六十三条 案外人对执行标的提出的异议,经审查,按照下列情形分别处理:

(一)案外人对执行标的不享有足以排除强制执行的权益的,裁定驳回其异议;

(二)案外人对执行标的享有足以排除强制执行的权益的,裁定中止执行。

驳回案外人执行异议裁定送达案外人之日起十五日内,人民法院不得对执行标的进行处分。

第四百七十七条 在执行中,被执行人通过仲裁程序将人民法院查封、扣押、冻结的财产确权或者分割给案外人的,不影响人民法院执行程序的进行。

案外人不服的,可以根据民事诉讼法第二百三十四条(现为第二百三十八条)规定提出异议。

第四百九十九条　人民法院执行被执行人对他人的到期债权，可以作出冻结债权的裁定，并通知该他人向申请执行人履行。

该他人对到期债权有异议，申请执行人请求对异议部分强制执行的，人民法院不予支持。利害关系人对到期债权有异议的，人民法院应当按照民事诉讼法第二百三十四条(现为第二百三十八条)规定处理。

对生效法律文书确定的到期债权，该他人予以否认的，人民法院不予支持。

《执行程序解释》

第十五条　案外人异议审查期间，人民法院不得对执行标的进行处分。

案外人向人民法院提供充分、有效的担保请求解除对异议标的的查封、扣押、冻结的，人民法院可以准许；申请执行人提供充分、有效的担保请求继续执行的，应当继续执行。

因案外人提供担保解除查封、扣押、冻结有错误，致使该标的无法执行的，人民法院可以直接执行担保财产；申请执行人提供担保请求继续执行有错误，给对方造成损失的，应当予以赔偿。

(四)委托执行

第二百四十条　[委托执行]被执行人或者被执行的财产在外地的，可以委托当地人民法院代为执行。受委托人民法院收到委托函件后，必须在十五日内开始执行，不得拒绝。执行完毕后，应当将执行结果及时函复委托人民法院；在三十日内如果还未执行完毕，也应当将执行情况函告委托人民法院。

受委托人民法院自收到委托函件之日起十五日内不执行的，委托人民法院可以请求受委托人民法院的上级人民法院指令受委托人民法院执行。

(五)执行和解

第二百四十一条　[执行和解]在执行中，双方当事人自行和解达成协议的，执行员应当将协议内容记入笔录，由双方当事人签名或者盖章。

申请执行人因受欺诈、胁迫与被执行人达成和解协议，或者当事人不履行和解协议的，人民法院可以根据当事人的申请，恢复对原生效法律文书的执行。

《民诉解释》

第四百六十四条　申请执行人与被执行人达成和解协议后请求中止执行或者撤回执行申请的，人民法院可以裁定中止执行或者终结执行。

第四百六十五条　一方当事人不履行或者不完全履行在执行中双方自愿达成的和解协议，对方当事人申请执行原生效法律文书的，人民法院应当恢复执行，但和解协议已履行的部分应当扣除。和解协议已经履行完毕的，人民法院不予恢复执行。

第四百六十六条　申请恢复执行原生效法律文书，适用民事诉讼法第二百四十六条(现为第二百五十条)申请执行期间的规定。申请执行期间因达成执行中的和解协议而中断，其期间自和解协议约定履行期限的最后一日起重新计算。

《执行和解规定》

第二条　和解协议达成后，有下列情形之一的，人民法院可以裁定中止执行：

(一)各方当事人共同向人民法院提交书面和解协议的；

(二)一方当事人向人民法院提交书面和解协议，其他当事人予以认可的；

(三)当事人达成口头和解协议，执行人员将和解协议内容记入笔录，由各方当事人签名或者盖章的。

第六条　当事人达成以物抵债执行和解协议的，人民法院不得依据该协议作出以物抵债裁定。

第九条　被执行人一方不履行执行和解协议的，申请执行人可以申请恢复执行原生效法律文书，也可以就履行执行和解协议向执行法院提起诉讼。

第十条　申请恢复执行原生效法律文书，适用民事诉讼法第二百三十九条(现为第二百五十条)申请执行期间的规定。

当事人不履行执行和解协议的，申请恢复执行期间自执行和解协议约定履行期间的最后一日起计算。

第十一条　申请执行人以被执行人一方不履行执行和解协议为由申请恢复执行，人民法院经审查，理由成立的，裁定恢复执行；有下列情形之一的，裁定不予恢复执行：

(一)执行和解协议履行完毕后申请恢复执行的；

(二)执行和解协议约定的履行期限尚未届至或者履行条件尚未成就的，但符合民法典第五百七十八条规定情形的除外；

(三)被执行人一方正在按照执行和解协议约定履行义务的；

(四)其他不符合恢复执行条件的情形。

第十二条　当事人、利害关系人认为恢复执行或者不予恢复执行违反法律规定的，可以依照民事诉讼法第二百二十五条(现为第二百二十九条)规定提出异议。

第十三条　恢复执行后，对申请执行人就履行执行和解协议提起的诉讼，人民法院不予受理。

第十四条　申请执行人就履行执行和解协议提起诉讼，执行法院受理后，可以裁定终结原生效法律文书的执行。执行中的查封、扣押、冻结措施，自动转为诉讼中的保全措施。

第十五条　执行和解协议履行完毕，申请执行人因被执行人迟延履行、瑕疵履行遭受损害的，可以向执行法院另行提起诉讼。

第十六条　当事人、利害关系人认为执行和解协议无效或者应予撤销的，可以向执行法院提起诉讼。执行和解协议被确认无效或者撤销后，申请执行人可以据此申请恢复执行。

被执行人以执行和解协议无效或者应予撤销为由提起诉讼的，不影响申请执行人申请恢复执行。

第十七条　恢复执行后，执行和解协议已履行部分应当依法扣除。当事人、利害关系人认为人民法院的扣除行为违反法律规定的，可以依照民事诉讼法第二百二十五条(现为第二百二十九条)规定提出异议。

(六)执行担保

第二百四十二条 [执行担保]在执行中,被执行人向人民法院提供担保,并经申请执行人同意的,人民法院可以决定暂缓执行及暂缓执行的期限。被执行人逾期仍不履行的,人民法院有权执行被执行人的担保财产或者担保人的财产。

《民诉解释》

第四百六十七条 人民法院依照民事诉讼法第二百三十八条(现为第二百四十二条)规定决定暂缓执行的,如果担保是有期限的,暂缓执行的期限应当与担保期限一致,但最长不得超过一年。被执行人或者担保人对担保的财产在暂缓执行期间有转移、隐藏、变卖、毁损等行为的,人民法院可以恢复强制执行。

第四百六十八条 根据民事诉讼法第二百三十八条(现为第二百四十二条)规定向人民法院提供执行担保的,可以由被执行人或者他人提供财产担保,也可以由他人提供保证。担保人应当具有代为履行或者代为承担赔偿责任的能力。

他人提供执行保证的,应当向执行法院出具保证书,并将保证书副本送交申请执行人。被执行人或者他人提供财产担保的,应当参照民法典的有关规定办理相应手续。

第四百六十九条 被执行人在人民法院决定暂缓执行的期限届满后仍不履行义务的,人民法院可以直接执行担保财产,或者裁定执行担保人的财产,但执行担保人的财产以担保人应当履行义务部分的财产为限。

《执行担保规定》

第二条 执行担保可以由被执行人提供财产担保,也可以由他人提供财产担保或者保证。

第三条 被执行人或者他人提供执行担保的,应当向人民法院提交担保书,并将担保书副本送交申请执行人。

第六条 被执行人或者他人提供担保,申请执行人同意的,应当向人民法院出具书面同意意见,也可以由执行人员将其同意的内容记入笔录,并由申请执行人签名或者盖章。

第七条 被执行人或者他人提供财产担保,可以依照民法典规定办理登记等担保物权公示手续;已经办理公示手续的,申请执行人可以依法主张优先受偿权。

申请执行人申请人民法院查封、扣押、冻结担保财产的,人民法院应当准许,但担保书另有约定的除外。

第八条 人民法院决定暂缓执行的,可以暂缓全部执行措施的实施,但担保书另有约定的除外。

第九条 担保书内容与事实不符,且对申请执行人合法权益产生实质影响的,人民法院可以依申请执行人的申请恢复执行。

第十条 暂缓执行的期限应当与担保书约定一致,但最长不得超过一年。

第十一条 暂缓执行期限届满后被执行人仍不履行义务,或者暂缓执行期间担保人有转移、隐藏、变卖、毁损担保财产等行为的,人民法院可以依申请执行人的申请恢复执行,并直接裁定执行担保财产或者保证人的财产,不得将担保人变更、追加为被执行人。

执行担保财产或者保证人的财产,以担保人应当履行义务部分的财产为限。被执行人有便于执行的现金、银行存款的,应当优先执行该现金、银行存款。

第十二条 担保期间自暂缓执行期限届满之日起计算。

担保书中没有记载担保期间或者记载不明的,担保期间为一年。

第十四条 担保人承担担保责任后,提起诉讼向被执行人追偿的,人民法院应予受理。

《执行工作规定(试行)》

54. 人民法院在审理案件期间,保证人为被执行人提供保证,人民法院据此未对被执行人的财产采取保全措施或解除保全措施的,案件审结后如果被执行人无财产可供执行或其财产不足清偿债务时,即使生效法律文书中未确定保证人承担责任,人民法院有权裁定执行保证人在保证责任范围内的财产。

(七)执行中变更、追加当事人(执行承担)

第二百四十三条 [被执行主体的变更]作为被执行人的公民死亡的,以其遗产偿还债务。作为被执行人的法人或者其他组织终止的,由其权利义务承受人履行义务。

《民诉解释》

第四百七十条 依照民事诉讼法第二百三十九条(现为第二百四十三条)规定,执行中作为被执行人的法人或者其他组织分立、合并的,人民法院可以裁定变更后的法人或者其他组织为被执行人;被注销的,如果依照有关实体法的规定有权利义务承受人的,可以裁定该权利义务承受人为被执行人。

第四百七十一条 其他组织在执行中不能履行法律文书确定的义务的,人民法院可以裁定执行对该其他组织依法承担义务的法人或者公民个人的财产。

第四百七十二条 在执行中,作为被执行人的法人或者其他组织名称变更的,人民法院可以裁定变更后的法人或者其他组织为被执行人。

第四百七十三条 作为被执行人的公民死亡,其遗产继承人没有放弃继承的,人民法院可以裁定变更被执行人,由该继承人在遗产的范围内偿还债务。继承人放弃继承的,人民法院可以直接执行被执行人的遗产。

《民事执行中变更、追加当事人的规定》

第十条 作为被执行人的自然人死亡或被宣告死亡,申请执行人申请变更、追加该自然人的遗产管理人、继承人、受遗赠人或其他因该自然人死亡或被宣告死亡取得遗产的主体为被执行人,在遗产范围内承担责任的,人民法院应予支持。

作为被执行人的自然人被宣告失踪,申请执行人申请变更该自然人的财产代管人为被执行人,在代管的财产范围内承担责任的,人民法院应予支持。

第十三条 作为被执行人的个人独资企业,不能清偿生效法律文书确定的债务，申请执行人申请变更、追加其出资人为被执行人的，人民法院应予支持。个人独资企业出资人作为被执行人的，人民法院可以直接执行该个人独资企业的财产。

个体工商户的字号为被执行人的，人民法院可以直接执行该字号经营者的财产。

第十四条 作为被执行人的合伙企业，不能清偿生效法律文书确定的债务，申请执行人申请变更、追加普通合伙人为被执行人的，人民法院应予支持。

作为被执行人的有限合伙企业，财产不足以清偿生效法律文书确定的债务，申请执行人申请变更、追加未按期足额缴纳出资的有限合伙人为被执行人，在未足额缴纳出资的范围内承担责任的，人民法院应予支持。

第十五条 作为被执行人的法人分支机构，不能清偿生效法律文书确定的债务，申请执行人申请变更、追加该法人为被执行人的，人民法院应予支持。法人直接管理的责任财产仍不能清偿债务的，人民法院可以直接执行该法人其他分支机构的财产。

作为被执行人的法人，直接管理的责任财产不能清偿生效法律文书确定债务的，人民法院可以直接执行该法人分支机构的财产。

第十七条 作为被执行人的营利法人，财产不足以清偿生效法律文书确定的债务，申请执行人申请变更、追加未缴纳或未足额缴纳出资的股东、出资人或依公司法规定对该出资承担连带责任的发起人为被执行人，在尚未缴纳出资的范围内依法承担责任的，人民法院应予支持。

第十九条 作为被执行人的公司，财产不足以清偿生效法律文书确定的债务，其股东未依法履行出资义务即转让股权，申请执行人申请变更、追加该原股东或依公司法规定对该出资承担连带责任的发起人为被执行人，在未依法出资的范围内承担责任的，人民法院应予支持。

第二十条 作为被执行人的一人有限责任公司，财产不足以清偿生效法律文书确定的债务，股东不能证明公司财产独立于自己的财产，申请执行人申请变更、追加该股东为被执行人，对公司债务承担连带责任的，人民法院应予支持。〔2022年回忆~一人公司财产混同时变更、追加被执行人〕

第二十一条 作为被执行人的公司，未经清算即办理注销登记，导致公司无法进行清算，申请执行人申请变更、追加有限责任公司的股东、股份有限公司的董事和控股股东为被执行人，对公司债务承担连带清偿责任的，人民法院应予支持。

第三十条 被申请人、申请人或其他执行当事人对执行法院作出的变更、追加裁定或驳回申请裁定不服的，可以自裁定书送达之日起十日内向上一级人民法院申请复议，但依据本规定第三十二条的规定应当提起诉讼的除外。

第三十二条 被申请人或申请人对执行法院依据本规定第十四条第二款、第十七条至第二十一条规定作出的变更、追加裁定或驳回申请裁定不服的，可以自裁定书送达之日起十五日内，向执行法院提起执行异议之诉。

被申请人提起执行异议之诉的，以申请人为被告。申请人提起执行异议之诉的，以被申请人为被告。〔2022年回忆~执行异议之诉〕

（八）执行的申请和移送

1 第二百四十七条 ［申请执行与移送执行］发生法律效力的民事判决、裁定，当事人必须履行。一方拒绝履行的，对方当事人可以向人民法院申请执行，也可以由审判员移送执行员执行。

调解书和其他应当由人民法院执行的法律文书，当事人必须履行。一方拒绝履行的，对方当事人可以向人民法院申请执行。

《执行工作规定（试行）》

16. 人民法院受理执行案件应当符合下列条件：
（1）申请或移送执行的法律文书已经生效；
（2）申请执行人是生效法律文书确定的权利人或其继承人、权利承受人；〔2021年回忆~执行申请人〕
（3）申请执行的法律文书有给付内容，且执行标的和被执行人明确；
（4）义务人在生效法律文书确定的期限内未履行义务；
（5）属于受申请执行的人民法院管辖。

人民法院对符合上述条件的申请，应当在七日内予以立案；不符合上述条件之一的，应当在七日内裁定不予受理。

17. 生效法律文书的执行，一般应当由当事人依法提出申请。

发生法律效力的具有给付赡养费、扶养费、抚育费内容的法律文书、民事制裁决定书，以及刑事附带民事判决、裁定、调解书，由审判庭移送执行机构执行。

2 第二百四十六条 ［申请执行期间］申请执行的期间为二年。申请执行时效的中止、中断，适用法律有关诉讼时效中止、中断的规定。

前款规定的期间，从法律文书规定履行期间的最后一日起计算；法律文书规定分期履行的，从最后一期履行期限届满之日起计算；法律文书未规定履行期间的，从法律文书生效之日起计算。

《民诉解释》

第四百八十条 人民法院应当在收到申请执行书或者移交执行书后十日内发出执行通知。

执行通知中除应当责令被执行人履行法律文书确定的义务外，还应通知其承担民事诉讼法第二百六十条（现为第二百六十四条）规定的迟延履行利息或者迟延履行金。

第四百八十一条 申请执行人超过申请执行时效期间向人民法院申请强制执行的，人民法院应予受理。被执行人对申请执行时效期间提出异议，人民法院经审查异议成立的，裁定不予执行。

被执行人履行全部或者部分义务后，又以不知道申请执行时效期间届满为由请求执行回转的，人民法院不予支持。

《执行程序解释》

第十九条 在申请执行时效期间的最后六个月内，

因不可抗力或者其他障碍不能行使请求权的,申请执行时效中止。从中止时效的原因消除之日起,申请执行时效期间继续计算。

第二十条 申请执行时效因申请执行、当事人双方达成和解协议、当事人一方提出履行要求或者同意履行义务而中断。从中断时起,申请执行时效期间重新计算。

第二十一条 生效法律文书规定债务人负有不作为义务的,申请执行时效期间从债务人违反不作为义务之日起计算。

(九)对财产的一般执行措施与参与分配
(1)执行措施

第二百五十三条第一款 ［被执行人存款等财产的执行］被执行人未按执行通知履行法律文书确定的义务,人民法院有权向有关单位查询被执行人的存款、债券、股票、基金份额等财产情况。人民法院有权根据不同情形扣押、冻结、划拨、变价被执行人的财产。人民法院查询、扣押、冻结、划拨、变价的财产不得超出被执行人应当履行义务的范围。［2018年回忆~案外人对执行标的的异议］

《民诉解释》

第四百八十四条 对被执行的财产,人民法院非经查封、扣押、冻结不得处分。对银行存款等各类可以直接扣划的财产,人民法院的扣划裁定同时具有冻结的法律效力。

第四百八十五条 人民法院冻结被执行人的银行存款的期限不得超过一年,查封、扣押动产的期限不得超过两年,查封不动产、冻结其他财产权的期限不得超过三年。

申请执行人申请延长期限的,人民法院应当在查封、扣押、冻结期限届满前办理续行查封、扣押、冻结手续,续行期限不得超过前款规定的期限。

人民法院也可以依职权办理续行查封、扣押、冻结手续。

《执行工作规定(试行)》

26. 金融机构擅自解冻被人民法院冻结的款项,致冻结款项被转移的,人民法院有权责令其限期追回已转移的款项。在限期内未能追回的,应当裁定该金融机构在转移的款项范围内以自己的财产向申请执行人承担责任。

28. 作为被执行人的自然人,其收入转为储蓄存款的,应当责令其交出存单。拒不交出的,人民法院应当作出提取其存款的裁定,向金融机构发出协助执行通知书,由金融机构提取被执行人的存款交人民法院或存入人民法院指定的账户。

29. 被执行人在有关单位的收入尚未支取的,人民法院应当作出裁定,向该单位发出协助执行通知书,由其协助扣留或提取。

30. 有关单位收到人民法院协助执行被执行人收入的通知后,擅自向被执行人或其他人支付的,人民法院有权责令其限期追回;逾期未追回的,应当裁定其在支付的数额内向申请执行人承担责任。

31. 人民法院对被执行人所有的其他人享有抵押权、质押权或留置权的财产,可以采取查封、扣押措施。财产拍卖、变卖后所得价款,应当在抵押权人、质押权人或留置权人优先受偿后,其余额部分用于清偿申请执行人的债权。

32. 被执行人或其他人擅自处分已被查封、扣押、冻结财产的,人民法院有权责令责任人限期追回财产或承担相应的赔偿责任。

33. 被执行人申请对人民法院查封的财产自行变卖的,人民法院可以准许,但应当监督其按照合理价格在指定的期限内进行,并控制变卖的价款。

34. 拍卖、变卖被执行人的财产成交后,必须即时钱物两清。

委托拍卖、组织变卖被执行人财产所发生的实际费用,从所得价款中优先扣除。所得价款超出执行标的额和执行费用的部分,应当退还被执行人。

35. 被执行人不履行生效法律文书确定的义务,人民法院有权裁定禁止被执行人转让其专利权、注册商标专用权、著作权(财产权部分)等知识产权。上述权利有登记主管部门的,应当同时向有关部门发出协助执行通知书,要求其不得办理财产权转移手续,必要时可以责令被执行人将产权或使用权证照交人民法院保存。

对前款财产权,可以采取拍卖、变卖等执行措施。

36. 对被执行人从有关企业中应得的已到期的股息或红利等收益,人民法院有权裁定禁止被执行人提取和有关企业向被执行人支付,并要求有关企业直接向申请执行人支付。

对被执行人预期从有关企业中应得的股息或红利等收益,人民法院可以采取冻结措施,禁止到期后被执行人提取和有关企业向被执行人支付。到期后人民法院可从有关企业中提取,并出具提取收据。

37. 对被执行人在其他股份有限公司中持有的股份凭证(股票),人民法院可以扣押,并强制被执行人按照公司法的有关规定转让,也可直接采取拍卖、变卖的方式进行处分,或直接将股票抵偿给债权人,用于清偿被执行人的债务。

38. 对被执行人在有限责任公司、其他法人企业中的投资权益或股权,人民法院可以采取冻结措施。

冻结投资权益或股权的,应当通知有关企业不得办理被冻结投资权益或股权的转移手续,不得向被执行人支付股息或红利。被冻结的投资权益或股权,被执行人不得自行转让。

39. 被执行人在其独资开办的法人企业中拥有的投资权益被冻结后,人民法院可以直接裁定予以转让,以转让所得清偿其对申请执行人的债务。

对被执行人在有限责任公司中被冻结的投资权益或股权,人民法院可以依据《中华人民共和国公司法》第七十一条、第七十二条、第七十三条的规定,征得全体股东过半数同意后,予以拍卖、变卖或以其他方式转让。不同意转让的股东,应当购买该转让的投资权益或股权,不购买的,视为同意转让,不影响执行。

人民法院也可允许并监督被执行人自行转让其投资

权益或股权,将转让所得收益用于清偿对申请执行人的债务。

40.有关企业收到人民法院发出的协助冻结通知后,擅自向被执行人支付股息或红利,或擅自为被执行人办理已冻结股权的转移手续,造成已转移的财产无法追回的,应当在所支付的股息或红利或转移的股权价值范围内向申请执行人承担责任。〔2022年回忆~违法执行通知的责任承担〕

《查封、扣押、冻结财产规定》

第三条 人民法院对被执行人下列的财产不得查封、扣押、冻结:

(一)被执行人及其所扶养家属生活所必需的衣服、家具、炊具、餐具及其他家庭生活必需的物品;

(二)被执行人及其所扶养家属所必需的生活费用。当地有最低生活保障标准的,必需的生活费用依照该标准确定;

(三)被执行人及其所扶养家属完成义务教育所必需的物品;

(四)未公开的发明或者未发表的著作;

(五)被执行人及其所扶养家属用于身体缺陷所必需的辅助工具、医疗物品;

(六)被执行人所得的勋章及其他荣誉表彰的物品;

(七)根据《中华人民共和国缔结条约程序法》,以中华人民共和国、中华人民共和国政府或者中华人民共和国政府部门名义同外国、国际组织缔结的条约、协定和其他具有条约、协定性质的文件中规定免于查封、扣押、冻结的财产;

(八)法律或者司法解释规定的其他不得查封、扣押、冻结的财产。

第四条 对被执行人及其所扶养家属生活所必需的居住房屋,人民法院可以查封,但不得拍卖、变卖或者抵债。

第七条 查封不动产的,人民法院应当张贴封条或者公告,并可以提取保存有关财产权证照。

查封、扣押、冻结已登记的不动产、特定动产及其他财产权,应当通知有关登记机关办理登记手续。未办理登记手续的,不得对抗其他已经办理了登记手续的查封、扣押、冻结行为。〔2023年回忆~查封不动产〕

第八条 查封尚未进行权属登记的建筑物时,人民法院应当通知其管理人或者该建筑物的实际占有人,并在显著位置张贴公告。〔2023年回忆~查封未作出权属登记的不动产〕

第十四条 被执行人将其财产出卖给第三人,第三人已经支付部分价款并实际占有该财产,但根据合同约定被执行人保留所有权的,人民法院可以查封、扣押、冻结;第三人要求继续履行合同的,向人民法院交付全部余款后,裁定解除查封、扣押、冻结。

第十六条 被执行人购买第三人的财产,已经支付部分价款并实际占有该财产,第三人依合同约定保留所有权的,人民法院可以查封、扣押、冻结。保留所有权已办理登记的,第三人的剩余价款从该财产变价款中优先

支付;第三人主张取回该财产的,可以依据民事诉讼法第二百二十七条(现为第二百三十一条)规定提出异议。

(2)参与分配

《民诉解释》

第五百零六条 被执行人为公民或者其他组织的,在执行程序开始后,被执行人的其他已经取得执行依据的债权人发现被执行人的财产不能清偿所有债权的,可以向人民法院申请参与分配。

对人民法院查封、扣押、冻结的财产有优先权、担保物权的债权人,可以直接申请参与分配,主张优先受偿权。〔2014年真题~执行程序中的一般性制度〕

第五百零七条 申请参与分配,申请人应当提交申请书。申请书应当写明参与分配和被执行人不能清偿所有债权的事实、理由,并附有执行依据。

参与分配申请应当在执行程序开始后,被执行人的财产执行终结前提出。

第五百零八条 参与分配执行中,执行所得价款扣除执行费用,并清偿应当优先受偿的债权后,对于普通债权,原则上按照其占全部申请参与分配债权数额的比例受偿。清偿后的剩余债务,被执行人应当继续清偿。债权人发现被执行人有其他财产的,可以随时请求人民法院执行。

第五百零九条 多个债权人对执行财产申请参与分配的,执行法院应当制作财产分配方案,并送达各债权人和被执行人。债权人或者被执行人对分配方案有异议的,应当自收到分配方案之日起十五日内向执行法院提出书面异议。〔2014年真题~执行程序中的一般性制度〕

第五百一十条第一、二款 债权人或者被执行人对分配方案提出书面异议的,执行法院应当通知未提出异议的债权人、被执行人。

未提出异议的债权人、被执行人自收到通知之日起十五日内未提出反对意见的,执行法院依异议人的意见对分配方案审查修正后进行分配;提出反对意见的,应当通知异议人。异议人可以自收到通知之日起十五日内,以提出反对意见的债权人、被执行人为被告,向执行法院提起诉讼;异议人逾期未提起诉讼的,执行法院按照原分配方案进行分配。〔2014年真题~执行程序中的一般性制度〕

《执行工作规定(试行)》

55.多份生效法律文书确定金钱给付内容的多个债权人分别对同一被执行人申请执行,各债权人对执行标的物均无担保物权的,按照执行法院采取执行措施的先后顺序受偿。

多个债权人的债权种类不同的,基于所有权和担保物权而享有的债权,优先于金钱债权受偿。有多个担保物权的,按照各担保物权成立的先后顺序清偿。

一份生效法律文书确定金钱给付内容的多个债权人对同一被执行人申请执行,执行的财产不足清偿全部债务的,各债权人对执行标的物均无担保物权的,按照各债权比例受偿。

56.对参与被执行人财产的具体分配,应当由首先查封、扣押或冻结的法院主持进行。

首先查封、扣押、冻结的法院所采取的执行措施如系为执行财产保全裁定,具体分配应当在该院案件审理终结后进行。

(十)对到期债权的执行措施(代位执行)

《执行工作规定(试行)》

45. 被执行人不能清偿债务,但对本案以外的第三人享有到期债权的,人民法院可以依申请执行人或被执行人的申请,向第三人发出履行到期债务的通知(以下简称履行通知)。履行通知必须直接送达第三人。

履行通知应当包含下列内容:

(1)第三人直接向申请执行人履行其对被执行人所负的债务,不得向被执行人清偿;

(2)第三人应当在收到履行通知后的十五日内向申请执行人履行债务;

(3)第三人对履行到期债权有异议的,应当在收到履行通知后的十五日内向执行法院提出;

(4)第三人违背上述义务的法律后果。〔2022 年回忆~对第三人债权执行〕

46. 第三人对履行通知的异议一般应当以书面形式提出,口头提出的,执行人员应记入笔录,并由第三人签字或盖章。

47. 第三人在履行通知指定的期间内提出异议的,人民法院不得对第三人强制执行,对提出的异议不进行审查。〔2022 年回忆~提出异议的不进行审查〕

48. 第三人提出自己无履行能力或其与申请执行人无直接法律关系,不属于本规定所指的异议。

第三人对债务部分承认、部分有异议的,可以对其承认的部分强制执行。〔2022 年回忆~被代位执行债务人的异议〕

49. 第三人在履行通知指定的期限内没有提出异议,而又不履行的,执行法院有权裁定对其强制执行。此裁定同时送达第三人和被执行人。

50. 被执行人收到人民法院履行通知后,放弃其对第三人的债权或延缓第三人履行期限的行为无效,人民法院仍可在第三人无异议又不履行的情况下予以强制执行。

51. 第三人收到人民法院要求其履行到期债务的通知后,擅自向被执行人履行,造成已向被执行人履行的财产不能追回的,除在已履行的财产范围内与被执行人承担连带清偿责任外,可以追究其妨害执行的责任。

52. 在对第三人作出强制执行裁定后,第三人确无财产可供执行的,不得就第三人对他人享有的到期债权强制执行。

53. 第三人按照人民法院履行通知向申请执行人履行了债务或已被强制执行后,人民法院应当出具有关证明。

专题二十二 涉外民事诉讼程序

考点52 涉外民事诉讼程序

第二百七十六条 [特殊地域管辖]因涉外民事纠纷,对在中华人民共和国领域内没有住所的被告提起除身份关系以外的诉讼,如果合同签订地、合同履行地、诉讼标的物所在地、可供扣押财产所在地、侵权行为地、代表机构住所地位于中华人民共和国领域内的,可以由合同签订地、合同履行地、诉讼标的物所在地、可供扣押财产所在地、侵权行为地、代表机构住所地人民法院管辖。

除前款规定外,涉外民事纠纷与中华人民共和国存在其他适当联系的,可以由人民法院管辖。

第二百七十七条 [涉外民事纠纷的协议管辖]涉外民事纠纷的当事人书面协议选择人民法院管辖的,可以由人民法院管辖。

第二百七十八条 [涉外民事纠纷的应诉管辖]当事人未提出管辖异议,并应诉答辩或者提出反诉的,视为人民法院有管辖权。

第二百七十九条 [专属管辖]下列民事案件,由人民法院专属管辖:

(一)因在中华人民共和国领域内设立的法人或者其他组织的设立、解散、清算,以及该法人或者其他组织作出的决议的效力等纠纷提起的诉讼;

(二)因与在中华人民共和国领域内审查授予的知识产权的有效性有关的纠纷提起的诉讼;

(三)因在中华人民共和国领域内履行中外合资经营企业合同、中外合作经营企业合同、中外合作勘探开发自然资源合同发生纠纷提起的诉讼。

第二百八十条 [排他性管辖协议]当事人之间的同一纠纷,一方当事人向外国法院起诉,另一方当事人向人民法院起诉,或者一方当事人既向外国法院起诉,又向人民法院起诉,人民法院依照本法有管辖权的,可以受理。当事人订立排他性管辖协议选择外国法院管辖且不违反本法对专属管辖的规定,不涉及中华人民共和国主权、安全或者社会公共利益的,人民法院可以裁定不予受理;已经受理的,裁定驳回起诉。

第二百八十一条 [平行诉讼的处理]人民法院依据前条规定受理案件后,当事人以外国法院已经先于人民法院受理为由,书面申请人民法院中止诉讼的,人民法院可以裁定中止诉讼,但是存在下列情形之一的除外:

(一)当事人协议选择人民法院管辖,或者纠纷属于人民法院专属管辖;

(二)由人民法院审理明显更为方便。

外国法院未采取必要措施审理案件,或者未在合理期限内审结的,依当事人的书面申请,人民法院应当恢复诉讼。

外国法院作出的发生法律效力的判决、裁定,已经被人民法院全部或者部分承认,当事人对已经获得承认的部分又向人民法院起诉的,裁定不予受理;已经受理的,裁定驳回起诉。

第二百八十二条 [不方便法院原则]人民法院受理的涉外民事案件,被告提出管辖异议,且同时有下列情形的,可以裁定驳回起诉,告知原告向更为方便的外国法院提起诉讼:

(一)案件争议的基本事实不是发生在中华人民共和

国领域内，人民法院审理案件和当事人参加诉讼均明显不方便；

（二）当事人之间不存在选择人民法院管辖的协议；

（三）案件不属于人民法院专属管辖；

（四）案件不涉及中华人民共和国主权、安全或者社会公共利益；

（五）外国法院审理案件更为方便。

裁定驳回起诉后，外国法院对纠纷拒绝行使管辖权，或者未采取必要措施审理案件，或者未在合理期限内审结，当事人又向人民法院起诉的，人民法院应当受理。

仲裁法

专题二十三　仲裁与仲裁法概述

考点53 仲裁与仲裁法概述

第三条　[适用范围的例外]下列纠纷不能仲裁：

（一）婚姻、收养、监护、扶养、继承纠纷；

（二）依法应当由行政机关处理的行政争议。

第四条　[自愿仲裁原则]当事人采用仲裁方式解决纠纷，应当双方自愿，达成仲裁协议。没有仲裁协议，一方申请仲裁的，仲裁委员会不予受理。〔2018年回忆～表见代理、仲裁协议〕

第五条　[或裁或审原则]当事人达成仲裁协议，一方向人民法院起诉的，人民法院不予受理，但仲裁协议无效的除外。

第九条　[一裁终局制度]仲裁实行一裁终局的制度。裁决作出后，当事人就同一纠纷再申请仲裁或者向人民法院起诉的，仲裁委员会或者人民法院不予受理。

裁决被人民法院依法裁定撤销或者不予执行的，当事人就该纠纷可以根据双方重新达成的仲裁协议申请仲裁，也可以向人民法院起诉。

专题二十四　仲裁协议

考点54 仲裁协议

1 第十七条　[仲裁协议无效的情形]有下列情形之一的，仲裁协议无效：

（一）约定的仲裁事项超出法律规定的仲裁范围的；

（二）无民事行为能力人或者限制民事行为能力人订立的仲裁协议；

（三）一方采取胁迫手段，迫使对方订立仲裁协议的。

《仲裁法解释》

第七条　当事人约定争议可以向仲裁机构申请仲裁也可以向人民法院起诉的，仲裁协议无效。但一方向仲裁机构申请仲裁，另一方未在仲裁法第二十条第二款规定期间内提出异议的除外。

2 第十八条　[对内容不明确的仲裁协议的处理]仲裁协议对仲裁事项或者仲裁委员会没有约定或者约定不明确的，当事人可以补充协议；达不成补充协议的，仲裁协议无效。

《仲裁法解释》

第三条　仲裁协议约定的仲裁机构名称不准确，但能够确定具体的仲裁机构的，应当认定选定了仲裁机构。

第四条　仲裁协议仅约定纠纷适用的仲裁规则的，视为未约定仲裁机构，但当事人达成补充协议或者按照约定的仲裁规则能够确定仲裁机构的除外。

第五条　仲裁协议约定两个以上仲裁机构的，当事人可以协议选择其中的一个仲裁机构申请仲裁；当事人不能就仲裁机构选择达成一致的，仲裁协议无效。

第六条　仲裁协议约定由某地的仲裁机构仲裁且该地仅有一个仲裁机构的，该仲裁机构视为约定的仲裁机构。该地有两个以上仲裁机构的，当事人可以协议选择其中的一个仲裁机构申请仲裁；当事人不能就仲裁机构选择达成一致的，仲裁协议无效。

第八条　当事人订立仲裁协议后合并、分立的，仲裁协议对其权利义务的继受人有效。

当事人订立仲裁协议后死亡的，仲裁协议对承继其仲裁事项中的权利义务的继承人有效。

前两款规定情形，当事人订立仲裁协议时另有约定的除外。

第九条　债权债务全部或者部分转让的，仲裁协议对受让人有效，但当事人另有约定、在受让债权债务时受让人明确反对或者不知有单独仲裁协议的除外。

第十一条第一款　合同约定解决争议适用其他合同、文件中的有效仲裁条款的，发生合同争议时，当事人应当按照该仲裁条款提请仲裁。

3 第十九条　[合同的变更、解除、终止或者无效对仲裁协议效力的影响]仲裁协议独立存在，合同的变更、解除、终止或者无效，不影响仲裁协议的效力。

仲裁庭有权确认合同的效力。

《仲裁法解释》

第十条　合同成立后未生效或者被撤销的，仲裁协议效力的认定适用仲裁法第十九条第一款的规定。

当事人在订立合同时就争议达成仲裁协议的，合同未成立不影响仲裁协议的效力。

4 第二十条　[对仲裁协议的异议]当事人对仲裁协议的效力有异议的，可以请求仲裁委员会作出决定或者请求人民法院作出裁定。一方请求仲裁委员会作出决定，另一方请求人民法院作出裁定的，由人民法院裁定。

当事人对仲裁协议的效力有异议，应当在仲裁庭首次开庭前提出。

《仲裁法解释》

第七条　当事人约定争议可以向仲裁机构申请仲裁也可以向人民法院起诉的，仲裁协议无效。但一方向仲裁机构申请仲裁，另一方未在仲裁法第二十条第二款规定期间内提出异议的除外。

第十三条　依照仲裁法第二十条第二款的规定，当事人在仲裁庭首次开庭前没有对仲裁协议的效力提出异议，而后向人民法院申请确认仲裁协议无效的，人民法院不予受理。

仲裁机构对仲裁协议的效力作出决定后,当事人向人民法院申请确认仲裁协议效力或者申请撤销仲裁机构的决定的,人民法院不予受理。

第十五条　人民法院审理仲裁协议效力确认案件,应当组成合议庭进行审查,并询问当事人。

第十六条　对涉外仲裁协议的效力审查,适用当事人约定的法律;当事人没有约定适用的法律但约定了仲裁地的,适用仲裁地法律;没有约定适用的法律也没有约定仲裁地或者仲裁地约定不明的,适用法院地法律。

《仲裁司法审查案件若干问题的规定》

第二条　申请确认仲裁协议效力的案件,由仲裁协议约定的仲裁机构所在地、仲裁协议签订地、申请人住所地、被申请人住所地的中级人民法院或者专门人民法院管辖。

《破产法解释(三)》

第八条　债务人、债权人对债权表记载的债权有异议的,应当说明理由和法律依据。经管理人解释或调整后,异议人仍然不服的,或者管理人不予解释或调整的,异议人应当在债权人会议核查结束后十五日内向人民法院提起债权确认的诉讼。当事人之间在破产申请受理前订立有仲裁条款或仲裁协议的,应当向选定的仲裁机构申请确认债权债务关系。

专题二十五　仲裁程序

考点55　仲裁的申请、受理与审理程序

第二十一条　[申请仲裁的条件]当事人申请仲裁应当符合下列条件:
(一)有仲裁协议;
(二)有具体的仲裁请求和事实、理由;
(三)属于仲裁委员会的受理范围。[2018年回忆~仲裁与民事诉讼的关系]

第二十六条　[仲裁协议的当事人一方向人民法院起诉的处理]当事人达成仲裁协议,一方向人民法院起诉未声明有仲裁协议,人民法院受理后,另一方在首次开庭前提交仲裁协议的,人民法院应当驳回起诉,但仲裁协议无效的除外;另一方在首次开庭前未对人民法院受理该案提出异议的,视为放弃仲裁协议,人民法院应当继续审理。[2022年回忆~仲裁协议的当事人一方向人民法院起诉的处理]

《仲裁法解释》

第十四条　仲裁法第二十六条规定的"首次开庭"是指答辩期满后人民法院组织的第一次开庭审理,不包括审前程序中的各项活动。

第三十一条　[仲裁员的选任]当事人约定由三名仲裁员组成仲裁庭的,应当各自选定或者各自委托仲裁委员会主任指定一名仲裁员,第三名仲裁员由当事人共同选定或者共同委托仲裁委员会主任指定。第三名仲裁员是首席仲裁员。

当事人约定由一名仲裁员成立仲裁庭的,应当由当事人共同选定或者共同委托仲裁委员会主任指定仲裁员。

第三十二条　[仲裁员的指定]当事人没有在仲裁规则规定的期限内约定仲裁庭的组成方式或者选定仲裁员的,由仲裁委员会主任指定。

第三十六条　[回避的决定]仲裁员是否回避,由仲裁委员会主任决定;仲裁委员会主任担任仲裁员时,由仲裁委员会集体决定。

第三十七条　[仲裁员的重新确定]仲裁员因回避或者其他原因不能履行职责的,应当依照本法规定重新选定或者指定仲裁员。

因回避而重新选定或者指定仲裁员后,当事人可以请求已进行的仲裁程序重新进行,是否准许,由仲裁庭决定;仲裁庭也可以自行决定已进行的仲裁程序是否重新进行。

第三十八条　[仲裁员的除名]仲裁员有本法第三十四条第四项规定的情形,情节严重的,或者有本法第五十八条第六项规定的情形的,应当依法承担法律责任,仲裁委员会应当将其除名。[2018年回忆~撤销仲裁裁决的条件]

第三十九条　[仲裁审理的方式]仲裁应当开庭进行。当事人协议不开庭的,仲裁庭可以根据仲裁申请书、答辩书以及其他材料作出裁决。

第四十条　[开庭审理的方式]仲裁不公开进行。当事人协议公开的,可以公开进行,但涉及国家秘密的除外。

第四十二条　[当事人缺席的处理]申请人经书面通知,无正当理由不到庭或者未经仲裁庭许可中途退庭的,可以视为撤回仲裁申请。

被申请人经书面通知,无正当理由不到庭或者未经仲裁庭许可中途退庭的,可以缺席裁决。

考点56　仲裁调解、和解与裁决

第四十九条　[仲裁和解]当事人申请仲裁后,可以自行和解。达成和解协议的,可以请求仲裁庭根据和解协议作出裁决书,也可以撤回仲裁申请。

第五十条　[达成和解协议、撤回仲裁申请后反悔的处理]当事人达成和解协议,撤回仲裁申请后反悔的,可以根据仲裁协议申请仲裁。

第五十一条　[仲裁调解]仲裁庭在作出裁决前,可以先行调解。当事人自愿调解的,仲裁庭应当调解。调解不成的,应当及时作出裁决。

调解达成协议的,仲裁庭应当制作调解书或者根据协议的结果制作裁决书。调解书与裁决书具有同等法律效力。

第五十三条　[仲裁裁决的作出]裁决应当按照多数仲裁员的意见作出,少数仲裁员的不同意见可以记入笔录。仲裁庭不能形成多数意见时,裁决应当按照首席仲裁员的意见作出。

第五十四条　[裁决书的内容]裁决书应当写明仲裁请求、争议事实、裁决理由、裁决结果、仲裁费用的负担和

裁决日期。当事人协议不愿写明争议事实和裁决理由的,可以不写。裁决书由仲裁员签名,加盖仲裁委员会印章。对裁决持不同意见的仲裁员,可以签名,也可以不签名。

第五十六条 [裁决书的补正]对裁决书中的文字、计算错误或者仲裁庭已经裁决但在裁决书中遗漏的事项,仲裁庭应当补正;当事人自收到裁决书之日起三十日内,可以请求仲裁庭补正。

专题二十六 申请撤销仲裁裁决

考点57 申请撤销仲裁裁决

1 第五十八条 [申请撤销仲裁裁决的法定情形]当事人提出证据证明裁决有下列情形之一的,可以向仲裁委员会所在地的中级人民法院申请撤销裁决:

(一)没有仲裁协议的;

(二)裁决的事项不属于仲裁协议的范围或者仲裁委员会无权仲裁的;

(三)仲裁庭的组成或者仲裁的程序违反法定程序的;

(四)裁决所根据的证据是伪造的;

(五)对方当事人隐瞒了足以影响公正裁决的证据的;

(六)仲裁员在仲裁该案时有索贿受贿,徇私舞弊,枉法裁决行为的。

人民法院经组成合议庭审查核实裁决有前款规定情形之一的,应当裁定撤销。

人民法院认定该裁决违背社会公共利益的,应当裁定撤销。

《仲裁法解释》

第十七条 当事人以不属于仲裁法第五十八条或者民事诉讼法第二百五十八条(现为第二百九十一条)规定的事由申请撤销仲裁裁决的,人民法院不予支持。

第十八条 仲裁法第五十八条第一款第一项规定的"没有仲裁协议"是指当事人没有达成仲裁协议。仲裁协议被认定无效或被撤销的,视为没有仲裁协议。

第十九条 当事人以仲裁裁决事项超出仲裁协议范围为由申请撤销仲裁裁决,经审查属实的,人民法院应当撤销仲裁裁决中的超裁部分。但超裁部分与其他裁决事项不可分的,人民法院应当撤销仲裁裁决。

第二十条 仲裁法第五十八条规定的"违反法定程序",是指违反仲裁法规定的仲裁程序和当事人选择的仲裁规则可能影响案件正确裁决的情形。

第二十四条 当事人申请撤销仲裁裁决的案件,人民法院应当组成合议庭审理,并询问当事人。

第二十五条 人民法院受理当事人撤销裁决的申请后,另一方当事人申请执行同一仲裁裁决的,受理执行申请的人民法院应当在受理后裁定中止执行。

第二十六条 当事人向人民法院申请撤销仲裁裁决被驳回后,又在执行程序中以相同理由提出不予执行抗辩的,人民法院不予支持。

第二十七条 当事人在仲裁程序中未对仲裁协议的效力提出异议,在仲裁裁决作出后以仲裁协议无效为由主张撤销仲裁裁决或者提出不予执行抗辩的,人民法院不予支持。

当事人在仲裁程序中对仲裁协议的效力提出异议,在仲裁裁决作出后又以此为由主张撤销仲裁裁决或者提出不予执行抗辩,经审查符合仲裁法第五十八条或者民事诉讼法第二百一十三条(现为第二百四十四条)、第二百五十八条(现为第二百八十一条)规定的,人民法院应予支持。

2 第六十一条 [申请撤销仲裁裁决的后果]人民法院受理撤销裁决的申请后,认为可以由仲裁庭重新仲裁的,通知仲裁庭在一定期限内重新仲裁,并裁定中止撤销程序。仲裁庭拒绝重新仲裁的,人民法院应当裁定恢复撤销程序。

《仲裁法解释》

第二十一条 当事人申请撤销国内仲裁裁决的案件属于下列情形之一的,人民法院可以依照仲裁法第六十一条的规定通知仲裁庭在一定期限内重新仲裁:

(一)仲裁裁决所根据的证据是伪造的;

(二)对方当事人隐瞒了足以影响公正裁决的证据的。

人民法院应当在通知中说明要求重新仲裁的具体理由。

第二十二条 仲裁庭在人民法院指定的期限内开始重新仲裁的,人民法院应当裁定终结撤销程序;未开始重新仲裁的,人民法院应当裁定恢复撤销程序。

第二十三条 当事人对重新仲裁裁决不服的,可以在重新仲裁裁决书送达之日起六个月内依据仲裁法第五十八条规定向人民法院申请撤销。

专题二十七 仲裁裁决的执行与不予执行

考点58 仲裁裁决的执行与不予执行

第六十三条 [仲裁裁决的不予执行]被申请人提出证据证明裁决有民事诉讼法第二百一十三条第二款规定的情形之一的,经人民法院组成合议庭审查核实,裁定不予执行。

《仲裁法解释》

第二十八条 当事人请求不予执行仲裁调解书或者根据当事人之间的和解协议作出的仲裁裁决书的,人民法院不予支持。

《民事诉讼法》

第二百四十四条第二款 被申请人提出证据证明仲裁裁决有下列情形之一的,经人民法院组成合议庭审查核实,裁定不予执行:

(一)当事人在合同中没有订有仲裁条款或者事后没有达成书面仲裁协议的;

(二)裁决的事项不属于仲裁协议的范围或者仲裁机构无权仲裁的;

(三)仲裁庭的组成或者仲裁的程序违反法定程序的;
(四)裁决所根据的证据是伪造的;
(五)对方当事人向仲裁机构隐瞒了足以影响公正裁决的证据的;
(六)仲裁员在仲裁该案时有贪污受贿,徇私舞弊,枉法裁决行为的。

第二百八十一条 对中华人民共和国涉外仲裁机构作出的裁决,被申请人提出证据证明仲裁裁决有下列情形之一的,经人民法院组成合议庭审查核实,裁定不予执行:
(一)当事人在合同中没有订有仲裁条款或者事后没有达成书面仲裁协议的;
(二)被申请人没有得到指定仲裁员或者进行仲裁程序的通知,或者由于其他不属于被申请人负责的原因未能陈述意见的;
(三)仲裁庭的组成或者仲裁的程序与仲裁规则不符的;
(四)裁决的事项不属于仲裁协议的范围或者仲裁机构无权仲裁的。
人民法院认定执行该裁决违背社会公共利益的,裁定不予执行。

《民诉解释》

第四百七十五条 仲裁机构裁决的事项,部分有民事诉讼法第二百四十四条(现为第二百四十八条)第二款、第三款规定情形的,人民法院应当裁定对该部分不予执行。
应当不予执行部分与其他部分不可分的,人民法院应当裁定不予执行仲裁裁决。

第四百七十六条 依照民事诉讼法第二百四十四条(现为第二百四十八条)第二款、第三款规定,人民法院裁定不予执行仲裁裁决后,当事人对该裁定提出执行异议或者复议的,人民法院不予受理。当事人可以就该民事纠纷重新达成书面仲裁协议申请仲裁,也可以向人民法院起诉。

答案速查

1.AD	2.ABD	3.D
4.C	5.C	6.C
7.C	8.C	9.D
10.ABC	11.A	12.BD
13.B	14.AD	15.D
16.A	17.C	18.C
19.D	20.BCD	21.A
22.C	23.D	24.CD
25.D	26.C	27.AB
28.D	29.B	30.AB
31.AB	32.BD	33.D
34.A	35.BD	36.AC
37.C	38.ACD	39.BC
40.A	41.A	42.BC
43.B	44.ACD	45.AB
46.(1)ABCD;(2)BC		47.AC
48.C	49.(1)AB;(2)A	50.ABCD
51.ABC	52.ABCD	53.D
54.ABC	55.ABCD	56.C
57.B	58.AC	59.BC(原答案为BCD)
60.D	61.ABD	62.BCD
63.B	64.AC	65.D
66.B	67.AD	68.C
69.B	70.ABCD	71.D
72.B	73.D	74.A
75.C	76.C	77.BC
78.C	79.C	80.A
81.C	82.AD	83.C
84.B	85.D	86.AD(原答案为AC)
87.D	88.C	89.BC
90.B	91.C	92.B
93.BCD	94.B	95.C
96.AB	97.ABC	98.A(原答案为AC)
99.ABCD	100.BC(原答案为C)	
101.D	102.A	103.ACD
104.BC(原答案为C)	105.BD	106.C
107.B	108.AC	109.AD
110.A	111.D	112.C
113.BD	114.CD	115.A
116.(1)ACD;(2)AB		117.C
118.D	119.ABCD	120.D
121.B	122.AC	123.C
124.D	125.CD	126.ABD
127.A	128.AB(原答案为ABC)	
129.B	130.C	131.ABCD
132.AB(原答案为ABD)		133.A
134.A	135.ABCD	136.CD
137.ABD	138.CD	139.A
140.ABC	141.D	142.C
143.ABC	144.C	145.ABCD
146.C	147.B	148.D
149.D	150.A	151.AB(原答案为A)
152.AD(原答案为A)		153.C
154.B	155.AC	156.C
157.ABC	158.ABC	159.CD
160.C	161.ABD	162.C
163.CD	164.BD	165.ABD
166.BC	167.B	168.B
169.A	170.ABD	171.B
172.C	173.C	174.B
175.C	176.B	177.A
178.ABD	179.C	180.CD
181.BD	182.ABCD	183.A(原答案为D)
184.BD	185.C	186.D
187.B	188.B	189.D
190.AB	191.D	192.C
193.ABCD	194.D	195.CD
196.ABCD	197.C	198.D
199.ABC	200.C(原答案为D)	201.BC
202.ABC	203.BC	204.ABD
205.B	206.A	207.D
208.A	209.A	210.ACD
211.C	212.D	213.AD
214.B	215.C	216.A
217.B	218.C	219.BD
220.CD	221.C	222.B
223.B	224.D	225.B
226.AC	227.C	228.BC
229.D	230.D	231.D
232.A	233.CD	234.C
235.ABC	236.AB	237.D
238.D	239.BD	240.C
241.CD	242.D	243.D
244.B	245.D	246.ACD
247.CD	248.CD	249.D
250.C	251.(1)D;(2)BCD;(3)D	

252.A	253.D	254.C	295.（1）ABCD；（2）CD；（3）AC	296.B
255.B	256.BD	257.C	297.D	298.C	299.D
258.D	259.AC	260.B	300.AB	301.D	302.BCD
261.（1）B；（2）BC		262.C	303.ABCD	304.BD	305.A
263.D	264.D	265.C	306.ABCD	307.AB	308.AB(原答案为B)
266.A	267.B	268.AD	309.ABCD	310.C	311.AB
269.AC	270.AB	271.C	312.D	313.CD	314.D
272.D	273.BD	274.AC	315.D	316.BC	317.ABC
275.B	276.B	277.C	318.BD	319.C	320.ABCD
278.AC	279.AD	280.C	321.（1）A；（2）D	322.C	323.D
281.AD	282.D	283.AC	324.ABC	325.D	326.AC
284.B	285.D	286.BCD	327.D	328.D	329.ABC
287.BCD	288.D	289.C	330.ABCD	331.AD	332.AD
290.AC	291.CD(原答案为D)		333.A	334.AD	335.A
292.（1）AC；（2）D；（3）BC		293.B	336.A	337.AD	338.D
294.A(原答案为AD)			339.A	340.D	341.D